LES FORCES ECONOMIQUES DU MONDE

Publié par la

Dresdner Bank

Berlin

Représentée par la

Banque Ehrlich S.A.

Paris

Rue de Penthièvre

1930

LES FORCES ECONOMIQUES DU MONDE

3ième édition augmentée, revue et corrigée
46ième — 81ième mille

Publié par la

Dresdner Bank
Berlin

1930

PREFACE

Le but de la présente publication est d'étudier les forces qui, dans la période d'après-guerre, ont provoqué des tensions et changements essentiels dans l'économie mondiale et en particulier de se rendre compte de leur degré actuel d'importance. L'ouvrage est basé sur des documents en partie inédits. Ce n'est qu'en cas de nécessité absolue qu'on a eu recours à des estimations qui ont été expressément désignées comme telles. Etant donné la sélection des sujets traités, l'étendue de la matière et la nécessité d'un exposé bref et clair des grandes lignes de l'évolution, le cadre du présent ouvrage a forcément dû être limité à un aperçu des éléments essentiels jouant un rôle sur le marché mondial ou dépendant de la conjoncture économique mondiale.

Berlin, Novembre 1927.

DRESDNER BANK

PREFACE DE LA 3ème EDITION

Le bon accueil réservé à l'ouvrage publié il y a deux ans nous a encouragés à le faire paraître sous une forme augmentée, revue et corrigée. Quelques chapitres nouveaux ont été ajoutés, tels que:

Revenu National, Fortune Nationale, Ciment, Cellulose et Papier, Lin et Toile de Lin, Gaz et Electricité, Manganèse et Ferraille.

Nous osons espérer que la troisième édition de notre brochure rencontrera le même chaleureux intérêt que les deux éditions précédentes et qu'elle contribuera à propager au loin la connaissance des lois de l'économie mondiale.

Berlin, Janvier 1930.

DRESDNER BANK

TABLE DES MATIERES

Les exposés et tableaux suivants ont été élaborés à l'aide de documents authentiques dans le Département Economique de la

Dresdner Bank

DEVELOPPEMENT DE L'ECONOMIE MONDIALE DE 1925 A 1928[1]

Monde

Population	Millions	par km²	1925=100
	1 936.9	14.3	104

Agriculture

Céréales	Millions de tonnes	1925=100
Récolte de froment..	131.4	118
Récolte de seigle ...	43.9	91

Consommation d'engrais	1000 tonnes	1925=100
Azote (N)	1 602[2]	139
Potasse (K_2O)	1 825.3	120
Superphosphates	18 899.8[3]	105

Elevage	Millions de bêtes	1925=100
Chevaux	109.5	105
Bêtes à corne	610.9	102
Porcs	287.4	110
Moutons............	684.5	106

Sources d'énergie industrielle	Millions de tonnes	1925=100
Prod. de charbon[4]..	1 295.9	104
Production de pétrole	189.4	124
Force hydraulique exploitée (millions de C.V.)	33.4	117[6]

Production d'énergie électrique	Mrds. de Kwh.	1925=100
	230.0	125

Production de pâte à papier et de cellulose	Millions de tonnes	1925=100
	14.9	118

Production de papier	Millions de tonnes	1925=100
	19.3	109

Industrie de transformation		1925=100
Production d'automobiles (milliers)	5 249	107
Constructions navales (1000 tonnes de jauge brute)	2 699	132[5]

Transports		1925=100
Nombre d'automobiles (milliers)	31 912	150
Effectif des navires (1000 tonnes de jauge brute)	66 955	104

Industrie des matières premières métalliques	Millions de tonnes	1925=100
Prod. de fonte brute	88.3	115
Prod. d'acier brut ...	107.7	120
Production des mines de cuivre	1.73	122
Production des fonderies de cuivre ..	1.69	121
Production des mines de plomb	1.59	107
Production des fonderies de plomb ..	1.65	109
Prod. des mines de zinc	1.57	120
Prod. des fonderies de zinc	1.41	125
Prod. des min. d'étain	0.18	125
Prod. des fond. d'étain	0.19	127
Production de bauxite	1.76	137
Prod. d'aluminium...	0.23	121

Textiles	1000 tonnes	1925=100
Prod. de soie artificielle	173.6	203
Récolte de coton ...	5 530.7	92
Prod. de laine brute	1 608.4	114
Prod. de soie brute...	64.8	116
Production de lin ...	579.8	90
Production de jute...	1 804.0	110

Industrie chimique		1925=100
Production totale (millions de RM)	24 000	130[6]
Prod. d'acide sulf. (62.5%) 1000 tonnes....	18 335.3	111
Prod. de coul. d'aniline (1000 tonnes)........	194.8	117

Commerce Internat[l].	Millions de RM	1925=100
Montant du mouvement général	198 198.9[7]	109

Stock d'or	Millions de RM	1925=100
	47 856.8	111

Revenu National	Mrds. de RM	1925=100
	env. 670[7]	116

Fortune Nationale	Mrds. de RM	1925=100
	env. 3 800[7]	—

1) A titre exceptionnel, à défaut des résultats définitifs pour 1928, ce sont les chiffres de 1927 qui ont été insérés. 2) Consommation d'engrais en 1927/28; 1924/25 = 100. 3) Montant de la production. 4) Y compris le lignite. 5) Moyenne des années 1925-28 = 100. 6) 1924 = 100. 7) Valeur d'avant-guerre.

Europe		chiffres effectifs	1925 = 100	Allemagne		Grande Bretagne et Irlande		France		Russie[1])		Belgique		Hollande		Italie		Autres pays d'Europe	
				chiffres effectifs	1925 = 100	chiffres effectifs	1925 = 100	chiffres effectifs	1925 = 100	chiffres effectifs	1925 = 100	chiffres effectifs	1925 = 100	chiffres effectifs	1925 = 100	chiffres effectifs	1925 = 100	chiffres effectifs	1925 = 100
Population	Millions	522.0[3])	104	64.4	102	48.7	101	41.1	101	152.2	107	8.0	102	7.7	104	41.0	103	158.9	103
	par km²	19.5[3])	104	136.8	102	155.7	101	74.6	101	7.1	107	261.5	102	224.5	104	182.2	103	43.1	103
Agriculture																			
Céréales																			
Récolte de froment	Millions de tonnes	59.7	102	3.8	118	1.4	98	7.7	86	21.3	103	0.5	125	0.2	100	6.2	94	18.6	109
Récolte de seigle .		42.1	90	8.5	105	—	—	0.9	82	19.2	85	0.6	100	0.4	100	0.2	100	12.8	90
Consommation d'engrais																			
Azote (N)	1000 tonnes	1000	131	430[4])	126[5])	45	113	153	128	3	300	49	111	70	175	45	150	204	137
Elevage																			
Chevaux	Millions	54.5	102	3.8	97	1.8	89	2.9	100	30.7	118	0.3	100	0.4	100	1.0	100	13.6	110
Bêtes à corne ...	„	168.4	106	18.0	105	12.2	102	14.9	103	66.2	111	1.7	100	2.1	100	7.1	114	46.2	101
Porcs	„	95.0	115	22.9	141	4.3	119	6.0	103	22.5	107	1.1	92	1.5	100	2.8	122	33.9	109
Moutons	„	254.9	108	3.3	81	28.3	107	10.7	102	119.9	112	0.2	100	0.7	100	15.5	126	75.8	103
Sources d'énergie industrielle																			
Prod. de charbon	Millions de tonnes	650.7	111	187.8	115	241.6	98	51.6	109	35.4	209	27.5	119	10.7	157	0.3	67	95.8	121
Prod. de pétrole..	„	18.6	175	—	—	—	—	—	—	12.5	171	—	—	—	—	—	—	6.1	185
Force hydraulique exploitée	Millions de C.V.	13.8	114[2])	1.6	145[2])	0.25	100[2])	2.1	100[2])	0.33	174[2])	—	—	—	—	2.8	128[2])	7.2	109
Prod. d'énergie électrique	Mrds. de Kwh.	—	—	28.0	138	15.0	128	13.8	135	5.1	221	3.7	161	0.7	121	10.0	135	—	—

1) Y compris la Russie Asiatique. 2) 1924 = 100. 3) Sans la Russie Asiatique 486.1 millions d'habitants soit 48.8 habitants par km². 4) Consommation d'engrais pour l'année 1928/29. 5) Consommation d'engrais pour l'année 1924/25 = 100.

Europe		chiffres effectifs	1925 = 100	Allemagne		Gr. Bretagne et Irlande		France		Russie[5])		Belgique		Hollande		Italie		Autres pays d'Europe	
				chiffres effectifs	1925 =100	chiffres effectifs	1925 =100	chiffres effectifs	1925 =100	chiffres effectifs	1925 =100	chiffres effectifs	1925 =100	chiffres effectifs	1925 =100	chiffres effectifs	1925 =100	chiffres effectifs	1925 =100
Industrie des matières premières métalliques																					
Prod. de fonte brute	Millions de tonnes	45.8	124	11.8	116	6.7	105	10.1	119	3.4	262	6.7[2])	187	—	—	—	—	6.6	127
Prod. d'acier brut ...	„	52.7	129	14.5	119	8.7	116	9.4	127	4.8	226	6.5[2])	144	—	—	—	—	9.3	126
Prod. d. min. de cuivre	1000 t	150.8	137	25.5	107	0.2	200	0.1	50	22.0	833	—	—	—	—	1.5	188	101.5	129
Prod. d. fond.de cuivre	„	164.3	142	48.5	124	25.9	151	2.2	88	22.0	333	—	—	—	—	0.5	46	65.2	133
Consomm. de cuivre	„	848.1	128	253.7	109	162.5	121	125.7	107	42.2	444	53.2	808	5.8	107	76.3	116	128.7	155
Prod. d. min. de plomb	„	269.4	103	50.0	139	16.0	126	6.0	97	3.0	300	—	—	—	—	31.0	110	163.4	92
Prod.d.fond.de plomb.	„	381.9	104	87.0	123	5.6	117	21.0	100	—	—	65.2	98	—	—	21.3	87	181.8	100
Consomm. de plomb	„	835.9	118	216.5	112	242.6	94	102.1	113	50.0	278	62.3	127	18.0	180	48.2	113	96.2	125
Prod. d. min. de zinc	„	392.5	117	110.0	224	1.0	167	8.5	103	2.2	129	—	—	—	—	72.0	104	203.8	96
Prod. d. fond. de zinc	„	700.0	136	98.1	167	56.3	133	96.8	144	2.2	129	209.3	122	26.9	127	11.1	163	199.3	136
Consommat. de zinc..	„	776.7	122	204.3	144	181.0	107	125.7	125	22.0	147	118.0	122	5.5	275	21.4	106	98.8	111
Prod. d. mines d'étain	„	5.1	204	0.1	100	2.4	100	—	—	—	—	—	—	—	—	—	—	2.6	260
Prod. d. fond. d'étain	„	62.2	142	7.0	700	53.2	127	—	—	—	—	—	—	—	—	—	—	2.0	333
Consommation d'étain	„	82.3	131	14.6	182	33.7	133	11.3	102	5.0	250	1.3	260	1.0	200	4.0	93	11.4	139
Prod. d'aluminium..	„	117.3	118	30.5	116	12.0	124	27.0	135	—	—	—	—	—	—	3.3	174	44.5	96
Cons. d'aluminium..	„	101.3	115	87.7	116	18.7	116	24.4	128	—	—	—	—	—	—	4.0	48	16.5	188
Prod. de pâte à papier et de cellulose	1000 t	7072	117	1880	114	145	124	—[3])	—	200	185	—[3])	—	83	126	—[3])	—	4764	117
Production de papier	1000 t	7907	118	2414	117	1522	118	—[4])	—	292	125	179	119	350	108	350	88	2800	110
Industrie de transformation																					
Production éléctro-technique	Millions de RM	—	—	2700	129	1700	121	650	144	308.9	184	—[4])	—	94.6	110	165	110	—	—
Production de machin.	„	—	—	4000	138	3100	103	620	119	—[4])	—	—[4])	—	—[4])	—	260	100	—	—
Production d'automob.	milliers	647.9	137	137.2	218	212	120	210	119	—	—	—	—	—	—	55	139	33.7	196
Constructions navales	1000 tonn. brut.	2397	134[1])	376	129[1])	1446	147[1])	81	101[1])	—	—	—	—	167	170[1])	59	38[1])	268	151[1])

1) Moyenne des années 1925-28 = 100. 2) Belgique-Luxembourg. 3) Sans importance. 4) Impossible à obtenir. 5) Y compris la Russie Asiatique.

Europe		chiffres effectifs	1925 = 100	Allemagne		Grande Bretagne et Irlande		France		Russie[1]		Belgique		Hollande		Italie		Autres pays d'Europe	
				chiffres effectifs	1925 = 100	chiffres effectifs	1925 = 100	chiffres effectifs	1925 = 100	chiffres effectifs	1925 = 100	chiffres effectifs	1925 = 100	chiffres effectifs	1925 = 100	chiffres effectifs	1925 = 100	chiffres effectifs	1925 = 100
Industrie textile																			
Production de laine brute	1000 t	427.2	107	17.5	77	53.8	108	21.5	105	167.7	111	0.4	100	2.7	100	25.3	98	188.3	110
Consommation de laine .	„	1169.7	118	191.0	120	227.8	116	226.3	110	210.0	128	33.8	148	8.6	114	74.2	117	198.0	117
Production de soie brute	„	6.3	104	—	—	—	—	0.2	77	—	—	—	—	—	—	5.4	106	0.7	100
Consommat. de soie brute	„	14.9	139	2.4	114	0.8	200	6.5	125	—	—	—	—	—	—	1.5	115	3.7	218
Consommation de coton	„	2450.0	99	335.6	91	652.1	81	815.0	99	359.7	168	82.4	115	42.4	126	232.4	98	430.4	103
Prod. de soie artificielle	„	118.5	197	23.8	202	22.9	180	18.4	283	—	—	8.8	176	9.0	225	22.9	164	12.7	205
Consomm. de soie artific.	„	91.4	188	26.1	261	18.9	129	14.3	207	—	—	5.2	274	2.2	169	6.3	102	18.4	239
Production de lin	„	577.4	91	13.0	57	7.2	96	87.3	185	345.7	94	21.5	92	13.9	128	—	—	138.8	76
Consommation de lin ..	„	584.5	98	26.8	71	37.0	106	45.1	96	308.3	95	47.4	159	—	—	—	—	119.9	76
Industrie chimique																			
Prod. de couleurs d'aniline	1000 t	142.7	119	85.0	118	22.7	153	16.0	99	—	—	—	—	—	—	6.5	94	12.5	125
Production d'acide sulfurique (62.5% H_2SO_4) ..	„	9978.8	114	2879.0	126	1480.0	108	1985.0	108	318.3	204	936.5	127	200	133	1095.0	89	1635.0	113
Production d'azote (N) ..	„	1086.8	157	700.0	150	144.0	178	64.0	189	—	—	24.0	182	9.6	126	40.0	282	61.7	108
Prod. de superphosphates	„	8353.4	103	739.0	112	533.0	108	2215.0	93	97.4	182	569.0	98	061.0	110	1870.0	94	2199.0	119
Prod. de potasse (K_2O) ..	„	2151.6	112	1691.0	107	—	—	410.6	182	—	—	—	—	—	—	—	—	50.0	155
Transports																			
Nombre d'automobiles ..	Milliers	4186	194	577	226	1358	169	1098	191	17	—	118	174	91	294	177	197	755	231
Effectif des navires	Milliers de t brut	43104	106	3777	123	19875	102	3345	95	377	117	492	91	2816	108	3429	118	8998	112
Commerce extérieur (en valeur d'avant-guerre)																			
Importation	Millions de RM	57033.4	109	10248.4	123	17025.2	90	6306.8	105	1019.0	95	2451.6	102	3096.9	111	3179.6	108	13710.9	141
Exportation		45019.9	111	7776.2	124	11102.0	100	6529.7	104	991.3	98	2245.2	113	2308.2	112	2487.5	119	11629.8	120
Stock d'or	Millions de RM	19126.1	140	2795.2	219	3656.6	118	5260.2	176	385.6	98	527.3	288	807.2	192	1116.2	122	2835.6	75
Revenu national[2]	Milliards de RM	258	119	48	132	51	94	28.5	122	35	148	5	109	8.5	110	17	107	65	125
Fortune nationale[2][3] ..	Milliards de RM	1550	—	250	—	300	—	210	—	150	—	35	—	75	—	85	—	440	—

1) Y compris la Russie Asiatique.
2) En valeur d'avant-guerre.
3) Derniers chiffres d'après-guerre.

Amérique		chiffres effectifs	1925 = 100	Etats-Unis		Canada		Autres pays d'Amérique		Asie		Inde britannique		Chine		Japon		Autres pays d'Asie	
				chiffres effectifs	1925 = 100	chiffres effectifs	1925 = 100	chiffres effectifs	1925 = 100	chiffres effectifs	1925 = 100	chiffres effectifs	1925 = 100	chiffres effectifs	1925 = 100	chiffres effectifs	1925 = 100	chiffres effectifs	1925 = 100
Population	Millions	242.1	105	120.0	104	9.8	105	112.8	107	1021.8[2])	103	334.4	103	438.4	103	61.9	104	186.6[3])	103
	par km²	5.8	105	15.3	104	1.0	105	4.7	107	39.3[2])	103	71.7	103	39.6	103	159.5	104	10.0[3])	103
Agriculture																			
Céréales																			
Récolte de froment ..	Millions de tonnes	49.2	137	24.6	134	14.5	134	10.1	151	14.8	96	7.9	88	3.8	100	0.8	100	2.3	127
Récolte de seigle ...		1.7	106	1.1	92	0.4	200	0.2	100	0.1	100	—	—	—	—	—	—	0.1	100
Consommation d'engrais																			
Azote (N)	1000 t	389	187	370	187	8	100	11	294	237	194	7	175	15	375	140	177	75	357
Elevage																			
Chevaux	Millions	89.6	100	16.2	99	8.4	94	20.0	103	10.9	97	2.1	95	5.5	100	1.4	87	1.9	100
Bêtes à corne	„	183.2	99	60.4	99	9.2	99	113.6	99	192.5	99	146.9	98	22.0	100	1.5	100	22.1	104
Porcs	„	92.6	116	61.6	121	4.7	107	26.3	108	95.8	101	—	—	76.8	100	0.7	100	18.3	106
Moutons...........	„	139.8	116	45.0	126	3.3	118	91.5	112	80.3	96	35.0	95	26.0	100	—	—	19.3	95
Sources d'énergie industrielle																			
Production de charbon	Millions de tonnes	530.8	98	514.7	98	13.2	142	2.9	85	83.4	94	21.7	107	16.0	66	31.7	101	14.0	112
Production de pétrole	„	158.2	120	128.9	118	—	—	29.3	131	12.3	122	1.9	112	—	—	—	—	10.4	124
Force hydraulique exploitée	Millions de C. V.	17.4	123[1])	11.7	117[1])	4.6	144[1])	1.1	110[1])	2.1	100[1])	0.2	100[1])	—	—	1.8	100[1])	0.1	100[1]
Prod. d'Energie électrique	Milliards de Kwh	—	—	102.8	126	15.9	148	—	—	—	—	—	—	—	—	10.6	128	—	—

1) 1924 = 100. 2) 1055.2 millions avec la Russie Asiatique soit 25.1 au km². 3) 220.4 millions avec la Russie Asiatique soit 8.5 au km².

Amérique		chiffres effectifs	1925 = 100	Etats-Unis		Canada		Autres pays d'Amérique		Asie		Inde britannique		Chine		Japon		Autres pays d'Asie	
				chiffres effectifs	1925 = 100	chiffres effectifs	1925 = 100	chiffres effectifs	1925 = 100	chiffres effectifs	1925 = 100	chiffres effectifs	1925 = 100	chiffres effectifs	1925 = 100	chiffres effectifs	1925 = 100	chiffres effectifs	1925 = 100
Industrie des matières premières métalliques																					
Prod. de fonte brute	Millions de tonnes	89.8	104	88.6	108	1.1	182	—	—	2.7	185	1.2	129	—	—	0.9	181	—	—
Prod. d'acier brut ..	„	52.0	111	50.7	110	1.3	165	—	—	2.5	139	0.6	132	—	—	1.4	127	—	—
Prod. d. min. de cuivre	1000 t	1352.4	122	828.2	109	91.9	182	432.3	148	75.6	109	—	—	—	—	66.0	100	9.6	282
Prod. d. fond. de cuivre	„	1326.1	120	898.8	107	56.6	225	375.7	150	66.0	100	—	—	—	—	66.0	100	—	—
Consomm. de cuivre	„	795.4	116	778.8	116	18.7	133	2.9	57	89.2	108	—	—	—	—	79.9	109	9.3	72
Prod. d. min. de plomb	„	984.5	107	566.1	91	151.9	132	266.5	142	101.2	161	88.1	167	—	—	4.0	133	87.1	165
Prod. d. fond. de plomb	„	986.9	108	600.1	90	148.0	142	238.8	159	90.7	163	79.6	166	—	—	4.0	133	7.1	148
Consomm. de plomb	„	680.4	98	617.1	97	32.3	101	31.0	115	83.4	131	—	—	—	—	66.1	151	17.3	88
Prod. d. min. de zinc	„	881.6	118	624.0	97	84.6	169	173.0	348	78.9	148	—	—	8.0	53	10.0	100	60.9	215
Prod. d. fond. de zinc	„	632.1	114	546.7	105	74.2	213	11.2	862	21.3	124	—	—	—	—	19.3	121	2.0	167
Consomm. de zinc ..	„	545.8	114	519.5	113	17.3	134	9.0	205	64.1	146	—	—	—	—	55.1	137	9.0	164
Prod. d. min. d'étain	„	42.6	128	—	—	—	—	42.6	128	119.7	121	—	—	6.9	81	—	—	112.8	124
Prod. d. fond. d'étain	„	—	—	—	—	—	—	—	—	120.4	121	113.9[1]	126	6.0	71	0.5	125	—	—
Consommation d'étain	„	81.4	101	76.6	99	—	—	4.8	160	11.1	139	—	—	—	—	—	—	11.1	139
Prod. d'aluminium ..	„	110.0	133	80.0	118	30.0	200	—	—	—	—	—	—	—	—	—	—	—	—
Cons. d'aluminium ..	„	125.0[2]	139	—	—	—	—	—	—	10.0	200	—	—	—	—	9.3	198	0.7	238
Prod. de pâte à papier et de cellulose.....	1000 t	7312	118	3820	108	3220	131	272	141	536	129	—	—	—	—	536	129	—	—
Production de papier	1000 t	10822	107	8400	101	2240	131	182	207	605	106	30	108	—	—	575	106	—	—
Industrie de transformation																					
Production électro-technique	Millions de RM	7206.9	107	6877.0	106	329.9	131	—	—	465.0[4]	122	—	—	—	—	465.0[4]	122	—	—
Production de machin.	„	—	—	17126	115	—	—	—	—	—	—	—	—	—	—	240.0	112	—	—
Production d'automob.	milliers	4601.1	104	4358.7	102	242.4	150	—	—	0.5	—	—	—	—	—	0.5	—	—	—
Constructions navales	1000 t bruttes	91	59[3]	91	59[3]	—	—	—	—	104	157[3]	—	—	—	—	104[3]	157	—	—

1) Toutes les Indes. 2) Etats-Unis et Canada. 3) 1925-28 = 100. 4) 1926.

Amérique		chiffres effectifs	1925 = 100	Etats-Unis		Canada		Autres pays d'Amérique		Asie		Inde britannique		Chine		Japon		Autres pays d'Asie	
				chiffres effectifs	1925 = 100	chiffres effectifs	1925 = 100	chiffres effectifs	1925 = 100	chiffres effectifs	1925 = 100	chiffres effectifs	1925 = 100	chiffres effectifs	1925 = 100	chiffres effectifs	1925 = 100	chiffres effectifs	1925 = 100
Industrie textile																			
Récolte de coton...	1000 t	3401.0	90	3139.1	90	—	—	261.9	98	1676.0	98	1022.9	91	330.0	72	—	—	323.1[3])	151
Consomm. de coton	”	1702.5	137	1500.0	145	60.9	107	141.6	95	1506.0	98	476.3	132	450.0	85	579.7	90	—	—
Prod. de laine brute	”	409.1	111	148.8	112	—	—	260.3	110	98.4	104	24.9	92	38.0	112	—	—	30.5	106
Cons. de laine brute	”	—	—	258.7	91	—	—	—	—	—	—	—	—	—	—	52.1	165	—	—
Prod. de soie brute	”	—	—	—	—	—	—	—	—	58.5	117	—	—	15.0	100	40.0	125	3.5	113
Cons. de soie brute	”	34.3	119	33.8	118	0.5	250	—	—	16.1	116	—	—	5.3	110	7.3	128	3.5	103
Production de jute..	”	—	—	—	—	—	—	—	—	1804.0	110	1790.0	110	—	—	—	—	14.0	100
Consommat. de jute	”	88.8	99	59.4	92	—	—	29.4	119	904.3	97	897.3	97	—	—	—	—	7.0	180
Prod. de soie artific.	”	47.6	198	45.3	193	1.9	317	0.4	—	7.5	536	—	—	—	—	7.5	536	—	—
Cons. de soie artific.	”	56.9	179	52.2	179	2.8	175	1.9	190	16.1	350	3.5	292	5.0	312	7.6	422	—	—
Industrie chimique																			
Prod. de coul. d'anil.	1000 t	43.8	112	43.8	112	—	—	—	—	8.3	119	—	—	—	—	8.3	119	—	—
Prod. d'acide sulfurique (62.5%) ...	”	7356.5	106	7223.0	105	133.5	115	—	—	—	—	—	—	—	—	700.0	133	—	—
Prod. d'azote (N)..	”	694.3	128	176.0	135	28.1	141	490.2[1])	125	54.0	202	—	—	—	—	54.0	202	—	—
Production de superphosphates	”	3370.2	97	3369.0	97	1.2	24	—	—	934.8	138	—	—	—	—	934.8	138	—	—
Transports																			
Nombre d'automobil.	Milliers	26306	142	24498	139	1062	167	751	241	429	236	125	197	26	260	74	376	204	230
Effectif des navires.	Milliers de t brut.	17236	97	14634	95	1286	107	1816	105	5114	108	187[2])	95	318	119	4140	105	469	129
Commerce extérieur (en valeur d'avant-guerre)																			
Importation	Millions de RM	22941.2	110	12678.7	106	3287.2	131	6980.3	108	13304.9	108	2719.7	111	2151.4	94	3133.0	105	5300.8	115
Exportation		27358.5	110	14734.5	108	3750.8	105	8873.7	116	14854.3	99	3597.7	92	1911.3	104	2864.4	111	6480.9	96
Stock d'or.......	Millions de RM	22403.7	100	17383.9	94	733.4	86	4286.4	139	4761.8	124	1352.0	296	5.2	—	2652.1	91	752.5	165
Revenu national[4])	Milliards de RM	315	117	267	116	18	118	30	120	70	—	25	—	18	—	17	—	10	—
Fortune nationale[4])[5])	Milliards de RM	1500	—	1260	—	90	—	150	—	530	—	150	—	180	—	120	—	80	—

1) Chili. 2) Y compris Ceylan. 3) Y compris la Russie Asiatique. 4) Valeur d'avant-guerre. 5) Derniers chiffres d'après-guerre.

		Afrique		Australie	
		chiffres effectifs	1925=100	chiffres effectifs	1925=100
Population	Millions	141.9	104	9.6	105
	par km²	4.8	104	1.1	105
Agriculture					
Céréales					
Récolte de froment ..	Millions de tonnes	3.1	100	4.6	144
Consommation d'engrais					
Azote (N)	1000 t	83.5	107	2.0	100
Elevage					
Chevaux............	Millions	2.1	105	2.4	92
Bêtes à corne	„	51.8	111	15.5	90
Porcs	„	2.5	109	1.5	88
Moutons............	„	88.2	104	126.8	99
Sources d'énergie industrielle					
Production de charbon	Millions de tonnes	13.4	78	17.6	104
Production de pétrole	„	0.3	150	—	—
Force hydraulique exploitée	Millions de C. V.	0.01	100[1]	0.2	100[1]
Industrie textile					
Récolte de coton	1000 t	453.7	101	—	—
Production de laine brute	„	153.8	121	524.9	124
Consommation de soie artificielle..	„	0.4	200	1.0	200

		Afrique		Australie	
		chiffres effectifs	1925=100	chiffres effectifs	1925=100
Industrie des matières premières métalliques					
Prod. des mines de cuivre	1000 t	137.7	125	11.5	96
Prod. des fond. de cuivre	„	127.2	128	9.9	88
Consommation de cuivre	„	11.0	92	5.9	69
Prod. des mines de plomb	„	63.5	107	170.6	92
Prod. des fond. de plomb	„	27.4	156	158.8	105
Consommation de plomb	„	7.1	57	12.0	80
Prod. des mines de zinc..	„	38.4	107	185.0	131
Prod. des fonderies de zinc	„	9.7	—	50.4	108
Consommation de zinc ..	„	3.5	117	14.8	83
Prod. des mines d'étain..	„	11.9	149	2.9	94
Prod. des fonderies d'étain	„	—	—	2.5	89
Consommation d'étain ..	„	1.0	143	1.2	75
Transports					
Nombre d'automobiles ..	Milliers	283	255	708	245
Commerce extérieur (en valeur d'avant-guerre)					
Importation	Millions de RM	3 812.2	118	2 688.9	100
Exportation............	„	3 438.4	107	2 800.7	100
Stock d'or	Millions de RM	401.0	136	1 164.2	87
Revenu national[2] ...	Milliards de RM	15 (environ)	—	12 (environ)	—
Fortune nationale[2][3] ..	Milliards de RM	150 (environ)	—	70 (environ)	—

1) 1924 = 100. 2) Valeur d'avant-guerre. 3) Derniers chiffres d'après-guerre.

AGRICULTURE

L'écart qui existe entre la production et la consommation de céréales et qui, depuis la crise agricole de 1920, peut être observé particulièrement sur le marché mondial du blé, s'est encore accentué par suite de l'abondante récolte de 1928/29. Le fait que la consommation mondiale de blé ne correspond pas aux offres des pays producteurs provient non seulement de la diminution du pouvoir d'achat par rapport aux années d'avant-guerre mais, aussi, d'un changement dans les méthodes d'alimentation des pays industriels qui, jusqu'à ce jour, absorbaient la plus grande partie de l'excédent disponible. La vulgarisation des connaissances relatives aux vitamines a contribué, d'autre part, au remplacement du pain par les fruits, les légumes et le lait. De même, le développement de la culture physique, sous l'influence de la mode, a contribué, également, à la diminution de la consommation de blé. La journée de huit heures, introduite depuis quelque temps, a, d'ailleurs, amené un changement dans l'alimentation de la classe ouvrière du fait que les ouvriers qui prenaient, jusqu'à présent, un repas consistant principalement en pain, prennent, à présent, un repas chaud qui leur est servi dans les cantines des grandes usines. On estime que la consommation de farine par tête a diminué de 10% en Allemagne et en Angleterre et même de 12 à 15% aux Etats-Unis. Bien que la production mondiale de blé n'ait augmenté, en moyenne pour les années 1924-28 que d'environ 5.8% par rapport aux années d'avant-guerre tandis que la population mondiale s'est accrue d'environ 9% et celle des pays industriels d'Europe d'environ 6%, une partie de la production ne peut pas être absorbée. Ce qui prouve bien que ce n'est pas essentiellement la diminution du pouvoir d'achat mais, plutôt, le changement d'alimentation qui a amené un fléchissement de la consommation de blé, tout au moins depuis 1926, c'est le fait que la consommation des produits de qualité provenant de l'élevage a augmenté par rapport à 1913 et que la consommation de viande a atteint ou même dépassé celle d'avant-guerre.

Ce phénomène s'observe en Allemagne, également, depuis 1928. En raison de cet état de choses, les essais tentés pour amener sur le marché du blé une évolution favorable aux producteurs, par la concentration de l'offre, à la manière du grand Pool canadien du blé, n'ont pas donné de résultats décisifs. Dans tous les grands pays exportateurs d'Europe, les stocks considérables restant des dernières années ont dû être englobés dans les nouvelles récoltes. Ils étaient évalués à 10.1 millions de tonnes au 1er août 1929 contre 6.2 millions, 3.7 millions et 3.8 millions de tonnes respectivement pour chacune des trois années précédentes. De ce fait, les récoltes moins abondantes de l'année courante n'ont pu, jusqu'à présent, amener un allègement du marché.

La production mondiale de blé, pour les années 1924-28, a atteint ou dépassé la moyenne des années 1909-13. Cette remarque s'applique à toutes les céréales, l'orge et les seigle exceptés. Après le froment, le maïs joue un rôle de plus en plus important sur le marché mondial des céréales. L'accroissement des excédents disponibles pour l'exportation est principalement dû à l'extension des cultures dans les pays producteurs d'outremer à culture "extensive"; d'autre part — tant dans les pays producteurs d'outremer que dans quelques pays d'Europe à culture "intensive" — l'augmentation du rendement à l'hectare qui, au cours des dernières années a dépassé le niveau d'avant guerre, a également contribué à ce résultat. La Russie, où le rendement des récoltes souffre toujours des effets de la disparition de la grande propriété terrienne et des mesures coërcitives régissant la culture du blé, ne peut toujours pas être considérée comme un des fournisseurs du marché mondial. Elle est, au contraire, obligée de recourir à des importations pour arriver à couvrir ses propres besoins. Les pays producteurs du sud-est de l'Europe n'ont pu, de même, reconquérir leur situation antérieure sur le marché mondial, par suite du morcellement de la grande propriété. L'Argentine, d'autre part continue à améliorer sa position. L'Europe, depuis quelques années, dépend de plus en plus des pays d'outremer.

Dans l'élevage du Bétail, on note une transformation totale car les goûts des populations dans les principaux pays consommateurs se sont modifiés. Les agriculteurs, surtout dans les régions où la production agricole s'est intensifiée, ont concentré, de plus en plus, leurs efforts sur l'élevage et sur la sélection des produits animaux. On peut constater, de ce fait, que dans certains pays du vieux continent tels que l'Angleterre, le Danemark et la Hollande, notamment, le nombre de têtes de bétail a atteint ou même dépassé celui d'avant-guerre. En Allemagne, où le cheptel est presque égal en nombre à celui d'avant-guerre, l'amélioration de la qualité des produits animaux commence à peine à s'affirmer. Pour les produits laitiers, le Danemark et la Hollande, pays agricoles par excellence, restent toujours les principaux fournisseurs du marché mondial; les Etats Baltes onté galement joué un certain rôle à cet égard. Grâce aux progrès accomplis dans la technique de la conservation du lait et à la plus grande rapidité des transports, la concurrence des pays d'outremer, celle de la Nouvelle-Zélande surtout, se fait sentir. C'est pour ces mêmes raisons que la production de la viande de boucherie des pays d'outremer a trouvé de nouveaux débouchés et que l'Argentine a largement augmenté le volume de ses exportations de viande fraîche de boeuf. D'autre part, la consommation de la viande frigorifiée, pour laquelle l'Argentine (boeuf) et l'Australie (mouton) sont les plus grands exportateurs, est en décroissance, autre signe de la préférence témoignée par les consommateurs pour les produits de qualité.

Ces changements survenus dans les goûts des consommateurs ont eu une répercussion fâcheuse sur l'économie des exploitations agricoles, surtout dans les pays producteurs de céréales. Malgré le recours plus libéral aux engrais artificiels, le rendement quantitatif par hectare, principalement en Europe et aux Etats-Unis, n'a pas proportionnellement augmenté. Il y a lieu d'ajouter que les salaires des ouvriers agricoles ont augmenté de manière générale, bien que pour des causes différentes. Les effets de cet accroissement de dépenses qui entravent le développement de la production ont été sensiblement atténués mais, cependant, pas complètement neutralisés, par l'emploi de tracteurs et de machines agricoles (faucheuses, batteuses) mais l'économie réalisée de ce fait est plus que contrebalancée par la hausse des salaires. Dans les régions orientales des Etats-Unis, situées à proximité des grands marchés, il s'est produit une transformation analogue à celle qu'on a notée en Europe, c'est-à-dire que l'activité agricole se porte plutôt sur l'élevage du bétail et la culture maraîchère. Comparés aux pays producteurs d'outremer, les pays producteurs de céréales en Europe, et l'Allemagne surtout, sont encore handicapés par les conséquences de la guerre. Les frais ont augmenté dans des proportions extraordinaires par suite des lourds impôts et taxes de toute nature et les taux d'intérêt élevés payés aux prêteurs étrangers. D'autre part, il n'a pas été possible de contrebalancer ces charges par des droits de douane protecteurs et par un relèvement correspondant des prix.

L'avenir de l'agriculture dépendra principalement du temps que nécessitera l'adaptation des exploitations existantes pour devenir rémunératrices grâce à l'élevage. La consommation des produits animaux de qualité aux dépens du pain augmente parallèlement au bien-être grandissant des populations. Dès qu'un certain standard de vie est atteint, l'accroissement du pouvoir d'achat des grands centres consommateurs entraîne, aussitôt, une augmentation des débouchés des produits de l'élevage. Une plus grande consommation de céréales, dans les circonstances actuelles, est conditionnée par un abaissement considérable des prix. La consommation de céréales ne progressera que dans des années et des années grâce à l'accroissement de la population et les prix s'amélioreront d'autant que la surface disponible pour l'extension de la culture des céréales dans les territoires coloniaux d'outremer est très limitée. Il est à considérer aussi, car le fait a son importance, que les pays où le riz constitue l'aliment principal, surtout en Extrême-Orient, se tournent, de plus en plus, vers le pain.

Rendement par hectare en quintaux métriques	Froment			Seigle			Orge			Avoine			Maïs			Pommes de terre		
	Moyenne 1909-13	Moyenne 1924-27	1928 (1928/9)	Moyenne 1909-13	Moyenne 1924-27	1928 (1928/9)	Moyenne 1909-13	Moyenne 1924-27	1928 (1928/9)	Moyenne 1909-13	Moyenne 1924-27	1928 (1928/9)	Moyenne 1909-13	Moyenne 1924-27	1928 (1928/9)	Moyenne 1909-13	Moyenne 1924-27	1928 (1928/9)
Allemagne	24.1[2])	18.1	22.3	19.3[2])	14.6	18.4	22.0[2])	17.8	22.0	22.0[2])	17.2	19.9	—	—	—	157.1[2])	130.7	144.9
Grande Bretagne et Irld.	21.2	22.0	23.0	—	17.0	15.9	18.5	20.5	22.1	17.4	19.9	21.4	—	—	—	143.7	149.6	173.2
France	13.1[2])	14.0	14.6	10.6[2])	11.2	11.3	14.3[2])	14.8	15.6	13.4[2])	14.0	14.1	12.1	13.2	9.0	87.1[2])	100.5	76.5
Belgique	25.3	26.2	28.4	22.1	23.4	25.4	27.5	27.1	30.4	23.7	24.9	26.1	—	—	—	186.4	189.5	218.5
Russie (y compris la Russie asiatique)	7.6[2])	7.3	7.7	8.2[2])	7.9	7.5	9.4[2])	7.1	7.7	8.8[2])	8.2	9.3	10.7[2])	11.8	7.6	76.3[2])	77.8	70.6
Pologne	12.4[1])[2])	11.2	12.5	11.2[2])	9.8	11.4	11.8[2])	11.0	13.2	10.2[2])	10.2	12.3	10.8[2])	10.9	9.4	103.1[2])	104.1	110.4
Italie	10.5	11.8	12.5	11.0	12.9	13.2	8.9	9.7	10.6	10.6	11.3	13.5	15.8	17.4	11.0	57.6	60.0	42.1
Roumanie	12.9	8.1	9.8	9.2	7.8	9.9	10.2	6.7	8.6	9.4	7.4	8.8	13.1	11.1	6.2	86.1	93.0	93.8
Hongrie	13.2[2])	12.5	16.1	11.8[2])	10.2	12.7	12.0[2])	11.8	16.2	12.8[2])	11.6	15.1	17.5[2])	18.6	11.9	80.2[2])	75.6	55.5
Yougoslavie	10.5[3])	10.3	14.8	8.2[3])	8.4	9.5	10.0[3])	9.4	10.3	6.9[3])	9.1	9.9	13.0[3])	16.1	9.0	40.9[3])	46.8	38.2
Bulgarie	6.2[2])	9.4	12.3	7.3[2])	8.9	12.1	8.6[2])	10.5	14.1	6.7[2])	7.1	8.8	12.9[2])	9.9	7.2	37.6[2])	38.9	55.0
Europe	10.1	9.7	10.6	10.3	9.4	10.0	11.6	10.6	11.9	11.6	10.8	12.3	14.0	13.4	8.4	100.6	100.1	101.1
Etats-Unis	9.9	9.9	10.5	10.1	8.6	7.6	13.1	14.0	15.3	11.0	11.2	12.5	16.3	16.8	17.7	65.4	77.5	81.4
Canada	13.8	11.8	14.9	11.2	10.3	10.9	15.8	14.2	15.0	13.9	11.8	13.1	35.2	24.2	23.6	107.9	97.7	98.9
Mexique	4.0[6])	5.5	5.8	—	—	—	2.3	4.8	5.0	—	—	—	8.5	7.0	6.9	—	29.2	—
Argentine	6.6	8.0	9.9	4.7	7.4	—	7.6	11.0	—	9.9	11.4	—	13.8	20.3	—	87.4	66.6	—
Brésil	—	12.8	9.6	—	12.2	—	—	11.6	—	—	—	—	16.9[5])	15.4	—	—	68.7	—
Amérique	9.5	9.9	10.1	10.0	9.0	8.3	12.1	13.6	11.4	11.4	11.3	12.5	15.5	16.2	16.6	66.2	69.1	—
Inde Britannique	8.1	7.3	6.0	—	—	—	—	9.0	8.8	—	—	—	7.2	8.6	8.6	—	—	—
Chine	—	—	6.3	—	—	6.0	—	—	10.0	—	—	6.2	—	—	11.0	—	—	40.0
Autres pays d'Asie	—	—	4.5[4])	13.3[4])	8.1[4])	3.5[4])	—	—	5.0[4])	—	—	4.0[4])	—	—	10.0[4])	—	—	20.0
Asie	8.3	7.6	6.4	13.3[4])	8.1[4])	5.6	10.8	10.7	9.4	10.5	9.9	10.3	7.7	9.5	—	—	—	—
Afrique	8.0	7.1	6.9	8.6	4.0	—	7.4	5.8	7.2	6.6	5.4	6.7	12.7	10.4	10.1	40.9	44.5	43.1
Australie	8.4	8.6	7.8	8.8	10.4	—	12.1	10.7	10.7	11.4	7.3	6.0	18.0	17.6	15.8	80.2	74.4	—
Rendement mondial	9.5	9.4	10.1	10.3	9.4	9.9	11.2	10.6	11.7	11.5	11.2	12.3	14.6	14.9	14.1	96.0	96.2	96.8

1) 1915-18. 2) Etendue actuelle du territoire. 3) Serbie seulement. 4) Turquie. 5) 1916/17. 6) 1910, 1911 et 1913.

Superficie mondiale cultivée[1]) (en 1000 hectares)	Froment	Seigle	Orge	Avoine	Maïs	Pommes de terre
Moyenne 1909-13	109 376	47 609	36 060	59 708	71 878	16 541
1924 (1924/25)	108 702	45 398	32 068	56 766	72 475	17 264
1925 (1925/26)	113 587	48 155	31 519	56 590	74 687	17 785
1926 (1926/27)	121 109	47 414	32 223	58 848	74 397	17 895
1927 (1927/28)	125 028	47 179	31 779	60 033	73 828	18 638
1928 (1928/29)	124 082	44 333	34 431	59 446	76 775	19 012

Production et Exportation (en millions de tonnes)	Froment		Seigle		Orge		Avoine		Maïs		Pommes de terre	
	Product. mondiale	Export. mondiale[2])	Product. mondiale	Export. mondiale[2])	Product. mondiale	Export. mondiale	Product. mondiale	Export. mondiale	Product. mondiale	Export. mondiale	Product. mondiale	Export. mondiale
Moyenne 1909-13	115.7	17.4	49.4	1.48	47.0	5.1	71.0	2.3	109.5	6.2	158.8	0.8
1924 (1924/25)	102.4	23.0	37.5	2.27	33.7	2.9	62.3	1.6	100.9	6.9	168.7	1.3
1925 (1925/26)	116.2	19.5	48.3	1.25	40.3	2.8	66.6	1.7	120.7	6.4	175.2	1.1
1926 (1926/27)	121.2	20.5	44.1	1.35	37.9	3.2	67.7	1.3	115.1	8.0	160.3	1.5
1927 (1927/28)	122.9	23.6	46.3	1.93	37.8	3.5	64.1	1.3	112.4	11.4	183.9	1.5
1928 (1928/29)	131.4	24.3	43.9	1.10	44.5	3.9	73.2	1.1	110.9	9.0	184.1	1.4

Froment

La récolte de blé a été meilleure en 1927 et 1928. En 1928/29, année particulièrement bonne, elle a même dépassé de plus de 13% les récoltes d'avant-guerre. L'Amérique a réussi à augmenter sa production; les Etats-Unis, le Canada et l'Argentine produisent, actuellement, ⅓ environ de la récolte mondiale de blé. L'Europe, par contre, n'a pas encore atteint le niveau de sa production d'avant-guerre, la récolte russe ayant encore été particulièrement déficitaire, au cours de ces dernières années.

La consommation de blé dans les pays importateurs d'Europe n'a pas progressé de pair avec l'augmentation de la production de telle sorte que, lorsque la récolte mondiale est abondante comme en 1928/29, les pays producteurs ont du mal à écouler leur production. Les pays d'Europe qui, jadis, jouaient un rôle comme exportateurs de céréales, ont encore perdu du terrain comme fournisseurs du marché mondial durant ces dernières années. La Russie et la Roumanie ont dû même importer du blé en 1928. Les quatre pays gros exportateurs de blé, les Etats-Unis, l'Argentine, le Canada et l'Australie ont assuré 90% des exportations mondiales en 1927/28 contre 50%, seulement, avant la guerre.

1) Sans la Chine.
2) Y compris les exportations de farines (100 unités froment = 75 unités farine).

Froment	Production (en millions de tonnes et en % de la production mondiale)								Excédent (+) ou Déficit (—) (en millions de tonnes et en % de la propre production)[1]					
	1926 (1926/27)		1927 (1927/28)		1928 (1928/29)		Moyenne		1926		1927		1928	
	tonnes	%	tonnes	%	tonnes	%	1909-13 = 100	1924-28 = 100	tonnes	%	tonnes	%	tonnes	%
Allemagne	2.6	2.1	3.3	2.7	3.8	2.9	95	123	— 1.9	73.1	— 2.6	78.8	— 2.2	57.9
Grande Bretagne et Irlande	1.4	1.1	1.6	1.3	1.4	1.1	87	93	— 5.8	414.3	— 6.6	412.5	— 6.0	428.6
France	6.3	5.2	7.5	6.1	7.7	5.9	87	101	— 0.4	6.3	— 2.2	29.3	— 1.0	13.0
Russie (y compris la Russie asiatique)	24.2	20.0	20.5	16.7	21.3	16.2	88	107	+ 1.0	4.1	+ 0.8	3.9	— 0.1	0.5
Italie	6.0	5.0	5.3	4.3	6.2	4.7	124	109	— 2.1	35.0	— 2.3	43.6	— 2.7	43.5
Roumanie	3.0	2.5	2.6	2.1	3.1	2.3	129	115	+ 0.4	13.3	+ 0.3	11.5	— 0.1	3.2
Autres pays d'Europe	13.6	11.2	14.4	11.7	16.2	12.3	107	116	— 3.3	24.3	— 4.5	31.2	— 4.8	29.6
Europe	57.1	47.1	55.2	44.9	59.7	45.4	95	110	—12.1	21.2	—17.1	31.0	—16.9	28.3
Etats-Unis	22.6	18.6	23.9	19.4	24.6	18.7	131	109	+ 4.8	21.2	+ 5.8	24.3	+ 3.5	14.2
Canada	11.1	9.2	13.0	10.6	14.5	11.0	269	128	+ 8.0	72.1	+ 8.0	61.5	+11.2	77.2
Argentine	6.0	5.0	6.5	5.3	8.4	6.4	210	133	+ 2.2	36.7	+ 4.4	67.7	+ 7.3	86.9
Autres pays d'Amérique	1.5	1.2	1.8	1.5	1.7	1.3	155	106	— 1.5	100.0	— 1.5	83.3	— 3.4	200.0
Amérique	41.2	34.0	45.2	36.8	49.2	37.4	168	118	+13.5	32.8	+16.7	36.9	+18.6	37.8
Inde britannique	8.8	7.3	9.1	7.4	7.9	6.0	82	89	+ 0.2	2.3	+ 0.3	3.3	—	—
Chine	3.8[2]	3.1	3.8[2]	3.1	3.8[2]	2.9	95	100	— 0.6	3.7	— 0.4	2.4	— 0.4[2]	2.4
Autres pays d'Asie	2.9	2.4	3.0	2.4	3.1	2.4	67	107	— 0.9	31.0	— 0.8	26.7	— 1.0	—
Asie	15.5	12.8	15.9	12.9	14.8	11.3	81	95	— 1.8	4.6	— 0.9	3.2	— 1.4	5.1
Afrique	2.8	2.3	3.1	2.5	3.1	2.4	111	107	— 0.3	10.7	— 0.5	16.1	— 0.2	6.4
Australie	4.6	3.8	3.5	2.9	4.6	3.5	177	112	+ 1.9	41.3	+ 2.8	80.0	+ 2.1	45.6
Total mondial	121.2	100	122.9	100	131.4	100	114	111	—	—	—	—	—	—

1) En tenant compte simultanément de l'importation et de l'exportation de farine (100 unités blé = 75 unités farine).
2) Evaluation.

SEIGLE La production mondiale de seigle n'a pas encore pu regagner son niveau d'avant-guerre. D'autre part, la consommation de ce produit a constamment baissé, en Allemagne surtout, où l'utilisation annuelle de farine de seigle par tête est tombée de 20% par rapport à l'avant-guerre. Une portion toujours croissante de la production mondiale est utilisée, maintenant, pour la nourriture du bétail. L'Allemagne et la Pologne jouissent, actuellement, comme producteurs, d'une influence prépondérante sur le marché du seigle. La Russie, principal producteur d'avant-guerre, n'a pas encore pu regagner son ancien rang sur le marché; quant aux Etats-Unis, ils réduisent, de plus en plus, depuis quelques années, la surface ensemencée en seigle. Le faible excédent de la récolte du continent américain est absorbé par l'Europe.

SEIGLE	Production (en millions de tonnes et en % de la production mondiale)								Excédent (+) ou Déficit (—) (en millions de tonnes et en % de la propre production)[2]					
	1926 (1926/27)		1927 (1927/28)		1928 (1928/29)				1926		1927		1928	
							Moyenne 1909-1913 = 100	Moyenne 1924-1928 = 100						
	tonnes	%	tonnes	%	tonnes	%			tonnes	%	tonnes	%	tonnes	%
Allemagne	6.4	14.5	6.8	14.7	8.5	19.4	84	120	+0.1	1.6	—0.6	8.8	+0.1	1.2
Grande Bretagne et Irlande	—	—	—	—	—	—	—	—	—	—	—	—	—	—
France	0.8	1.8	0.9	2.0	0.9	2.0	69	100	—0.1	12.5	—0.1	11.1	—	—
Russie (y compr. la Russie asiat.)	23.5	53.3	24.0	51.8	19.2	43.7	83	89	+0.2	0.8	+0.3	1.3	+0.1	0.5
Pologne	5.2	11.8	5.9	12.8	6.1	13.9	107	111	+0.2	3.8	—0.1	1.7	—0.1	1.6
Autres pays d'Europe	6.7	15.2	6.5	14.0	7.4	16.9	92	106	—0.7	10.4	—0.8	12.3	—0.8	10.8
Europe	42.6	96.6	44.1	95.3	42.1	95.9	87	100	—0.3	0.7	—1.3	2.9	—0.7	1.7
Etats-Unis	1.0	2.3	1.5	3.2	1.1	2.5	122	85	+0.3	30.0	+0.9	60.0	+0.4	36.4
Canada	0.3	0.7	0.4	0.9	0.4	0.9	800	133	+0.1	33.3	+0.3	75.0	+0.2	50.0
Autres pays d'Amérique	0.1	0.2	0.2	0.4	0.2	0.5	200	100	+0.1	100.0	+0.1	50.0	+0.2	100.0
Amérique	1.4	3.2	2.1	4.5	1.7	3.9	162	94	+0.5	35.7	+1.3	61.9	+0.8	47.0
Asie (Turquie)	0.1[3])	0.2	0.1	0.2	0.1	0.2	50	100	—	—	—	—	—	—
Australie[1]) et Afrique[1])	—	—	—	—	—	—	—	—	—	—	—	—	—	—
Total mondial	44.1	100	46.3	100	43.9	100	89	100	—	—	—	—	—	—

1) Récolte insignifiante.
2) En tenant compte simultanément de l'importation et de l'exportation de farine (100 unités blé = 75 unités farine).
3) Evaluation.

ORGE La prédominance des Etats-Unis et du Canada sur le marché mondial s'est encore accentuée ces dernières années. La Russie n'a pas pu reprendre sa position prépondérante; elle produit actuellement à peine la moitié de ce qu'elle fournissait avant guerre et elle n'exporte qu'une partie infime de sa récolte. Le déficit est presque entièrement couvert par l'Amérique, où les terrains réservés à la culture de l'orge se sont considérablement étendus. La production mondiale comparée à celle d'avant guerre est en diminution; si ce déficit ne se fait pas sentir, c'est que l'orge a été remplacé en partie par le maïs et les fèves de soya dans l'alimentation du bétail.

Orge	Production (en millions de tonnes et en % de la production mondiale)								Excédent (+) ou Déficit (—) (en millions de tonnes et en % de la production propre)					
	1926 (1926/27)		1927 (1927/28)		1928 (1928/29)		Moyenne		1926		1927		1928	
	tonnes	%	tonnes	%	tonnes	%	1909-13 =100	1924-28 =100	tonnes	%	tonnes	%	tonnes	%
Allemagne	2.4	6.3	2.7	7.1	3.3	7.4	103	122	−1.7	70.8	−2.0	74.1	−1.9	57.6
Grande Bretagne et Irlande	1.2	3.2	1.1	2.9	1.3	2.9	98	108	−0.6	50.0	−0.8	72.7	−0.6	46.1
France	1.0	2.6	1.1	2.9	1.1	2.5	92	110	—	—	—	—	—	—
Russie (y compr. la Russie as.)	5.2	13.7	4.4	11.7	5.3	11.9	48	108	+0.7	13.5	+0.1	2.3	—	—
Autres pays d'Europe[2])	10.1	26.7	9.4	24.9	10.5	23.6	106	109	+0.2	2.0	+0.4	4.3	−0.2	1.9
Europe	19.9	52.5	18.7	49.5	21.5	48.3	77	110	−1.4	7.0	−2.3	12.3	−2.7	12.6
Etats-Unis	4.0	10.5	5.8	15.3	7.8	17.6	195	150	+0.3	7.5	+0.8	13.8	+1.2	15.4
Canada	2.2	5.8	2.1	5.6	3.0	6.7	300	130	+0.8	36.4	+0.7	33.3	+0.8	26.7
Autres pays d'Amérique	0.8	2.1	0.8	2.1	0.8	1.8	160	114	+0.2	25.0	+0.4	50.0	+0.3	37.5
Amérique	7.0	18.4	8.7	23.0	11.6	26.1	211	141	+1.3	18.6	+1.9	21.8	+2.3	19.8
Chine	2.6[1])	6.9	2.6[1])	6.9	2.6[1])	5.8	84	100	—	—	—	—	—	—
Inde Britannique	2.6	6.9	2.6	6.9	2.1	4.7	66	81	—	—	—	—	+0.2	9.5
Japon	1.9	5.0	1.8	4.7	1.8	4.1	86	100	—	—	—	—	—	—
Turquie	1.2[1])	3.2	0.6	1.6	0.9	2.0	36	112	—	—	—	—	—	—
Autres pays d'Asie	0.8	2.1	0.8	2.1	1.4	3.2	350	127	—	—	+0.3	37.5	+0.1	7.1
Asie	9.1	24.1	8.4	22.2	8.8	19.8	78	98	+0.03	0.3	+0.5	3.4	+0.3	3.4
Afrique	1.7	4.5	1.9	5.0	2.5	5.6	114	119	+0.1	5.9	+0.03	1.6	+0.6	24.0
Australie	0.2	0.5	0.1	0.3	0.1[1])	0.2	100	100	+0.02	10.0	+0.04	40.0	+0.02	20.0
Total mondial	37.9	100	37.8	100	44.5	100	95	115	—	—	—	—	—	—

1) Evaluation. 2) Plus spécialement: Espagne, Pologne, Tchécoslovaquie, Roumanie.

AVOINE Bien que la production mondiale moyenne de 1924-28 n'ait pas encore atteint le chiffre d'avant-guerre, il devient difficile de trouver des débouchés aux excédents disponibles car le pouvoir d'absorption des pays importateurs diminue constamment par suite de la substitution croissante des moteurs aux chevaux. Les principaux producteurs, les Etats-Unis surtout, tendent à restreindre au profit d'autres céréales la surface ensemencée en avoine. Le marché mondial de l'avoine est dominé par l'Argentine qui exporte les deux tiers de sa récolte et se place, ainsi, au premier rang des pays exportateurs. La Russie, par contre, entre toujours à peine en ligne de compte au point de vue des exportations.

AVOINE	Production (en millions de tonnes et en % du total mondial)								Excédent (+) ou Déficit (—) (en millions de tonnes et en % de la production propre)					
	1926 (1926/27)		1927 (1927/28)		1928 (1928/29)		Moyenne		1926		1927		1928	
	tonnes	%	tonnes	%	tonnes	%	1909-13 =100	1924-28 =100	tonnes	%	tonnes	%	tonnes	%
Allemagne	6.3	9.3	6.3	9.8	7.0	9.6	81	113	−0.2	3.2	−0.2	3.3	+0.2	2.9
Grande Bretagne et Irlande	3.2	4.7	2.9	4.5	3.1	4.2	108	108	−0.4	12.5	−0.2	6.9	−0.3	9.7
France	5.3	7.8	5.0	7.8	4.9	6.7	92	100	−0.1	1.9	−0.05	1.0	—	—
Russie (y compr. la Russie as.)	15.1	22.3	12.9	20.1	15.8	21.6	88	122	—	—	+0.1	0.8	—	—
Autres pays d'Europe	11.9	17.6	11.2	17.5	12.3	16.7	109	107	−0.4	3.4	−0.45	4.0	−0.6	4.9
Europe	41.8	61.7	38.5	58.7	43.1	58.8	92	112	−1.1	2.6	−0.8	2.1	−0.7	1.6
Etats-Unis	18.1	26.7	17.2	26.8	21.0	28.7	126	105	+0.2	1.1	+0.1	0.6	+0.1	0.5
Canada	5.9	8.7	6.8	10.6	7.0	9.6	130	109	+0.3	5.1	+0.1	1.5	+0.2	2.9
Autres pays d'Amérique[1]	1.1	1.6	0.9	1.4	1.1	1.5	122	100	+0.5	45.5	+0.6	66.7	+0.4	36.4
Amérique	25.1	37.0	24.9	38.8	29.1	39.8	127	106	+1.0	4.0	+0.8	3.2	+0.7	2.4
Asie	0.3	0.5	0.3	0.5	0.3	0.4	75	100	—	—	—	—	—	—
Afrique	0.2	0.3	0.3	0.5	0.4	0.6	100	133	—	—	—	—	+0.05	12.5
Australie	0.3	0.5	0.3	0.5	0.3	0.4	60	100	—	—	—	—	—	—
Total mondial	67.7	100	64.1	100	73.2	100	105	110	—	—	—	—	—	—

1) Principalement l'Argentine.

MAÏS Le maïs prend sur le marché mondial des céréales une importance toujours croissante. Le développement continu de l'élevage en Europe comme aux Etats-Unis ainsi que la vulgarisation des méthodes modernes d'élevage ont beaucoup contribué à étendre l'emploi du maïs comme fourrage. On peut d'ailleurs s'en rendre compte par les statistiques d'importation du maïs en Europe qui font ressortir une augmentation considérable ces dernières années. D'autre part, les prix relativement avantageux ont stimulé la production et amené un accroissement de la surface ensemencée. Cet accroissement a été particulièrement marqué en Argentine où il s'élevait, en 1928/29 à 10% par rapport à l'année précédente. La situation prépondérante de ce pays s'affirme, de ce fait, toujours davantage car avec des récoltes moyennes favorables, l'Argentine pourrait couvrir la presque totalité des importations mondiales de maïs, alors que les Etats-Unis qui sont de beaucoup les plus gros producteurs, par suite de l'importance de leur consommation intérieure, ne pourraient exporter qu'une très faible partie de leur récolte.

MAÏS	Production (en millions de tonnes et en % du total mondial)								Excédent (+) ou Déficit (—) (en millions de tonnes et en % de la production propre)					
	1926 (1926/27)		1927 (1927/28)		1928 (1928/29)		Moyenne		1926		1927		1928	
	tonnes	%	tonnes	%	tonnes	%	1909-1913 =100	1924-1928 =100	tonnes	%	tonnes	%	tonnes	%
Allemagne	—	—	—	—	—	—	—	—	−0.7	—	−2.1	—	−1.3	—
Grande Bretagne et Irlande	—	—	—	—	—	—	—	—	−1.9	—	−2.4	—	−2.0	—
France	0.3	0.3	0.5	0.4	0.3	0.3	50	75	−0.6	200.0	−0.8	160.0	−0.7	233.3
Russie (y compr. la Russie as.)	3.3	2.9	3.4	3.0	3.4	3.1	212	103	+0.3	9.1	+0.1	2.9	—	—
Roumanie	5.8	5.0	3.5	3.1	2.8	2.5	104	70	+0.7	12.1	+1.8	51.4	+0.5	17.9
Yougoslavie	3.4	2.9	2.1	1.9	1.8	1.6	64	60	+0.9	26.5	+0.2	9.5	—	—
Autres pays d'Europe[1])	7.1	6.2	6.2	5.5	4.8	4.3	58	74	−3.5	49.3	−5.0	80.6	−5.1	106.2
Europe	19.9	17.3	15.7	13.8	13.1	11.8	78	76	−4.8	24.1	−8.2	52.2	−8.6	65.6
Etats-Unis	68.4	59.4	70.2	62.5	72.1	65.0	105	105	+0.6	0.9	+0.2	0.3	+0.6	0.8
Mexique	2.2	1.9	2.1	1.9	2.1	1.9	62	95	−0.1	4.5	—	—	—	—
Argentine	8.1	7.0	7.8	6.9	5.9	5.3	120	86	+4.9	60.5	+8.3	106.4	+6.5	110.2
Brésil	3.5	3.0	3.3	2.9	4.0[2])	3.6	105	105	—	—	—	—	—	—
Autres pays d'Amérique	1.2	1.1	1.2	1.1	1.1	1.0	92	92	−0.5	41.7	−0.5	41.7	−0.4	36.4
Amérique	83.4	72.4	84.6	75.3	85.2	76.8	104	103	+4.3	5.0	+8.0	9.5	+6.7	7.9
Asie	7.0[3])	6.1	7.1[3])	6.3	7.5[2])[3])	6.8	106	104	+0.1	1.4	+0.1	1.4	+0.3	4.0
Afrique	4.6	4.0	4.7	4.2	4.8	4.3	141	107	+0.2	4.3	+0.4	8.5	+0.8	18.7
Australie	0.2	0.2	0.3	0.3	0.3[2])	0.3	100	106	−0.1	50.0	−0.02	6.7	—	—
Total mondial	115.1	100	112.4	100	110.9	100	101	98	—	—	—	—	—	—

1) L'Italie et la Hongrie principalement. 2) Evaluation. 3) Y compris la récolte chinoise, évaluée à 1.8 millions de tonnes.

POMMES DE TERRE La récolte mondiale de pommes de terre, exception faite de la mauvaise récolte de 1926, est en nouvelle progression; au cours des deux dernières années elle a dépassé de près de 20% le chiffre d'avant-guerre. L'extension de la culture des pommes de terre a été favorisée par deux causes: d'une part, le remplacement dans une large mesure de l'agriculture proprement dite par l'élevage du bétail et d'autre part, les prix peu rémunérateurs des céréales dans les principaux pays producteurs du vieux continent. D'autre part, dans les pays d'outremer, la production est partiellement aussi en progrès. En 1928/29, c'est encore l'Allemagne qui vient en tête des pays producteurs, suivie de près par la Russie qui occupait la première place au cours des deux années précédentes.

Pommes de terre	Production (en millions de tonnes et en % du total mondial)								Excédent (+) ou Déficit (—) (en millions de tonnes et en % de la production propre)					
	1926 (1926/27)		1927 (1927/28)		1928 (1928/29)		Moyenne		1926		1927		1928	
	tonnes	%	tonnes	%	tonnes	%	1909-13 = 100	1924-28 = 100	tonnes	%	tonnes	%	tonnes	%
Allemagne	30.0	18.7	37.5	20.4	41.8	22.4	109	110	−0.3	1.0	−0.6	1.6	−0.4	1.0
Russie (y compris la Russie asiat.)	43.0	26.8	41.2	22.4	39.9	21.7	133	100	—	—	—	—	+0.1	0.2
Pologne	21.4	13.3	26.8	14.5	27.7	15.0	112	109	+0.1	0.4	+0.1	0.8	+0.1	0.4
France	11.1	6.9	17.5	9.5	11.3	6.1	80	80	−0.2	1.8	—	—	—	—
Tchécoslovaquie	5.0	3.1	10.1	5.5	8.6	4.7	115	118	—	—	—	—	—	—
Grande Bretagne et Irld.	6.8	4.2	7.5	4.1	8.1	4.4	117	112	−0.3	4.4	−0.2	2.7	−0.4	4.9
Autres pays d'Europe	26.8	16.9	26.1	14.2	28.1	15.3	124	108	+0.8	3.0	+0.8	3.1	+0.8	2.8
Europe	144.1	89.9	166.7	90.6	165.0	89.6	115	105	+0.1	0.1	+0.1	0.1	+0.2	0.1
Etats-Unis	9.6	6.0	11.0	6.0	12.6	6.8	130	118	−0.1	1.0	−0.1	0.9	—	—
Canada	2.1	1.3	2.1	1.1	2.3	1.3	109	104	+0.2	9.5	+0.2	9.5	+0.1	4.3
Autres pays d'Amérique	2.2	1.4	1.7	1.0	1.8	1.0	129	100	−0.1	4.5	−0.1	5.6	−0.1	5.6
Amérique	13.9	8.7	14.8	8.1	16.7	9.1	126	114	—	—	—	—	—	—
Asie, Afrique, Australie	2.3	1.4	2.4	1.3	2.4	1.3	133	100	−0.1	4.0	−0.1	4.2	−0.1	4.2
Total mondial	160.3	100	183.9	100	184.1	100	116	106	—	—	—	—	—	—

RIZ La production mondiale de riz n'a guère varié dans les dernières années. Il est néanmoins à remarquer que par suite de l'absence des dernières statistiques de Chine, on a admis un chiffre de 33 000 000 de tonnes[1]) pour l'évaluation de la production des dernières années. La diminution de la production en Chine, comparée à celle d'avant-guerre estimée à 37 000 000 de tonnes[1]), s'explique en tout premier lieu par les troubles politiques continuels dont le pays est le théâtre. D'autre part, la nouvelle orientation de l'agriculture, constatée dans certaines régions, vers le blé et le coton, cultures plus rémunératrices, n'est certainement pas étrangère à cette diminution. Il est à remarquer que l'approvisionnement de l'Europe est de plus en plus assuré par l'Amérique et par certains pays de l'Europe méridionale au détriment du riz asiatique; l'exportation des Etats-Unis a, en effet, triplé de 1925 à 1928.

Riz	Production (en millions de tonnes et en % du total mondial)								Exportation[4])[5])						
	1926 (1926/27)		1927 (1927/28)		1928 (1928/29)			Moyenne 1925/26 - 1928/29 = 100	1926		1927		1928		
	tonnes	%	tonnes	%	tonnes	%	1925/26 = 100		tonnes	%	tonnes	%	tonnes	%	1925 = 100
Italie	0.68	0.6	0.70	0.6	0.68	0.5	98	95	0.18	2.8	0.26	3.7	0.19	2.9	119
Autres pays d'Europe	0.75	0.6	0.74	0.6	0.78	0.6	106	100	0.06	1.0	0.05	0.7	0.06	0.9	150
Europe	1.43	1.2	1.44	1.2	1.36	1.1	102	98	0.24	3.8	0.31	4.4	0.25	3.8	125
Etats-Unis	0.85	0.7	0.91	0.8	0.85	0.7	125	103	0.09	1.4	0.21	3.0	0.24	3.7	300
Autres pays d'Amérique	0.93	0.8	1.08	0.9	1.01	0.8	111	103	0.01	0.2	0.04	0.6	0.03	0.5	300
Amérique	1.78	1.5	1.99	1.7	1.86	1.5	117	103	0.10	1.6	0.25	3.6	0.27	4.2	300
Inde britannique	46.44	39.3	44.18	37.3	49.58	41.0	103	105	2.38	37.4	2.25	32.0	1.65	25.4	66
Japon	10.05	8.5	11.23	9.4	10.90	9.0	101	101	—	—	—	—	—	—	—
Corée et Formose	3.89	3.3	4.38	3.7	3.67	3.0	96	98	0.95	14.9	1.03	14.6	1.16	17.9	157
Indochine	6.07	5.1	6.44	5.4	5.98	4.9	102	98	1.48	23.3	1.54	21.9	1.63	25.1	118
Siam	5.27	4.5	4.60	3.9	4.60[3])	3.8	109	98	1.16	18.2	1.52	21.6	1.37	21.1	115
Indes néerlandaises	5.26	4.4	5.41	4.6	5.22	4.3	107	100	—	—	—	—	—	—	—
Chine[2])	33.00	27.9	33.00	27.9	33.00	27.3	100	100	—	—	—	—	—	—	—
Autres pays d'Asie	2.79	2.4	2.86	2.4	2.67	2.2	98	97	0.03	0.5	0.09	1.3	0.08	1.3	200
Asie	112.77	95.4	112.10	94.6	115.62	95.5	102	102	6.00	94.3	6.43	91.4	5.89	90.8	101
Afrique et Australie	2.19	1.9	2.95	2.5	2.27	1.9	97	93	0.02	0.3	0.04	0.6	0.08	1.2	200
Total mondial	118.17	100	118.48	100	121.11	100	102	102	6.36	100	7.03	100	6.49	100	105

1) Les chiffres qui figuraient dans la première édition de cette brochure et qui provenaient du livre d'Obst: "England, Europa und die Welt" 1927, ont du être remplacés par des chiffres provenant de sources plus récentes. 2) Evaluation. 3) Chiffre de 1927/28. 4) Exportation brute. 5) Riz décortiqué et non décortiqué.

Importation Des Principaux Pays Consommateurs De Riz

Importation de riz[1] [2] (en millions de tonnes et en % des importations mondiales)	1926		1927		1928		
	tonnes	%	tonnes	%	tonnes	%	1925 =100
Allemagne	0.19	3.0	0.21	3.2	0.26	4.3	79
Grande Bretagne et Irlande	0.10	1.6	0.11	1.7	0.12	2.0	92
France	0.18	2.9	0.16	2.4	0.19	3.1	100
Hollande	0.11	1.7	0.08	1.2	0.06	1.0	55
Autres pays d'Europe	0.36	5.8	0.45	6.9	0.49	8.1	111
Europe	0.94	15.0	1.01	15.4	1.12	18.5	93
Cuba	0.22	3.5	0.20	3.1	0.20[3]	3.3	100
Autres pays d'Amérique	0.37	5.9	0.37	5.6	0.35	5.8	88
Amérique	0.59	9.4	0.57	8.7	0.55	9.1	92
Malaisie britannique	0.49	7.8	0.56	8.5	0.54	8.9	132
Japon	1.44	23.0	1.70	26.0	1.49	24.7	99
Indes néerlandaises	0.60	9.6	0.46	7.0	0.56	9.3	112
Chine	1.13	18.0	1.27	19.4	0.71	11.8	93
Ceylan	0.48	7.7	0.49	7.5	0.51	8.4	113
Autres pays d'Asie	0.28	4.5	0.15	2.3	0.23	3.8	100
Asie	4.42	70.6	4.63	70.7	4.04	66.9	105
Afrique et Australie	0.31	5.0	0.34	5.2	0.33	5.5	87
Total mondial	6.26	100	6.55	100	6.04	100	101

1) Importation nette.
2) Riz décortiqué et non décortiqué.
3) Chiffre pour 1927.

Bétail (en millions de têtes et en % du total mondial)	Chevaux					Bêtes à corne					Porcs					Moutons				
	1925		1927			1925		1927			1925		1927			1925		1927		
	Nombre	%	Nombre	%	1925 = 100	Nombre	%	Nombre	%	1925 = 100	Nombre	%	Nombre	%	1925 = 100	Nombre	%	Nombre	%	1925 = 100
Allemagne	3.9[2])	3.8	3.8[2])	3.5	97	17.2	2.9	18.0	3.0	105	16.2	6.2	22.9	8.0	141	4.7	0.7	3.8	0.5	81
Grande Bretagne ...	1.9	1.8	1.8	1.7	89	12.0	2.0	12.2	2.0	102	3.6	1.4	4.3	1.5	119	26.4	4.1	28.3	4.1	107
Russie (y compris la Russie asiat.)	26.0	25.0	30.7	28.0	118	59.6	9.9	66.2	10.8	111	21.0	8.0	22.5	7.8	107	107.0	16.5	119.9	17.5	112
France	2.9	2.8	2.9	2.7	100	14.4	2.4	14.9	2.4	103	5.8	2.2	6.0	2.1	103	10.5	1.6	10.7	1.6	102
Pologne	3.3	3.2	4.1	3.8	124	8.1	1.3	8.6	1.4	106	5.3	2.0	6.3	2.2	119	2.2	0.3	1.9	0.3	86
Belgique............	0.3	0.3	0.3	0.3	100	1.7	0.3	1.7	0.3	100	1.2	0.5	1.1	0.4	92	0.2	—	0.2	—	100
Italie	1.0	1.0	1.0	0.9	100	6.2	1.0	7.1	1.2	114	2.3	0.9	2.8	1.0	122	12.3	1.9	15.5	2.3	126
Autres pays d'Europe	9.4	9.0	9.9	9.0	105	39.9	6.7	39.7	6.5	99	27.3	10.5	29.1	10.1	107	72.1	11.2	74.6	10.9	103
Europe	48.7	46.9	54.5	49.9	102	159.1	26.5	168.4	27.6	106	82.7	31.7	95.0	33.1	115	235.4	36.3	254.9	37.2	108
Etats-Unis	16.4[1])	15.8	16.2[1])	14.8	99	60.8[1])	10.1	60.4[1])	9.9	99	50.9[1])	19.5	61.6[1])	21.4	121	35.6[1])	5.5	45.0[1])	6.6	126
Canada	3.6	3.5	3.4	3.1	94	9.3	1.5	9.2	1.5	99	4.4	1.7	4.7	1.7	107	2.8	0.4	3.3	0.5	118
Argentine[3])	9.4[1])	9.0	9.4	8.6	100	37.0[1])	6.2	37.1[1])	6.1	100	1.4[1])	0.5	1.4[1])	0.5	100	36.2[1])	5.6	36.2[1])	5.3	100
Brésil	5.3[1])	5.1	5.2	4.8	98	34.3[1])	5.7	34.3[1])	5.6	100	16.2[1])	6.2	16.2[1])	5.6	100	7.9[1])	1.2	7.9[1])	1.1	100
Autres pays d'Amér.	4.7	4.5	5.4	4.9	115	43.6	7.3	42.2	6.9	97	6.7	2.6	8.7	3.0	130	37.9	5.9	47.4	6.9	125
Amérique...........	39.4	37.9	39.6	36.2	100	185.0	30.8	183.2	30.0	99	79.6	30.5	92.6	32.3	116	120.4	18.6	139.8	20.4	116
Inde britannique	2.2	2.1	2.1	1.9	95	149.2	24.8	146.9	24.1	98	—	—	—	—	—	36.9	5.7	35.0	5.1	95
Chine[4])	5.5[1])	5.3	5.5[1])	5.0	100	22.0[1])	3.7	22.0[1])	3.6	100	76.8[1])	29.4	76.8[1])	26.7	100	26.0[1])	4.0	26.0	3.8	100
Japon	1.6	1.6	1.4	1.3	87	1.5	0.2	1.5	0.2	100	0.7	0.3	0.7	0.2	100	—	—	—	—	—
Autres pays d'Asie ..	1.9	1.8	1.9	1.7	100	21.3	3.5	22.1	3.6	104	17.3	6.6	18.3	6.4	106	20.3	3.2	19.3	2.8	95
Asie	11.2	10.8	10.9	9.9	97	194.0	32.2	192.5	31.5	99	94.8	36.3	95.8	33.3	101	83.2	12.9	80.3	11.7	97
Afrique	2.0	1.9	2.1	1.9	105	46.2	7.7	51.3	8.4	111	2.3	0.9	2.5	0.9	109	80.3	12.4	83.2	12.2	104
Australie	2.6	2.5	2.4	2.1	92	17.2	2.8	15.5	2.5	90	1.7	0 6	1.5	0.5	88	128.1	19.8	126.3	18.5	99
Total mondial.......	103.9	100	109.5	100	105	601.5	100	610.9	100	102	261.1	100	287.4	100	110	647.4	100	684.5	100	106

1) Evaluation. 2) Non-compris les chevaux de l'armée. 3) A défaut d'autres recensements plus récents, les chiffres pour l'Argentine sont ceux de l'année 1922; depuis cette époque les chiffres indiqués, en particulier ceux pour les moutons, ont subi une forte majoration. 4) Les chiffres pour la Chine sont des évaluations reposant en partie sur des documents très peu sûrs.

MATIERES PREMIERES ET DENREES COLONIALES

SUCRE

Dans la lutte qui s'est développée au cours de ces dernières années entre le sucre de betterave et le sucre de canne, ce dernier a pu maintenir la situation prépondérante acquise après la guerre; il entre, à lui seul, pour les deux tiers dans le chiffre total de la production sucrière mondiale. Cette lutte a, cependant, provoqué un développement de la production que les besoins de la consommation (en augmentation annuelle de 5% environ depuis 1923/24) n'ont pu absorber complètement. Afin de remédier à la crise résultant de cette surproduction, on a tenté ces derniers temps, à plusieurs reprises, — principalement sur l'initiative des producteurs cubains qui sont de beaucoup les plus grands producteurs de sucre de canne, — de conclure une entente avec les principaux producteurs européens de sucre de betterave afin de rétablir l'équilibre entre la production et la consommation. Mais tous les efforts tentés dans ce sens ont échoué jusqu'ici vu l'impossibilité d'obtenir la collaboration des producteurs de Java (le plus important des pays exportateurs de sucre de canne après Cuba). D'autre part, les raffineries de sucre des Etats-Unis se sont opposées à l'importation de sucre cubain, ce qui contraignit Cuba à exporter en Europe, et notamment en Angleterre, les grandes quantités de sucre primitivement destinées aux Etats-Unis. Java, dont la dernière récolte est en excédent d'un quart environ sur la production de 1927/28, passant ainsi au second rang des producteurs de sucre de canne, au lieu et place des Indes Britanniques, s'est également vu dans l'obligation de chercher de nouveaux débouchés en Europe, l'Extrême-Orient ne pouvant plus absorber sa production. Par suite des conditions de production, extrêmement favorables à Java, — le prix de revient de 100 kg de sucre raffiné revenant à la moitié ou au tiers du prix de revient du sucre en Allemagne — ce pays est en mesure d'écouler sa récolte en Europe à un prix inférieur au prix moyen du marché mondial. Abstraction faite de la concurrence grandissante du sucre de canne, la situation des producteurs européens de sucre de betterave s'est aggravée du fait que l'Angleterre qui, jusqu'à présent, était le plus grand consommateur de sucre de betterave, a modifié sa politique douanière afin d'assurer la protection de sa propre industrie ce qui a entraîné presque un arrêt des importations du continent. L'industrie sucrière tchécoslovaque, dont l'Angleterre était le principal débouché, est celle qui a ressenti le plus vivement les effets de ces mesures protectionnistes. La récolte sucrière de 1928/29, en Tchécoslovaquie, a été réduite de $^1/_6$ par rapport à celle de l'année précédente et même de 30% par rapport à l'apogée de la production en 1925/26. Aussi la Tchécoslovaquie s'efforce-t-elle de se procurer de nouveaux débouchés, surtout en Allemagne. L'Allemagne, où la dernière récolte a dépassé de 10% environ celle de 1927/28, est en train de se défendre, par l'établissement de droits protecteurs, contre l'invasion des sucres tchécoslovaques et polonais. Cette politique ne manquera pas d'amener sur le marché sucrier allemand un allégement tout au moins temporaire. Les progrès récents de la production sucrière russe méritent une mention spéciale; la récolte de 1928/29, avec 1 240 000 tonnes, accuse une augmentation de 54% par rapport à celle de l'année 1926/27 et représente 78% environ de la récolte d'avant-guerre.

Sans renoncer aux efforts tendant à rétablir l'équilibre sur le marché mondial par une réglementation de la production, on songe, de plus en plus, à la création de nouveaux débouchés grâce au développement de la consommation. Des essais de propagande dans ce sens, auxquels il a été procédé dans divers pays, ont déjà donné des résultats encourageants. Il y a lieu de mentionner plus particulièrement les expériences effectuées par le "Sugar Institute" de New York dans le but de trouver de nouvelles possibilités d'emploi du sucre et de ses sous-produits. Citons dans cet ordre d'idées la transformation de la canne pressée en cellulose.

Production de Sucre de Betterave (en milliers de tonnes et en % du total mondial)	1926/27		1927/28		1928/29			
	tonnes	%	tonnes	%	tonnes	%	1925/26 = 100	Moyenne 1925/26-1928/29 = 100
Allemagne	1664	21.7	1675	18.8	1864	20.2	117	110
Autriche	79	1.0	110	1.2	107	1.2	187	115
Russie	802	10.5	1340	15.0	1237	13.4	128	114
France	698	9.1	850	9.5	892	9.7	118	112
Tchécoslovaquie ..	1046	13.7	1255	14.1	1060	11.5	70	87
Pologne	575	7.5	597	6.7	745	8.1	129	119
Autr. pays d'Eur.[1])	1832	23.9	1965	22.1	2251	24.4	125	115
Europe	6696	87.4	7792	87.4	8156	88.5	112	109
Etats-Unis	925	12.1	1094	12.3	1023	11.1	115	104
Autr. pays d'Amér.	36	0.5	31	0.3	33	0.4	87	97
Amérique	961	12.6	1125	12.6	1056	11.5	114	104
Total mondial ...	7657	100	8917	100	9212	100	112	108

1) Y compris la Grande Bretagne 1926/27 pour 166 000 tonnes,
1927/28 „ 202 000 „ .
1928/29 „ 215 000 „ .

Production de Sucre de Canne (en milliers de tonnes et en % du total mondial)	1926/27		1927/28		1928/29			
	tonnes	%	tonnes	%	tonnes	%	1925/26 = 100	Moyenne 1925/26-1928/29 = 100
Cuba	4581	28.3	4107	24.6	5239	29.3	105	111
Porto Rico.......	569	3.5	678	4.1	541	3.0	99	93
Brésil	679	4.2	660	3.9	690	3.9	78	95
Autr. pays d'Amér.	2008	12.3	2038	12.2	1971	11.0	101	99
Amérique	7837	48.3	7483	44.8	8441	47.2	101	105
Inde britannique..	3319	20.4	3268	19.6	2779	15.5	92	90
Indes néerlandaises	1978	12.2	2394	14.3	2922	16.3	127	122
Philippines	697	4.3	733	4.4	788	4.4	143	114
Autres pays d'Asie[1])	531	3.3	720	4.3	942	5.3	146	133
Asie	6520	40.2	7115	42.6	7431	41.5	114	108
Afrique	612	3.8	669	4.0	774	4.3	118	118
Australie	1241	7.7	1440	8.6	1248	7.0	92	94
Total mondial ...	16210	100	16707	100	17889	100	106	106

1) Principalement le Japon et l'Ile Formose.

CAFE

La **production mondiale** de café qui, durant ces dernières années, n'était qu'en faible augmentation, a présenté en 1927/28 un accroissement d'environ 65% sur l'année 1926/27. Ce progrès est dû, principalement, à la récolte brésilienne qui battit tous les records. Le **Brésil**, dont la production moyenne représente les $^{2}/_{3}$ environ de la production mondiale, est toujours et de beaucoup le plus grand producteur du monde. L'extraordinaire abondance de sa récolte de 1927/28 (le double environ de celle de l'année précédente) est dûe à l'extension de la culture du café encouragée par les prix élevés de cette denrée dans les années 1924/25. La production de 1928/29 atteint près de 1.4 millions de tonnes; pour l'année courante, également, on s'attend à une récolte qui dépasserait considérablement la moyenne des années normales. Les autres pays producteurs ont presque tous obtenu, également, de meilleures récoltes par suite du développement de leurs cultures. Tel est le cas, notamment, du **Guatémala** et des **Indes néerlandaises**. La production **africaine** de café, financée en majeure partie par des capitaux anglais, est également en augmentation mais elle ne joue encore qu'un rôle secondaire sur le marché mondial.

La politique de valorisation de l'Institut de Défense du Café de Sao-Paulo, couronnée jusqu'ici de succès et dont le Brésil s'est efforcé de tirer parti sur le terrain financier, s'est heurtée, récemment, à des difficultés. En effet, les récoltes extrêmement abondantes de ces dernières années ont dépassé de beaucoup les besoins de la consommation et ont amené une forte accumulation des stocks.

La baisse des prix qui avait commencé au printemps de 1929 a persisté toute l'année. Il y a lieu de remarquer que les prix avaient été maintenus à un niveau élevé par des moyens artificiels. Il reste à voir, en présence de la production croissante et de la progression des stocks, si l'Institut de Défense sera en mesure de poursuivre sa politique de valorisation.

L'augmentation de la **consommation** mondiale de café qui de 1925 à 1928 n'a été que légèrement supérieure à 10%, est dûe, principalement, aux **Etats-Unis** et à l'**Allemagne**. La consommation allemande s'est chiffrée par 135 000 tonnes en 1928 contre 55 000 tonnes en 1924 mais elle n'atteint, cependant, que 75% environ de la consommation d'avant-guerre.

Consommation de café des principaux pays consommateurs	1925		1926		1927		1928	
(en milliers de tonnes et en % de la consommation mondiale)	tonnes	%	tonnes	%	tonnes	%	tonnes	%
Allemagne	90.3	6.9	104.8	7.6	128.9	8.8	135.0	9.3
Grande Bretagne et Irlande	16.3	1.3	16.0	1.2	16.7	1.2	16.9[1])	1.2
France	168.1	12.9	154.2	11.3	159.0	11.3	165.0	11.3
Italie	42.2	3.2	43.7	3.2	45.7	3.2	47.7	3.3
Suède	36.5	2.8	41.7	3.0	42.8	3.0	42.7	2.9
Belgique	38.5	3.0	39.8	2.9	41.2	2.9	39.1	2.7
Hollande	40.3	3.1	31.8	2.3	34.2	2.4	35.7	2.5
Etats-Unis	565.0	43.5	659.5	48.1	635.9	45.1	653.8	44.9
Argentine	20.1	1.5	23.3	1.7	24.5	1.7	24.5[2])	1.7
Autres pays	282.7[1])	21.8	255.2[1])	18.7	286.1[1])	20.4	295.1[1])	20.2
Total mondial	1 300.0	100	1 370.0	100	1 410.0	100	1 455.0	100

1) Estimé.
2) Chiffre pour 1927.

Pays producteurs de café	Production (en milliers de tonnes et en % du total mondial)								Excédent des importations ou des exportations (en milliers de tonnes et en % de la propre production)					
	1925/26		1926/27		1927/28				1925		1926		1927	
	tonnes	%	tonnes	%	tonnes	%	1924/25 = 100	Moyenne 1924/25 - 1927/28 = 100	tonnes	%	tonnes	%	tonnes	%
Brésil	840.5	59.3	851.0	59.2	1700.0[1]	71.4	194	159	+808.9	96.2	+825.1	97.0	+906.9[5]	53.3
Colombie	116.8[2]	8.3	147.3[2]	10.2	141.4[2][3]	6.0	106	105	+116.8	100.0	+147.3	100.0	+141.4	100.0
Guatémala	44.2	3.1	61.3	4.3	61.8	2.6	163	120	+ 44.6	100.9	+ 43.0	70.1	+ 52.8	85.4
Haïti	35.7[2]	2.5	28.7[2]	2.0	41.1[2]	1.7	133	121	+ 30.8	86.3	+ 35.7	124.4	+ 28.7	69.8
Mexique	28.0	2.0	28.3	1.9	32.3	1.4	116	111	+ 23.8	85.0	+ 21.2	74.9	+ 26.0	80.5
Salvador	46.0[4]	3.2	30.0[4]	2.1	54.2[4]	2.3	126	125	+ 32.1	69.8	+ 50.6	168.7	+ 36.2	66.8
Vénézuela	53.6[2]	3.8	60.8[2]	4.2	51.1[2]	2.1	94	93	+ 53.6	100.0	+ 60.8	100.0	+ 51.1	100.0
Autr. pays d'Amér.	95.8	6.8	85.8	6.0	103.1	4.3	159	118	−568.2[6]	593.1	−648.4[6]	755.7	−640.0[6]	620.8
Amérique	1260.6	89.0	1298.2	89.9	2185.0	91.8	178	146	+542.4	43.0	+535.3	41.4	+603.1	27.6
Indes néerlandaises	97.8	6.9	87.8	6.1	121.0	5.1	158	126	+ 68.1	69.6	+ 73.0	83.1	+ 82.8	68.4
Inde britannique	10.4[2]	0.7	7.6[2]	0.5	14.1[2]	0.6	115	127	+ 12.3	118.3	+ 3.7	48.7	+ 12.4	87.9
Autr. pays d'Asie	9.5	0.7	9.2	0.7	9.9	0.4	81	97	− 7.5	78.9	− 9.0	97.8	− 8.6	86.9
Asie	117.7	8.3	104.6	7.3	145.0	6.1	140	128	+ 72.9	61.9	+ 67.7	64.7	+ 86.6	59.7
Afrique et Australie	38.8	2.7	40.6	2.8	49.4	2.1	154	128	− 14.9	38.4	− 17.8	43.8	− 12.0	24.3
Total mondial	1417.1	100	1488.4	100	2379.4	100	170	148	—[7]	—	—[7]	—	—[7]	—

1) La production pour 1928/29 était de 1 380 000 tonnes.
2) Les chiffres de production, n'étant pas disponibles, on a porté les chiffres d'exportation.
3) La production pour 1928/29 est estimée à 185 000 tonnes.
4) Estimation.
5) L'excédent des exportations s'élevait en 1928 à 832 900 tonnes.
6) L'excédent des importations des Etats-Unis était en 1925: 555 000 tonnes, en 1926: 659 500 tonnes, en 1927: 635 900 tonnes.
7) L'excédent résultant des chiffres ci-dessus est absorbé par l'Europe.

CACAO

L'augmentation de la production mondiale de cacao au cours de ces dernières années a été peu sensible. Par contre, les rapports publiés jusqu'ici sur la récolte de 1929 laissent entrevoir un accroissement considérable. La quote-part des pays producteurs dans l'approvisionnement du marché mondial n'a subi aucun changement au cours de ces dernières années; l'Afrique a, en particulier, gardé l'avance qu'elle avait sur l'Amérique Centrale et l'Amérique du Sud; la Côte de l'Or y occupe, sans aucune contestation possible, le premier rang; on estime que sa production, en 1929, dépassera de 10% celle de 1928. Une augmentation de la production est également escomptée dans la Nigéria, au Brésil et dans l'île de la Trinité.

En ce qui concerne la consommation mondiale, l'augmentation attendue ne s'est pas produite et au cours de ces dernières années on a noté des fluctuations considérables dans quelques-uns des principaux pays consommateurs. C'est ainsi qu'aux Etats-Unis, dont la consommation représente plus d'un tiers de la consommation mondiale, on a constaté, en 1926, un recul de 13% environ, qui, toutefois, semble être passager. Pour le premier semestre de 1929, le mouvement d'affaires à la Bourse du cacao à New York est de nouveau en augmentation sensible. Les diminutions très importantes constatées en Allemagne et en France au cours des années 1926 et 1927 respectivement doivent être attribuées à la dépression économique qui régnait à cette époque dans ces deux pays. Ce recul a été partiellement compensé par l'augmentation de la consommation d'autres pays européens, tels que la Hollande et la Suisse. En ce qui concerne particulièrement la Suisse, le chiffre d'avant-guerre est de nouveau presque atteint.

Etant donné la progression constante de la production, il est difficile de s'attendre à une amélioration radicale du marché qui souffre toujours de la baisse provoquée par la surproduction de ces dernières années. Toute mesure tendant à relever le niveau des prix par une restriction de la production rencontre de sérieux obstacles du fait que la petite culture indigène joue un grand rôle sur le marché du cacao; des mesures coercitives amèneraient presque à coup sûr des complications politiques, plus particulièrement dans la Nigéria et sur la Côte de l'Or.

Consommation de cacao (en milliers de tonnes et en % du total mondial)	1926		1927		1928			Moyenne 1925-28 =100
	tonnes	%	tonnes	%	tonnes	%	1925 =100	
Allemagne	61.5	12.7	70.2	14.7	76.5	15.8	94	106
Grande Bretagne et Irlande	51.1	10.6	60.8	12.7	57.3	11.8	103	102
France	41.6	8.6	27.9	5.8	34.0	7.0	78	92
Belgique	7.6	1.5	5.4	1.1	6.1	1.3	87	93
Hollande	42.8	8.8	43.0	9.0	51.7	10.6	113	113
Suisse	6.7	1.4	7.5	1.6	8.8	1.8	128	118
Autres pays d'Europe	46.8	9.7	49.4	10.4	54.0	11.1	107	108
Europe	258.1	53.3	264.2	55.3	288.4	59.4	99	105
Etats-Unis	187.9	38.8	187.6	39.3	163.2	33.6	98	93
Canada	6.9	1.4	6.8	1.4	7.6	1.6	119	110
Argentine	3.6	0.8	4.7	1.0	4.7[1]	1.0	121	111
Autres pays d'Amérique	19.8	4.1	7.8	1.6	13.3	2.7	90	96
Amérique	218.2	45.1	206.9	43.3	188.8	38.9	99	94
Asie et Australie	7.9	1.6	6.4	1.4	8.5	1.7	97	108
Total mondial	484.2	100	477.5	100	485.7	100	99	100

1) Chiffre pour 1927.

Pays producteurs de cacao	Production (en milliers de tonnes et en % du total mondial)								Excédent des importations ou des exportations (en milliers de tonnes et en % de la propre production)					
	1926		1927		1928			Moyenne 1925-28 = 100	1926		1927		1928	
	tonnes	%	tonnes	%	tonnes	%	1925 = 100		tonnes	%	tonnes	%	tonnes	%
Equateur[1])	21.8	4.3	23.6	4.7	23.0	4.3	70	91	+ 21.8	100.0	+ 23.6	100.0	+ 23.0	100.0
Trinité et Tobago[1])	19.3	3.8	20.5	4.0	22.0	4.2	116	109	+ 19.3	100.0	+ 20.5	100.0	+ 22.0	100.0
République Dominicaine[1])	20.1	4.0	26.5	5.2	19.3	3.6	82	86	+ 20.1	100.0	+ 26.5	100.0	+ 19.3	100.0
Vénézuela[1])	15.1	3.0	16.9	3.3	17.7	3.4	77	98	+ 15.1	100.0	+ 16.9	100.0	+ 17.7	100.0
Brésil	68.8	13.7	69.4	13.7	72.4	13.7	112	105	+ 63.3	92.0	+ 75.5	108.8	+ 72.4	100.0
Autres pays d'Amérique	29.0	5.8	27.7	5.5	29.2	5.5	110	104	− 183.7[2])	633.4	− 185.3[2])	669.0	− 159.6[2])	659.6
Amérique	174.1	34.6	184.6	36.4	183.6	34.7	97	100	− 44.1	25.3	− 22.3	12.1	− 5.2	2.8
Nigéria[1])	39.7	7.9	39.8	7.9	50.0	9.4	110	114	+ 39.7	100.0	+ 39.8	100.0	+ 50.0	100.0
Ile St. Thomas et Ile du Prince[1])	12.5	2.5	16.8	3.3	14.6	2.8	70	90	+ 12.5	100.0	+ 16.8	100.0	+ 14.6	100.0
Côte de l'Or[1])	234.5	46.7	213.3	42.1	223.3	42.2	101	100	+ 234.5	100.0	+ 213.3	100.0	+ 223.3	100.0
Autres pays d'Afrique	33.8	6.7	42.8	8.4	49.0	9.3	149	124	+ 32.4	95.9	+ 39.3	91.8	+ 42.1	85.9
Afrique	320.5	63.8	312.7	61.7	336.9	63.7	105	104	+ 319.1	99.6	+ 309.2	98.9	+ 330.0	98.0
Asie et Australie	8.1	1.6	9.4	1.9	8.4	1.6	104	98	+ 0.2	2.5	+ 3.0	31.9	− 0.1	1.2
Total mondial	502.7	100	506.7	100	528.9	100	102	108	—	—	—	—	—	—

1) Les chiffres de production, n'étant pas disponibles, on a porté les chiffres d'exportation.
2) L'excédent de l'importation des Etats-Unis s'élevait en 1926 à 187 300 tonnes, en 1927 à 187 600 tonnes et en 1928 à 163 200 tonnes.

THE

On ne possède pas de statistiques exactes sur les récoltes de thé obtenues par la Chine au cours de ces dernières années. On peut, toutefois, admettre que, par suite de la diminution considérable des débouchés en Russie et de la préférence toujours plus marquée pour les thés indiens, la production est en recul par rapport à la période d'avant-guerre.

La production totale des autres pays producteurs s'est accrue de 13% environ de 1925 à 1928. Cet accroissement s'est produit presque exclusivement au profit des pays de l'Inde et de l'Insulinde, en particulier des Indes néerlandaises, où la récolte de 1928 est en augmentation de 40% sur celle de 1925 par suite de l'extension des surfaces en culture.

Les exportations de thé des Indes néerlandaises se sont accrues dans la même proportion.

La consommation a également progressé mais bien moins que la production comme le démontre l'accroissement des stocks de Londres au cours de ces dernières années. On commence même à remarquer dans les milieux producteurs de l'Inde un courant d'opinion en faveur de restrictions de la production. L'augmentation de la consommation des Etats-Unis sur laquelle on tablait ne s'est pas produite. Bien mieux, on observe un recul de 10% environ par rapport à 1925. Par contre, une importante augmentation de la consommation au cours des récentes années a pu être enregistrée en Australie et en Russie; il y a lieu, toutefois, de remarquer que la consommation de la Russie n'atteint, actuellement, que les $^{2}/_{5}$ du chiffre d'avant-guerre. Quant à la consommation de l'Allemagne en 1928, elle dépassait d'environ 30% celle de 1913.

Consommation de thé (en milliers de tonnes et en % du total mondial)	1926 tonnes	1926 %	1927 tonnes	1927 %	1928 tonnes	1928 %	1928 1925 = 100	Moyenne 1925-28 = 100
Allemagne	4.6	0.6	5.2	0.6	5.3	0.6	126	110
Grande Bretagne et Irld.	197.1	25.0	215.5	26.8	200.8	24.7	104	100
France	1.6	0.2	1.3	0.2	1.5	0.2	88	98
Russie	19.3	2.4	23.1	2.9	27.8	3.4	173	129
Hollande	11.9	1.5	12.5	1.5	12.8	1.6	142	111
Pologne	1.8	0.2	2.1	0.3	2.3	0.3	135	116
Autres pays d'Europe	6.0	0.8	6.4	0.8	6.5	0.8	116	106
Europe	242.3	30.7	266.1	33.1	257.0	31.6	111	103
Etats-Unis	43.0	5.4	40.0	5.0	40.4	4.9	89	96
Canada	17.1	2.2	17.3	2.1	17.9	2.2	105	103
Autres pays d'Amérique	6.2	0.8	6.9	0.9	7.1	0.9	108	106
Amérique	66.3	8.4	64.2	8.0	65.4	8.0	95	99
Japon et Ile Formose	27.3	3.5	27.3	3.4	30.6	3.7	109	108
Inde britannique	27.6	3.5	14.5	1.8	20.3	2.5	130	104
Chine	354.3	45.0	355.8	44.3	353.0	43.4	101	100
Indes néerlandaises	4.7	0.6	3.2	0.4	7.9	1.0	130	144
Autres pays d'Asie	18.5	2.3	23.0	2.9	16.5	2.0	124	93
Asie	432.4	54.9	424.3	52.8	428.3	52.6	103	101
Afrique	21.2	2.7	21.7	2.7	25.8	3.2	123	115
Australie	25.7	3.3	27.0	3.4	37.2	4.6	188	127
Total mondial	787.9	100	803.3	100	813.7	100	107	102

Pays producteurs de thé	Production (en milliers de tonnes et en % du total mondial)								Excédent des importations ou des exportations (en milliers de tonnes et en % de la propre production)					
	1926		1927		1928			Moyenne 1925-28 = 100	1926		1927		1928	
	tonnes	%	tonnes	%	tonnes	%	1925 = 100		tonnes	%	tonnes	%	tonnes	%
Japon et Formose	48.2	6.1	48.6	6.1	50.1	6.2	99	102	+ 20.9	43.4	+ 20.8	42.8	+ 19.5	38.9
Inde britannique	178.2	22.5	177.8	22.1	177.1	21.8	107	102	+150.6	84.5	+162.8	91.8	+156.8	88.5
Chine	400.0[1]	50.6	400.0[1]	49.9	400.0[1]	49.2	100	100	+ 45.7	11.4	+ 44.2	11.0	+ 47.0[1]	11.7
Ceylan	98.5[2]	12.5	108.0[2]	12.8	107.4[2]	13.3	113	106	+ 98.5	100.0	+108.0	100.0	+107.4	100.0
Indes néerlandaises	62.9	7.9	65.1	8.1	73.8	9.0	139	115	+ 58.2	92.5	+ 61.9	95.1	+ 65.4	89.2
Autres pays d'Asie	2.0	0.3	7.5	0.9	3.0	0.4	—	72	— 16.5	825.0	— 15.5	206.7	— 13.5	450.0
Asie	789.8	99.9	801.5	99.9	810.8	99.9	106	102	+357.4	45.3	+377.2	47.1	+382.6	47.2
Afrique	1.1	0.1	1.0	0.1	1.0	0.1	100	100	— 20.1	1827.0	— 20.7	2070.0	— 24.8	2480.0
Total mondial	790.9	100	802.5	100	811.8	100	106	102	—[3]	—	—[3]	—	—[3]	—

1) Estimation.
2) Les chiffres de la production, n'étant pas disponibles, on a inséré ceux de l'exportation.
3) Les excédents ressortant des chiffres ci-dessus sont absorbés par l'Europe, l'Amérique et l'Australie

TABAC

La **production mondiale** de tabac, en progression constante depuis la guerre et qui avait atteint en 1926 plus d'une fois et demie le chiffre d'avant-guerre, a subi, depuis, un léger déclin. On a enregistré, en effet, des diminutions assez sensibles en **Turquie**, en **Russie** et surtout en **Bulgarie**. La culture du tabac en Bulgarie qui, par suite de la demande toujours croissante de tabacs à cigarettes avait pris depuis la guerre une énorme extension, a diminué, au cours de 1928, de moitié environ par rapport à 1925. Il est juste de remarquer que, pendant la période de prospérité, l'extension des cultures s'était effectuée sans aucune méthode et avait même englobé des terrains totalement impropres à ce genre de culture. En 1926, la production des plantations indigènes des **Indes néerlandaises** a subi une forte diminution par rapport à l'année précédente. De ce fait, les récoltes de plantations exploitées par des Européens, qui n'avaient pas présenté de changements appréciables durant les dernières années, ont reconquis leur situation prépondérante.

Production de tabac (en milliers de tonnes et en % du total mondial)	1925		1926		1927		1928			
	tonnes	%	tonnes	%	tonnes	%	tonnes	%	1925 =100	Moyenne 1925-28 =100
Allemagne	19.0	0.8	14.4	0.6	20.0	0.9	23.6	1.0	124	123
Grèce	60.8	2.6	61.4	2.7	63.2	2.8	58.7	2.6	97	96
Bulgarie	40.0	1.7	27.2	1.2	21.7	1.0	15.4	0.7	39	59
Hongrie	17.1	0.7	26.0	1.1	31.3	1.4	26.3	1.2	154	104
Italie	41.9	1.8	44.4	2.0	30.0	1.3	34.1	1.5	81	91
Russie	186.5	8.1	194.1	8.5	167.5	7.4	151.1	6.6	81	87
Autres pays d'Europe	76.4	3.3	74.6	3.3	75.9	3.4	77.6	3.4	102	102
Europe	441.7	19.0	442.1	19.4	409.6	18.2	386.8	17.0	88	92
Etats-Unis	624.4	26.8	588.7	25.9	549.7	24.3	625.1	27.5	100	105
Cuba	27.0	1.2	26.3	1.2	27.8	1.2	27.8[3])	1.2	103	102
Brésil	57.3	2.4	70.9	3.1	68.0	3.0	68.0[3])	3.0	119	103
Autres pays d'Amériq.	99.7	4.3	91.8	4.0	112.1	5.0	95.0	4.1	95	95
Amérique	808.4	34.7	777.7	34.2	757.6	33.5	815.9	35.8	101	103
Inde britannique[1])	500.0	21.5	482.5	21.2	495.0	21.9	495.0[3])	21.8	99	100
Indes néerlandaises[2])	98.1	4.2	82.8	3.6	78.6	3.5	78.6[3])	3.5	80	93
Chine[1])	220.0	9.5	220.0	9.7	240.0	10.6	240.0[3])	10.6	109	104
Japon	65.1	2.8	62.8	2.8	68.2	3.0	66.7	2.9	102	102
Philippines	41.9	1.8	45.4	2.0	50.2	2.2	46.2	2.0	110	101
Turquie	60.7	2.6	56.8	2.5	47.5	2.1	43.0	1.9	71	83
Autres pays d'Asie	33.1	1.4	30.8	1.4	38.3	1.7	41.7	1.8	126	116
Asie	1018.9	43.8	981.1	43.2	1017.8	45.0	1011.2	44.5	99	100
Afrique	58.2	2.5	72.0	3.2	74.1	3.3	60.9	2.7	105	92
Total mondial	2327.2	100	2272.9	100	2259.1	100	2274.8	100	98	100

1) Les chiffres pour la production de la Chine et de l'Inde britannique qui figuraient dans la première édition de cette brochure ont été remplacés par des évaluations plus récentes.

2) Y compris les quantités achetées aux indigènes.

3) Chiffre pour 1927.

CAOUTCHOUC

La production mondiale de caoutchouc s'est accrue d'un tiers environ de 1925 à 1928 et atteint 664 000 tonnes; d'après les estimations actuelles, on s'attend à une production de 750 000 tonnes pour l'année 1929. La quote-part qui revient au caoutchouc sauvage sud-américain continue à diminuer par rapport au caoutchouc de plantation indo-asiatique; actuellement, elle dépasse à peine 4% de la production mondiale.

Depuis la fin de 1928, le marché du caoutchouc a recouvré sa liberté car à la suite des mesures de défense prises par les consommateurs américains et de l'intensification de la production des Indes néerlandaises, le Gouvernement Britannique s'est vu dans l'obligation d'abroger, le 1er Novembre 1928, le fameux plan Stevenson dans les pays producteurs dépendant des territoires britanniques. Ce plan si combattu, en vigueur depuis 1922, prévoyait, on s'en souvient, une restriction de la production. L'annonce de l'abrogation du "Stevenson Bill" amena un effondrement des prix du caoutchouc mais les craintes d'un dumping sur le marché mondial, consécutif à l'accumulation de stocks durant la période de restriction, ne se vérifièrent pas. En effet, l'accroissement de la consommation survenu entre temps suffit à rétablir l'équilibre. Le passage du régime de la réglementation à la liberté du commerce s'effectua avec moins de heurts qu'on ne l'avait craint; au début de 1929, on put même enregistrer une hausse de quelques points.

La production des territoires britanniques en 1928 a encore représenté près de 60% de la production mondiale; étant donné que les plantations ont été ménagées durant la période de restriction et sont susceptibles, par conséquent, de donner des récoltes plus abondantes, on peut compter pour l'avenir sur une certaine progression de la production britannique. La production des Indes néerlandaises, selon toute probabilité, augmentera aussi. En effet, les plantations y ont pris une extension considérable tant que le plan Stevenson était en vigueur; d'autre part, la production indigène, qui entre dans la production totale des Indes néerlandaises pour environ 40%, gagne en importance d'année en année.

La fabrication de caoutchouc régénéré a fait, d'autre part, des progrès considérables. Aux Etats-Unis, qui fournissent plus des quatre cinquièmes de la production mondiale, la production s'est élevée en 1924 à 75 000 tonnes environ, en 1927, à 175 000 tonnes environ et en 1928, — malgré la chute des prix du caoutchouc brut — à 200 000 tonnes environ, ce qui correspond à 45% environ de la consommation de caoutchouc brut aux Etats-Unis.

L'augmentation de la consommation au cours de ces dernières années a marché de pair avec celle de la production. L'énorme accroissement de la consommation est principalement le fait du développement rapide de l'industrie automobile. C'est principalement pour cette raison que les Etats-Unis sont les plus gros consommateurs de caoutchouc du monde entier. L'augmentation de leur consommation en 1928 a été de 20% par rapport à 1927; étant donné la progression du développement de l'industrie automobile en 1929, on peut escompter également pour 1929 un accroissement considérable de la consommation. Aussi les consommateurs américains se préoccupent-ils, dans une mesure de plus en plus grande, d'étendre leurs intérêts dans les pays producteurs de caoutchouc. Des plantations ont été établies dans la République de Libéria et aux Philippines; dans le même ordre d'idées, l'industriel Ford fait annoncer que sa Société va entreprendre la fabrication des pneumatiques d'automobiles dans le voisinage de plantations de caoutchouc qui lui appartiennent au Brésil. — La consommation européenne de caoutchouc brut accuse, depuis 1925, un accroissement d'un tiers dans lequel la Grande-Bretagne, la Russie et la Belgique entrent pour la plus large part.

Production de caoutchouc (en milliers de tonnes et en % du total mondial)	1926		1927		1928			Moyenne 1925-28 = 100
	tonnes	%	tonnes	%	tonnes	%	1925 =100	
Etats Malais	298.7	46.1	245.9	39.8	302.3	45.5	150	115
Indes néerlandaises	211.3	32.6	233.2	37.8	229.6	34.6	119	106
Ceylan	59.9	9.2	56.9	9.2	56.9	8.6	133	105
Inde britannique	10.2	1.6	10.2	1.7	11.2	1.7	123	110
Bornéo britannique	6.1	0.9	7.1	1.2	6.6	1.0	118	104
Sarawak	10.2	1.6	11.2	1.8	11.5	1.7	134	111
Indochine	6.6	1.0	7.6	1.2	10.2	1.5	167	134
Autres territoires avec caoutchouc de plantation	6.6	1.0	7.6	1.2	7.1	1.1	116	104
Brésil	26.4	4.1	28.4	4.6	24.9	3.7	86	92
Autres territoires avec caoutchouc sauvage	12.2	1.9	9.1	1.5	3.8	0.6	44	45
Total mondial	648.2	100	617.2	100	664.1	100	130	109

Consommation de caoutchouc[1]) (en milliers de tonnes et en % du total mondial)	1926		1927		1928			Moyenne 1925-28 =100
	tonnes	%	tonnes	%	tonnes	%	1925 =100	
Allemagne	23.1	4.2	39.5	6.6	38.5	5.5	112	114
Autriche	1.9	0.3	3.0	0.5	3.1	0.5	155	124
Grande Bretagne	42.0[2])	7.7	45.0[2])	7.5	49.0[2])	7.0	161	118
France	39.5	7.2	39.4	6.6	42.1	6.0	110	106
Belgique	2.5	0.5	6.6	1.1	8.1	1.2	270	160
Italie	10.4	1.9	11.0	1.8	12.7	1.8	108	111
Tchécoslovaquie	0.5	0.1	2.8	0.5	3.2	0.5	1067	188
Russie	7.4	1.4	10.4	1.7	15.4	2.2	241	156
Autres pays d'Europe	8.8	1.6	8.3	1.4	11.3	1.6	171	129
Europe	136.1	24.9	166.0	27.7	183.4	26.3	138	119
Etats-Unis	364.0	66.6	376.0	62.8	448.0[2])	64.3	114	113
Canada	20.6	3.8	26.9	4.5	31.4	4.5	155	127
Amérique	384.6	70.4	402.9	67.3	479.4	68.8	116	114
Asie (Japon)	18.4	3.4	21.0	3.5	26.0	3.7	200	133
Australie	7.1[2])	1.3	9.1[2])	1.5	8.6[2])	1.2	344	126
Total mondial	546.2	100	599.0	100	697.4	100	124	116

1) Sans le caoutchouc régénéré.
2) Evaluations de Symington & Sinclair.

SOURCES D'ENERGIE INDUSTRIELLE

CHARBON

Au lendemain de la grève des mineurs anglais du début de l'année 1927 qui avait favorisé les bassins houillers de l'étranger, l'industrie houillère dans le monde entier se trouva, de nouveau, en proie aux difficultés par suite de la crise des débouchés, malaise chronique dont elle souffrait depuis longtemps. Cette crise est dûe, principalement, à la révolution qui s'est opérée dans l'industrie de l'énergie mécanique (progrès de la technique calorifique, concurrence du pétrole, de la houille blanche, du lignite), révolution qui amena une diminution de la consommation mondiale de charbon. Il est à remarquer qu'en 1927, année de prospérité économique exceptionnelle, la production de charbon en Europe atteignit à peine le chiffre d'avant-guerre, chiffre qui, d'ailleurs, n'a pu être maintenu en 1928. Aux Etats-Unis, le remplacement progressif du charbon par d'autres sources d'énergie est encore plus accentué. Là, en dépit d'une prospérité économique durable, la production houillère accuse un fléchissement depuis 1926.

Bien que les chiffres de la production mondiale en 1927 et 1928 soient en progression, par rapport à ceux de 1925, il ne faut pas perdre de vue que les mines sont loin d'avoir été exploitées à plein. Le fait que, pendant les neuf mois de la grève anglaise de 1926/27, les mines de houille des autres pays aient pu combler aisément le déficit prouve combien la production effective reste inférieure à la capacité des mines. Les charges fixes supportées par l'industrie houillère se répartissant sur des quantités moindres augmentent d'autant le prix de revient.

En Europe, la situation est devenue extrêmement difficile; elle est aggravée du fait que les mines de houille sont situées dans des pays différents qui se font une concurrence acharnée et ruineuse sur un marché de plus en plus étroit par suite de l'évolution survenue dans l'utilisation des sources d'énergie. Les Etats-Unis ignorent cette rivalité sur leur territoire. Les deux principaux pays exportateurs, l'Allemagne et la Grande Bretagne, subissent de ce fait de lourdes pertes. La Grande Bretagne a, naturellement, essayé par tous les moyens de reconquérir au lendemain de la grève, les débouchés qu'elle avait perdus. En effet, les chiffres d'extraction et d'exportation de l'année 1925 furent de nouveau atteints et même dépassés en 1927. En 1928, le recul des exportations ne fut pas considérable, mais il est à remarquer que la Grande-Bretagne, malgré ses grands efforts et ses sacrifices financiers, n'a pas réussi à améliorer la situation qu'elle occupait l'année précédente, ayant à peine pu maintenir le chiffre des exportations de 1925. Dès la reprise intégrale des exportations britanniques, les mines allemandes durent abandonner de nombreux marchés et même céder à la Grande-Bretagne une grande partie de leurs débouchés intérieurs. Ces faits ont entraîné un déficit considérable de la balance commerciale de l'industrie charbonnière depuis 1926 et la situation menace d'empirer encore en raison du nouveau règlement des prestations en nature au titre des Réparations. La concurrence s'est, d'ailleurs, sensiblement aggravée du fait de l'expansion de l'industrie houillère en Pologne, pays qui a réussi à réaliser dans ses exportations une progression de 80% en 1927/28, c'est-à-dire à une époque où la consommation était partout en régression. La concurrence de la Hollande se fait également sentir de plus en plus. Bien que les exportations des autres pays ne soient pas encore très importantes, il est cependant à remarquer que l'intensification de l'exploitation des mines de houille et des cokeries, principalement en France et en Belgique, contribue à diminuer les possibilités de débouchés internationaux. Dans ces conditions, l'accroissement ou même le maintien des débouchés extérieurs n'est possible qu'au prix de grands sacrifices financiers. Du point de vue de l'économie générale d'un pays, les résultats obtenus semblent donc être assez problématiques. On travaille partout avec succès à l'abaissement des prix de revient par la mécanisation de l'exploitation et l'augmentation du rendement des équipes, mais on ne doit toutefois pas perdre de vue que le seul moyen radical de parer à la crise charbonnière doit être recherché dans une restriction de la production. Un pareil programme ne peut, naturellement, être réalisé avec chance de succès que sur une base internationale. Cette conviction gagne de plus en plus de terrain en Allemagne et en Grande-Bretagne, les deux partenaires les plus importants de tout accord international. Cependant, il n'existe pas encore en Grande-Bretagne, d'organisation possédant l'autorité et les pleins-pouvoirs nécessaires pour conclure des accords sur le plan international, et il est très difficile de prévoir l'époque à laquelle pourrait être créée une semblable organisation. L'attitude de la Pologne, dont la participation à toute réglementation de la production est très importante pour l'apaisement du marché charbonnier, est également très douteuse.

Les progrès constamment réalisés par la chimie de la houille et le développement de la distribution du gaz à longue distance n'apporteront probablement pas la solution de la question des débouchés dont l'importance prime actuellement tous les autres problèmes. En effet, l'application des nouveaux procédés d'extraction de l'azote, d'hydration et de gazéification provoquera bien une certaine augmentation de la consommation de charbon, mais celle-ci sera relativement peu importante. Par contre, il semble probable que le rendement des entreprises minières augmentera avec la meilleure utilisation des éléments constitutifs de la houille.

Le lignite n'a pas souffert de la crise des débouchés. L'Allemagne, le plus grand producteur de lignite du monde entier, augmente sa production de façon continue; elle était en 1928 en plus-value de 20% par rapport à 1925. Les causes essentielles de ce résultat favorable sont, d'une part, le perfectionnement des procédés d'extraction et l'intensification de la production qui en est résultée, et d'autre part, la généralisation de l'emploi du lignite dans la production de gaz et d'énergie électrique et l'utilisation croissante des briquettes de lignite pour le chauffage domestique et l'industrie.

ORGANISATION DE L'INDUSTRIE HOUILLÈRE

L'industrie houillère, d'une part, doit lutter contre la concurrence des autres sources d'énergie, d'autre part, les divers bassins houillers se disputent âprement les débouchés. Un facteur vital, dont dépendent dans une large mesure les chances respectives de succès dans l'un comme dans l'autre cas, est constitué par les questions d'organisation et d'exploitation. Une comparaison entre les pays producteurs les plus importants est très instructive à cet égard. On constatera, d'abord, que l'importance d'une entreprise minière et le degré de perfectionnement de ses méthodes d'extraction ne peuvent s'expliquer qu'en tenant compte des conditions particulières à chaque bassin houiller et de la position dans laquelle il se trouve par rapport à l'Etat et aux diverses institutions sociales. La nature et la disposition des couches géologiques ainsi que les particularités du droit minier jouent le rôle le plus important; ces facteurs sont loin d'être identiques dans tous les pays. Les différences constatées dans l'organisation et les méthodes d'extraction des divers bassins miniers n'entraînent cependant pas nécessairement des différences correspondantes dans les prix de revient. Un vice d'organisation ou des procédés d'extraction défectueux peuvent être contrebalancés par des avantages naturels et vice-versa. Une comparaison entre l'Allemagne et la Grande-Bretagne en fournit une démonstration tout particulièrement frappante. Malgré une concentration poussée beaucoup plus loin et des procédés d'extraction plus modernes en Allemagne, le rendement par mineur est sensiblement égal dans les deux pays. Si nous nous tournons vers les Etats-Unis, nous voyons que malgré une décentralisation très marquée, moyennant des conditions géologiques favorables des gisements et l'emploi intensif de machines, le rendement a pu être très fortement accru. Le coefficient de rendement de l'industrie houillère des Etats-Unis est, en effet, presque le quadruple de celui de la Grande-Bretagne et de l'Allemagne. Ce fait peut donner une idée des énormes possibilités de développement qui s'ouvrent à l'industrie houillère britannique par une concentration judicieuse et l'intensification de l'emploi des machines. L'industrie houillère allemande, par contre, semble être proche de la limite extrême de ses possibilités de développement. Le rendement par mineur en France et en Belgique est fort en-dessous de la moyenne, en raison, principalement, des conditions d'extraction tout particulièrement difficiles. En ce qui concerne la Pologne et la Tchécoslovaquie, les chiffres sont à peu près les mêmes que pour l'Allemagne et la Grande-Bretagne.

Quote-part de l'extraction par moyens mécaniques par rapport à la production totale de l'extraction houillère

Année	Allemagne	Grande-Bretagne	Etats-Unis
1925	59.4%[1])	20.3%	70.6%
1928	77.7%	26.0%	73.8%

1) 1926.

Houille	Production (Millions de tonnes et en % du total mondial)									Consommation[4])								
	1925		1926		1927		1928			1925		1926		1927		1928		
	tonnes	%	tonnes	%	tonnes	%	tonnes	%	1925 =100	tonnes	%	tonnes	%	tonnes	%	tonnes	%	1925 =100
Allemagne	182.6	11.1	145.3	12.3	153.6	12.0	150.9	12.2	114	139.3	11.6	124.8	10.4	154.0	11.9	159.4	12.8	114
Gr. Bret. et Irlande	247.1	20.7	128.3	10.8	255.3	20.0	241.6	19.5	98	174.7	14.5	118.4	9.9	184.9	14.3	169.2	13.5	97
France[1])	47.1	3.9	51.4	4.3	51.8	4.1	51.4	4.1	109	81.2	6.7	83.2	7.0	86.9	6.7	84.6	6.8	104
Belgique	23.1	1.9	25.3	2.1	27.5	2.1	27.5	2.2	119	30.7	2.5	31.0	2.6	36.2	2.8	34.2	2.7	111
Hollande.........	6.8	0.6	8.6	0.7	9.3	0.7	10.7	0.9	157	9.9	0.8	10.1	0.8	11.2	0.9	11.5	0.9	116
Pologne	29.0	2.4	35.7	3.0	38.0	3.0	40.5	3.3	140	21.0	1.7	21.3	1.8	27.6	2.1	26.8	2.2	128
Russie	16.7	1.4	25.7	2.2	32.0	2.5	35.2	2.8	211	16.6	1.4	25.8	2.2	32.3	2.5	35.0	2.8	211
Autr.pays d'Eur.[2])	34.4	2.9	37.3	3.2	37.7	2.9	37.9	3.1	110	71.0	5.9	72.0	6.0	81.9	6.3	81.7	6.5	115
Europe	536,8	44.9	457.6	38.6	605.2	47.3	595.7	48.1	111	544.4	45.1	486.6	40.7	615.0	47.5	602.4	48.2	111
Etats-Unis	525.9	43.9	594.7	50.2	539.8	42.2	514.2	41.5	98	503.0	41.7	552.7	46.3	516.8	40.0	492.8	39.4	98
Canada	8.6	0.7	11.7	1.0	12.3	0.9	12.4	1.0	144	23.4	2.0	26.5	2.2	29.0	2.2	28.0	2.2	120
Autr. pays d'Amér.	3.4	0.3	3.0	0.2	2.8	0.2	2.9	0.2	85	11.3	0.9	10.8	0.9	11.4	0.9	10.8	0.9	96
Amérique	537.9	44.9	609.4	51.4	554.9	43.3	529.5	42.7	98	537.7	44.6	590.0	49.4	557.2	43.1	531.6	42.5	99
Japon	31.5	2.6	31.4	2.7	33.5	2.6	31.7	2.6	101	31.5	2.6	31.4	2.6	31.2	2.4	31.2	2.5	99
Chine	24.3	2.0	22.4	1.9	18.3	1.4	16.0	1.3	66	20.0	1.7	22.0	1.9	18.0	1.4	16.0	1.3	80
Inde britannique..	20.2	1.7	21.3	1.8	22.4	1.7	21.7	1.7	107	20.2	1.7	21.3	1.8	22.4	1.7	21.9	1.7	108
Autres pays d'Asie	12.5	1.1	13.1	1.1	13.6	1.1	14.0	1.1	112	16.3	1.3	13.4	1.1	15.7	1.2	13.8	1.1	85
Asie	88.5	7.4	88.2	7.5	87.8	6.8	83.4	6.7	94	88.0	7.3	88.1	7.4	87.3	6.7	82.9	6.6	94
Australie[5])	16.9[3])	1.4	16.7[3])	1.4	17.6[3])	1.4	17.6[3])	1.4	104	16.4	1.4	16.8	1.4	17.1	1.3	17.3	1.4	105
Afrique	17.1	1.4	13.4	1.1	14.8	1.2	13.4	1.1	78	19.2	1.6	13.3	1.1	17.5	1.4	16.5	1.3	86
Total mondial	1197.2	100	1185.3	100	1280.8	100	1239.6	100	104	1205.7	100	1184.8	100	1294.1	100	1250.7	100	104

1) Consommation y compris la Sarre.
2) Production y compris la Sarre, consommation non compris la Sarre.
3) Y compris le lignite.
4) Y compris le lignite, équivalent en houille.
5) Y compris la Nouvelle Zélande.

Production du lignite (équivalent en houille) (en millions de tonnes et en % du total mondial)	1925		1926		1927		1928		
	tonnes	%	tonnes	%	tonnes	%	tonnes	%	1925 =100
Allemagne	31.0	63.9	30.9	63.6	33.4	63.7	36.9	65.5	119
Tchécoslovaquie	12.5	25.8	12.4	25.5	13.4	25.6	13.8	24.5	110
Hongrie	1.2	2.5	1.3	2.7	1.4	2.7	1.4	2.5	117
Autres pays d'Europe	2.7	5.5	2.8	5.7	2.8	5.3	2.9	5.2	107
Europe	47.4	97.7	47.4	97.5	51.0	97.3	55.0	97.7	116
Etats-Unis	0.4	0.8	0.5	1.0	0.6	1.2	0.5	0.9	125
Canada	0.7	1.5	0.7	1.5	0.8	1.5	0.8	1.4	114
Amérique	1.1	2.3	1.2	2.5	1.4	2.7	1.3	2.3	118
Total mondial	48.5	100	48.6	100	52.4	100	56.3	100	116

Production de coke[1]) (en millions de tonnes)	1925	1926	1927	1928	
	tonnes	tonnes	tonnes	tonnes	1925=100
Allemagne[2])	28.4	27.3	33.2	33.9	119
Grande Bretagne et Irlande[3])	11.2	4.8	12.0	12.0	107
France[4])	3.1	3.8	4.1	4.4	142
Pologne (Haute-Silés. Orient.)	1.0	1.1	1.4	1.7	170
Belgique	4.1	5.0	5.4	5.8	141
Hollande	1.1	1.2	1.5	1.1	100
Tchécoslovaquie	2.0	2.0	2.4	2.8	140
Russie	1.4	2.8	3.4	4.0	286
Etats-Unis	46.5	51.6	46.2	47.7	103
Canada	1.3	1.8	1.8	1.8	138

1) Non compris le coke à gaz.
2) La production du coke à gaz était en 1925: 4.5, 1926: 4.5, 1927: 4.6, 1928: 4.6 millions de tonnes.
3) „ „ „ „ „ „ „ „ 12.0 11.8 12.6 env. 13.0 „ „ „
4) Coke minier seulement.

Commerce international du charbon (Lignite et Coke exprimés en houille) (en millions de tonnes et en % du total mondial)	Importation									Exportation								
	1925		1926		1927		1928			1925		1926		1927		1928		
	tonnes	%	tonnes	%	tonnes	%	tonnes	%	1925 =100	tonnes	%	tonnes	%	tonnes	%	tonnes	%	1925 =100
Allemagne[6])	9.3	7.3	4.2	3.0	7.2	5.1	8.9	6.5	96	33.6	20.0	55.6	30.8	40.2	22.2	37.3	20.6	111
Gr. Bret. et Irld.[1]) .	—	—	20.4	14.5	2.5	1.8	—	—	—	72.4	43.1	30.3	16.8	72.9	40.2	72.4	40.0	100
France[2])	26.2	20.4	23.9	17.0	26.3	18.5	25.6	18.8	98	5.3	3.2	5.1	2.8	5.1	2.8	5.7	3.1	108
Belgique	12.0	9.4	11.3	8.0	13.4	9.4	12.5	9.2	104	4.4	2.6	5.6	3.1	4.7	2.6	5.8	3.2	132
Hollande.........	9.1	7.1	10.9	7.8	9.7	6.8	9.6	7.1	105	6.0	3.6	9.6	5.3	7.9	4.4	8.9	4.9	148
Pologne	0.3	0.2	0.1	0.1	0.3	0.2	—	—	—	8.3	4.9	14.5	8.0	10.7	5.9	13.7	7.6	165
Russie	0.1	0.1	0.3	0.2	0.5	0.3	0.1	0.1	100	0.4	0.2	0.5	0.3	0.4	0.2	0.5	0.3	125
Autr.pays d'Europe	38.1	29.7	37.9	26.9	46.2	32.4	44.5	32.8	117	4.4	2.6	6.3	3.5	5.4	3.0	5.2	2.9	118
Europe	95.1	74.2	109.0	77.5	106.1	74.5	101.2	74.5	106	134.8	80.2	127.5	70.6	147.3	81.3	149.5	82.6	111
Etats-Unis[1])	1.1	0.8	1.4	1.0	0.9	0.6	1.0	0.7	91	24.4	14.5	43.9	24.3	24.5	13.5	22.9	12.6	94
Canada[3])	14.8	11.6	15.0	10.7	16.9	11.9	15.6	11.5	105	0.7	0.4	0.9	0.5	1.0	0.6	0.8	0.5	114
Autr. pays d'Am.[4])	7.9	6.2	7.0	5.0	8.6	6.0	7.9	5.8	100	—	—	—	—	—	—	—	—	—
Amérique	23.8	18.6	23.4	16.7	26.4	18.5	24.5	18.0	103	25.1	14.9	44.8	24.8	25.5	14.1	23.7	13.1	94
Asie[4])	4.8	3.8	5.1	3.6	5.2	3.7	5.2	3.8	108	5.3	3.2	5.2	2.9	5.7	3.1	5.7	3.1	108
Afrique[4])	3.7	2.9	2.5	1.8	4.3	3.0	4.6	3.4	124	1.6	1.0	2.1	1.2	1.6	0.9	1.5	0.8	94
Australie et Nouvelle Zélande	0.7	0.5	0.6	0.4	0.5	0.3	0.4	0.3	57	1.2	0.7	1.0	0.5	1.0	0.6	0.7	0.4	58
Total mondial[5])...	128.1	100	140.6	100	142.5	100	135.9	100	106	168.0	100	180.6	100	181.1	100	181.1	100	107

1) Exportation y compris le charbon de soute.
2) Y compris la Sarre.
3) Non compris le coke.
4) Ces chiffres se basent surtout sur les statistiques des pays exportateurs.
5) La différence entre les chiffres d'importation et d'exportation mondiale provient principalement du fait qu'il est tenu compte, dans les exportations, du charbon de soute qui, d'autre part, ne figure pas dans les importations.

6) Dans le chiffre des exportations sont comprises les livraisons au titre de prestations en nature, celles-ci étaient en 1925 42%, 1926 26%, 1927 33%, 1928 42% du total des exportations.

Rendement dans l'industrie houillère	Allemagne 1925	Allemagne 1928	Allemagne 1928 (1925 = 100)	Grande-Bretagne 1925	Grande-Bretagne 1928	Grande-Bretagne 1928 (1925 = 100)	France 1925	France 1928	France 1928 (1925 = 100)	Belgique 1925	Belgique 1928	Belgique 1928 (1925 = 100)	Tchécoslovaquie 1925	Tchécoslovaquie 1928	Tchécoslovaquie 1928 (1925 = 100)	Pologne 1925	Pologne 1928	Pologne 1928 (1925 = 100)	Etats-Unis[3] 1925	Etats-Unis[3] 1928[4]	Etats-Unis[3] 1928[4] (1925 = 100)
Nombre d'ouvriers (milliers)	561.8	556.6	99	1117.8	880.6	79	309.4	301.9	98	160.4	161.4	101	62.1	56.8	91	124.0	112.9	91	588.5 160.3	593.9 165.3	101 103
Durée de la journée de travail (heures)	8–8½	8–8¼	—	7½	8–8½	—	8	7¾	—	8	8	—	7½	7½	—	8	8	—	8½ 8	8.4–9.4 8	—
Rendement par équipe et par tête (en kg)	[1] 946	[1] 1191	126	904	1082	120	560	650	116	472	554	117	819	1015	124	[2] 1023	[2] 1369	[2] 134	4100 1650	4130 1950	101 118

1) Dans le bassin de la Ruhr qui fournit environ 80% de la production de l'Allemagne.
2) Seulement la Haute Silésie orientale.
3) Le chiffre de la première rangée se rapporte aux mines de charbon tendre, celui de la seconde rangée aux mines d'anthracite.
4) Chiffres de 1927.

Organisation de l'industrie houillère	1925[1]								1928							
	Nombre des entreprises comprises dans la statistique	Production		Production moyenne par entreprise en millions de tonnes	Quote-part des grandes entreprises				Nombre des entreprises comprises dans la statistique	Production		Production moyenne par entreprise en millions de tonnes	Quote-part des grandes entreprises			
		en millions de tonnes	en % du total de la production		Nombre d'entreprises	Production en millions de tonnes	Production en % de la production nationale	Production moyenne par entreprise en millions de tonnes		en millions de tonnes	en % du total de la production		Nombre d'entreprises	Production en millions de tonnes	Production en % de la production nationale	Production moyenne par entreprise en millions de tonnes
Allemagne	58	111.2	76.5	1.92	1[3])	ca. 25	17.2	ca. 25	58	113.8	75.4	2.0	1[3])	26.5	17.6	26.5
Grande-Bretagne	2721	247.1	100.0	0.09	8	22.5	9.1	2.8	2539	241.6	100.0	0.1	8[2])	38.0[2])	15.7	4.8
Etats-Unis Production de charbon tendre	7144	432.8	91.7	0.06	1547	330.7	70.1	0.21	6450	423.9	94.8	0.07	1460	339.5	75.9	0.23

1) Pour l'Allemagne les chiffres de 1926 sont insérés.
2) Estimé.
3) Vereinigte Stahlwerke A.-G.

PETROLE

Tout comme l'industrie houillère, l'industrie du pétrole s'est trouvée ces dernières années, en butte à des difficultés, par suite des luttes pour les débouchés qui, bien délimitées et temporaires au début, menacent de prendre des formes de plus en plus sérieuses. Il est curieux de constater que, malgré le mouvement généralement ascensionnel de l'industrie mondiale, le développement des deux sources principales d'énergie rencontre des obstacles. Bien que dans les deux cas, il y ait disproportion entre la production ou capacité de production d'une part, et les besoins d'autre part, les difficultés rencontrées par l'industrie du pétrole doivent être considérées d'un point de vue tout différent. Tandis que l'industrie houillère devait lutter pour le maintien des débouchés existants, la consommation mondiale de pétrole augmentait de façon continue et rapide. Le tableau ci-dessous relatif au développement de l'emploi des divers combustibles par les principaux consommateurs, montre l'importance de cette progression.

Tonnage mondial	1. 7. 1925		1. 7. 1929	
	Millions de tonnes de jauge brute	% du total mondial[1])	Millions de tonnes de jauge brute	% du total mondial[1])
Propulsion à vapeur utilisant le charbon comme combustible	41.9	64.76	40.4	59.29
„ l'huile „ „	17.8	27.51	19.4	28.53
Propulsion à moteurs (huile lourde)	2.7	4.17	6.6	9.73

Nombre d'automobiles dans le monde (en milliers de voitures)	Début 1925	Début 1928	Début 1929
	21 285	29 540	31 912

Les difficultés que l'industrie du pétrole rencontre pour l'écoulement de sa production proviennent du fait que depuis longtemps déjà, la production a dépassé de loin la consommation. Par suite du perfectionnement de la technique du raffinage de l'huile brute et en particulier par l'adoption de plus en plus généralisée du procédé du "cracking", on est parvenu à augmenter le coefficient d'extraction d'essence, ce qui a permis de satisfaire la demande toujours croissante d'essence sans qu'il en résulte une augmentation correspondante de la consommation d'huile brute. Depuis 1927, l'écart entre la production et la consommation s'est toujours plus accentué de sorte que les stocks d'huile brute demeurant invendus ont atteint des proportions telles que l'industrie du pétrole pourtant habituée à des stocks considérables, commence à s'inquiéter de cette situation.

Stocks d'huile brute aux Etats Unis
(en milliers de tonnes)

Année	à fin janvier	à fin juin	à fin décembre
1925	57 089	61 332	61 664
1926	60 435	57 747	57 471
1927	56 851	61 874	66 214
1928	67 726	69 169	69 343
1929	70 113	73 631	76 729[2])

Au total, la production mondiale de pétrole s'est accrue de près de 25% entre 1925 et 1928. La majeure partie de cette augmentation est due aux Etats-Unis, mais l'extraction d'huile brute au Vénézuéla et en Colombie a proportionnellement augmenté dans une mesure encore plus forte. Après les Etats-Unis, le Vénézuéla est aujourd'hui le principal producteur de pétrole du monde. En Russie, la production de pétrole est de nouveau en forte progression. Il en est de même pour la Roumanie, qui a plus que doublé le chiffre de sa production depuis 1925. Les chiffres de production des autres régions pétrolifères d'Asie, la Perse notamment, vont également croissant.

1) Tonnage mondial y compris les voiliers = 100.
2) A fin septembre.

Ce n'est qu'au **Mexique** que l'extraction du pétrole est en régression. Elle a baissé de moitié depuis 1925 et la tendance reste la même. Ce déficit est du reste déjà compensé par l'augmentation de la production du Vénézuéla à lui seul.

Etant donné la progression continue du nombre d'automobiles et de moteurs à essence dans le monde entier, il paraît évident qu'une restriction temporaire de la production, et surtout la suspension générale du forage de nouveaux puits, suffiraient pour rétablir rapidement l'équilibre entre la production et la consommation. Les Etats-Unis, qui non seulement sont les plus grands producteurs de pétrole du monde mais, grâce au développement de leur industrie de raffinage, sont en même temps le principal pays importateur d'huile brute, ont naturellement le plus grand intérêt à une réglementation internationale de la production. Cet intérêt est d'autant plus grand qu'une continuation de la politique actuelle de forage les menace d'un épuisement prématuré de leurs réserves naturelles. La solution pratique du **problème de la restriction** rencontre toutefois de grandes difficultés. Des tentatives réitérées dans ce sens ont chaque fois abouti, après une brève période de restriction, à une nouvelle intensification des opérations de forage. Il semblerait que l'influence des moyens et petits producteurs, qui fournissent, aux Etats-Unis plus spécialement, une part importante de la production, n'ait pas été jusqu'ici estimée à sa valeur réelle. La récente initiative d'un fort abaissement des prix prise par une des plus puissantes entreprises des Etats-Unis, la "Standard Oil of California", exercera certainement une pression sur les entreprises de moindre envergure et les amènera à envisager plus favorablement certaines mesures restrictives. Il est difficile de déterminer dans quelle mesure cette initiative peut avoir été influencée par le conflit d'intérêts entre les groupes américains et anglo-hollandais. La situation du marché mondial du pétrole est d'ailleurs actuellement des plus confuses.

Stocks et production de pétrole (en millions de tonnes et en % du total mondial)	Stocks[1]		Production								
			1925		1926		1927		1928		
	tonnes	%	tonnes	%	tonnes	%	tonnes	%	tonnes	%	1925 =100
Russie	1000	15.9	7.3	4.8	9.2	5.9	11.0	6.1	12.5	6.6	171
Roumanie	167	2.5	2.3	1.5	3.3	2.1	3.8	2.1	5.1	2.7	222
Pologne			0.8	0.6	0.8	0.5	0.8	0.5	0.8	0.4	100
Autres pays d'Europe			0.2	0.1	0.2	0.1	0.2	0.1	0.2	0.1	100
Europe	1167	18.4	10.6	7.0	13.5	8.6	15.8	8.8	18.6	9.8	175
Etats-Unis	1030	16.3	109.1	71.6	110.1	70.2	128.7	71.5	128.9	68.1	118
Mexique	665	10.5	16.4	10.8	12.9	8.2	9.2	5.1	7.2	3.8	44
Vénézuéla	1526[2]	24.2	3.0	2.0	5.3	3.4	9.0	5.0	15.1	8.0	503
Colombie			0.1	0.1	0.9	0.6	2.1	1.2	2.8	1.5	2800
Autres pays d'Amér.			2.8	1.8	3.5	2.2	3.6	2.0	4.2	2.2	150
Amérique	3221	51.0	131.4	86.3	132.7	84.6	152.6	84.8	158.2	83.6	120
Inde britannique et Sarawak	590	9.3	1.7	1.1	2.0	1.3	1.8	1.0	1.9	1.0	112
Indes néerlandaises			3.1	2.0	3.0	1.9	3.7	2.0	4.1	2.2	132
Perse et Mésopotamie	825	13.1	5.0	3.3	5.1	3.3	5.7	3.2	6.0	3.2	120
Autres pays d'Asie	383	6.0	0.3	0.2	0.3	0.2	0.2	0.1	0.3	0.1	100
Asie	1798	28.4	10.1	6.6	10.4	6.7	11.4	6.3	12.3	6.5	122
Afrique	136	2.2	0.2	0.1	0.2	0.1	0.2	0.1	0.3	0.1	150
Total mondial	6322	100	152.3	100	156.8	100	180.0	100	189.4	100	124

1) D'après "U. S. Geol. Survey 1920".
2) Dont l'Amérique du Sud avec 1380 millions de tonnes = 22% du stock mondial.

Commerce international de pétrole (pétrole brut) (en milliers de tonnes et en % du total mondial)	Exportation						Importation					
	1925		1926		1927		1925		1926		1927	
	tonnes	%	tonnes	%	tonnes	%	tonnes	%	tonnes	%	tonnes	%
Allemagne	—	—	—	—	—	—	52.6	0.4	50.3	0.4	40.1	0.2
Grande-Bretagne et Irld.	—	—	—	—	—	—	2 323.0	16.2	2 194.0	14.9	2 712.0	17.1
Hollande	—	—	—	—	—	—	157.2	1.1	190.3	1.3	249.4	1.6
Tchécoslovaquie	—	—	—	—	—	—	53.7	0.4	86.8	0.6	90.1	0.6
Russie[1])	74.3	0.5	123.3	0.8	138.2	0.7	—	—	—	—	—	—
Roumanie[1])	19.4	0.1	93.5	0.6	216.9	1.2	—	—	—	—	—	—
Autres pays d'Europe	5.8	—	29.7	0.2	6.2	—	217.1	1.5	298.2	2.0	423.1	2.7
Europe	98.5	0.6	246.5	1.6	361.9	1.9	2 803.6	19.6	2 819.6	19.2	3 514.7	22.2
Etats-Unis	1 875.0	12.7	2 201.0	14.1	2 263.0	12.3	8 802.0	61.5	8 626.0	58.6	8 308.0	52.4
Mexique	7 926.0	53.6	5 449.0	35.0	3 811.0	20.7	176.1	1.2	9.1	0.1	9.1	0.1
Vénézuéla	2 720.0	18.4	4 893.0	31.4	8 420.0	45.8	—	—	—	—	—	—
Pérou	618.4	4.2	800.0	5.1	737.7	4.0	1.0	—	1.5	—	—	—
Colombie	—	—	671.4	4.3	1 912.0	10.4	—	—	—	—	—	—
Canada	27.1	0.2	104.8	0.7	66.5	0.4	1 839.0	12.9	2 435.0	16.5	2 898.0	18.3
Autres pays d'Amérique	0.6	—	0.4	—	0.8	—	2.8	—	4.3	—	6.8	—
Amérique	13 167.1	89.1	14 119.6	90.6	17 211.0	93.6	10 820.9	75.6	11 075.9	75.2	11 221.9	70.8
Perse	1 371.0	9.3	1 051.0	6.8	603.0	3.3	0.5	—	0.3	—	—	—
Bornéo britannique	154.3	1.0	163.4	1.0	218.0	1.2	—	—	—	—	—	—
Indes néerlandaises	—	—	0.4	—	0.5	—	—	—	—	—	—	—
Japon	—	—	—	—	—	—	350.8	2.5	401.0	2.7	553.3	3.5
Autres pays d'Asie	—	—	—	—	—	—	161.8	1.1	200.2	1.4	236.5	1.5
Asie	1 525.3	10.3	1 214.8	7.8	821.5	4.5	513.1	3.6	601.5	4.1	789.8	5.0
Australie[2])	—	—	—	—	—	—	172.0	1.2	225.7	1.5	316.9	2.0
Total mondial	14 791.9	100	15 580.9	100	18 398.8	100	14 309.6	100	14 722.7	100	15 843.3	100

1) Les chiffres pour l'exportation proviennent des statistiques des pays exportateurs. 2) Commonwealth of Australia.

HOUILLE BLANCHE

A côté du charbon, qui reste la principale source d'énergie électrique, la force hydraulique est devenue au cours d'une période de quelques dizaines d'années un élément important dans la production du courant électrique.

La houille blanche constitue une source d'énergie se renouvelant constamment d'elle-même sans exiger des frais réguliers de combustible comme c'est le cas pour l'énergie thermique.

Les intérêts et l'amortissement du capital constituent, par conséquent, les frais d'exploitation principaux des installations hydrauliques. La mise en exploitation des forces hydrauliques rencontre certaines difficultés, étant donné qu'elle ne peut s'orienter d'après les centres de consommation qu'à un degré beaucoup moindre que le charbon. C'est en partie pour cette raison, et en partie parce que dans la plupart des cas (dans une mesure beaucoup plus grande que pour les sources d'énergie thermique) la source d'énergie hydraulique ne peut être exploitée rationnellement que si elle dispose d'un grand nombre de consommateurs. Le problème du transport de l'énergie à grande distance est devenu le problème essentiel dont dépend la mise en exploitation des forces hydrauliques.

L'exploitation pratique est d'autre part rendue plus difficile du fait que la consommation d'énergie d'une part et la force hydraulique dont on dispose d'autre part sont toutes les deux sujettes à des fluctuations considérables; la compensation nécessaire ne peut être obtenue que par l'accumulation de réserves d'eau ou d'électricité, ce qui occasionne un supplément considérable de dépenses.

Avec le perfectionnement progressif du transport de l'énergie à de très grandes distances, il est probable que les abondantes forces hydrauliques des pays Scandinaves et des Alpes pourront acquérir une très grande importance pour l'économie européenne de l'électricité.

Actuellement, la mise en exploitation des forces hydrauliques est poussée activement par les pays qui sont complètement privés d'autres sources d'énergie ou qui n'en disposent qu'en quantités insuffisantes; leur but est de se rendre indépendants des importations de charbon étranger. C'est ainsi que l'Italie a déjà mis en exploitation plus de 60% des forces hydrauliques, à vrai dire pas très importantes, dont elle dispose; son programme comporte encore pour l'avenir la mise en exploitation de forces hydrauliques nationales permettant d'éviter l'importation de 3 millions de tonnes de charbon, annuellement.

La Suisse également accuse un coefficient d'utilisation très élevé, près de 50%, ce qui lui permit d'économiser en 1928, l'importation de 2 500 000 tonnes de charbon. Parmi les pays où le coefficient d'exploitation des forces hydrauliques disponibles est relativement élevé, on peut citer: l'Allemagne, la France, la Norvège, la Suède, l'Espagne, les Etats-Unis et le Canada.

Dans les Etats de l'Amérique Centrale et de l'Amérique du Sud, on dispose d'énormes réserves de puissance hydraulique susceptibles d'exploitation. Le capital étranger fait les plus grands efforts pour participer à leur mise en exploitation pour la production d'énergie électrique. Les possibilités de développement sont toutefois provisoirement limitées par le fait que la force hydraulique est fréquemment très éloignée des villes.

C'est le capital américain qui occupe la première place dans la création des centrales génératrices d'énergie électrique; elle est représentée par la American & Foreign Power Company. La SOFINA (Sté Financière de Transports & d'Entreprises Industrielles) et la CHADE (Compania Hispano-Americana de Electricidad) sont les principaux représentants du capital européen dans ces contrées.

Forces hydrauliques[1]) (en millions de C. V. et en % du total mondial)	Existantes		Déjà utilisées						
	—		1924			1927			
	C. V.	% du total mondial	C. V.	% du total mondial	% des forces hydraul. exist.	C. V.	% du total mondial	% des forces hydraul. exist.	1924 = 100
Allemagne	6.8	1.4	1.1	3.8	16.2	1.6	4.8	23.5	145
Grande-Bretagne	0.85	0.2	0.25	0.9	29.4	0.25	0.7	29.4	100
France	5.4	1.1	2.1	7.4	38.9	2.1	6.3	38.9	100
Norvège et Suède	12.5	2.5	3.2	11.2	25.6	3.3	9.9	26.4	103
Suisse	4.0	0.8	1.4	4.9	35.0	1.9	5.7	47.5	136
Espagne	4.0	0.8	1.0	3.6	25.0	1.0	3.0	25.0	100
Italie	3.8	0.8	1.8	6.3	47.0	2.3	6.9	60.5	128
Russie d'Europe	21.5	4.3	0.1	0.4	0.47	0.24	0.7	1.1	240
Autres pays d'Europe	13.1	2.6	1.0	3.6	7.6	1.0	3.0	7.6	100
Europe	72.0	14.5	12.0	42.1	16.7	13.7	41.0	19.0	114
Etats-Unis	35.0	7.0	10.0	35.1	29.0	11.7	35.0	33.4	117
Canada	18.3	3.7	3.2	11.2	17.5	4.6	13.7	25.1	144
Brésil	26.0	5.2	0.4	1.4	0.15	0.5	1.5	0.2	125
Mexique	6.0	1.2	0.3	1.0	5.0	0.3	0.9	5.0	100
Argentine	5.0	1.0	0.03	0.1	0.6	0.03	0.1	0.6	100
Autres pays d'Amérique	29.9	6.1	0.3	1.0	1.0	0.3	0.9	1.0	100
Amérique	120.2	24.2	14.2	49.8	11.8	17.4	52.1	14.4	123
Russie asiatique	40.9	8.2	0.09	0.3	0.2	0.09	0.3	0.2	100
Chine	20.0	4.0	—	—	—	—	—	—	—
Indes néerlandaises	4.0	0.8	—	—	—	—	—	—	—
Japon	5.0[2])	1.0	1.8[2])	6.4	4.0	1.8[2]	5.4	4.0	100
Indochine	4.0	0.8	—	—	—	—	—	—	—
Inde britannique	27.0	5.4	0.2	0.7	0.7	0.2	0.6	0.7	100
Autres pays d'Asie	1.2	0.3	—	—	—	0.02	—	—	—
Asie	102.1	20.5	2.1	7.4	2.1	2.1	6.3	2.1	100
Congo belge	90.0	18.1	—	—	—	—	—	—	—
Congo français	35.0	7.0	—	—	—	—	—	—	—
Cameroun français	13.0	2.6	—	—	—	—	—	—	—
Nigéria	9.0	1.8	—	—	—	—	—	—	—
Autres pays d'Afrique	38.9	7.9	0.01	—	—	0.01	—	—	—
Afrique	185.9	37.4	0.01	—	—	0.01	—	—	100
Australie	16.7	3.4	0.2	0.7	1.2	0.2	0.6	1.2	100
Total mondial	496.9	100	28.5	100	5.7	33.4	100	6.7	117

1) Principalement d'après l'estimation de la Conférence mondiale d'énergie; pour la Russie, ce sont les chiffres de l'institut soviétique d'études thermiques qui ont été insérés.

2) Y compris la Corée.

Afin de pouvoir faire une comparaison entre la houille, le pétrole et la force hydraulique, il est nécessaire de convertir en termes d'économie de houille, l'énergie dérivée ou pouvant être dérivée des forces hydrauliques. Dans ce but, on a admis pour l'établissement du tableau ci-dessous que les forces hydrauliques sont effectivement exploitables 6000 heures par an en moyenne. On a également admis, sur la base des coefficients réalisés dans les grandes centrales modernes génératrices d'énergie thermique, qu'un kilowatt-heure hydraulique équivaut à un kilogramme de houille.[1])

Comparaison des trois principales sources d'énergie: charbon, pétrole et force hydraulique	Production en millions de tonnes et en % du total mondial								Réserves disponibles en millions de t et en % du total mondial					
	Houille et lignite (ce dernier exprimé en houille) extraits en 1928		Pétrole extrait en 1928 exprimé en houille		Forces hydrauliques utilisées et exprim. en houille économisée annuellement		Totaux des éléments d'énergie produits[3]) en 1928 exprim. en houille		Réserves de houille et de lignite (ce dernier exprimé en houille)		Réserves de pétrole exprimé en houille		Capacité annuelle des forces hydrauliques existantes exprimée en houille économisable	
	tonnes	%	tonnes	%	tonnes	%	tonnes	%	tonnes	%	tonnes	%	tonnes	%
Allemagne	187.8	14.5	—[2])	—	6.4	4.8	194.2	11.2	240 715	4.3	—[2])	—	27.2	1.4
Grande-Bretagne	241.6	18.6	—	—	1.0	0.7	242.6	14.0	189 533	3.4	—	—	3.4	0.2
France	51.4	4.0	—[2])	—	8.4	6.3	59.8	3.5	32 406	0.6	—[2])	—	21.6	1.1
Russie d'Europe	31.5	2.4	19.6	6.6	1.0	0.7	52.1	3.0	57 115	1.0	1 571.4	15.8	86.0	4.3
Autres pays d'Europe	134.7	10.4	9.6	3.2	38.0	28.5	182.3	10.6	255 408	4.5	262.4	2.6	149.8	7.5
Europe	647.0	49.9	29.2	9.8	54.8	41.0	731.0	42.3	775 177	13.8	1 833.8	18.4	288.0	14.5
Etats-Unis	514.7	39.7	202.5	68.0	46.8	35.0	764.0	44.2	2 735 527	48.6	1 618.6	16.3	140.0	7.0
Canada	13.2	1.0	—	—	18.4	13.7	31.6	1.8	667 095	11.9	223.1	2.3	73.2	3.7
Mexique	—	—	11.4	3.8	1.2	0.9	12.6	0.7	—	—	1 045.0	10.5	24.0	1.2
Autres pays d'Amérique	2.9	0.2	34.7	11,7	3.2	2.5	40.8	2.4	32 580	0,5	2 175.0	21.9	243.6	12.3
Amérique	530.8	40.9	248.6	83.5	69.6	52.1	849.0	49.1	3 485 202	61.0	5 061.7	51.0	480.8	24.2
Chine	16.0	1.2	—	—	—	—	16.0	0.9	995 228	17.7	308.6	3.1	80.0	4.0
Japon	31.7	2.4	—	—	7.2	5.4	38.9	2.3	7 570	0.1	277.2	2.8	18.0	0.9
Inde britannique	21.7	1.7	3.0	1.0	0.7	0.6	25.4	1.5	77 445	1.4	927.1	9.3	108.0	5.4
Indes néerlandaises	—	—	6.4	2.2	—	—	6.4	0.4	—	—			16.0	0.8
Sibérie	3.7	0.3	—	—	0.4	0.3	4.1	0.2	109 388	2.0	—	—	163.6	8.2
Autres pays d'Asie	14.0	1.1	9.9	3.3	0.1	—	24.0	1.4	23 068	0.4	1 312.4	13.2	22.8	1.2
Asie	87.1	6.7	19.3	6.5	8.4	6.3	114.8	6.7	1 212 699	21.6	2 825.3	28.4	408.4	20.5
Afrique	13.4	1.1	0.5	0.2	0.1	—	14.0	0.8	57 229	1.0	—	—	743.6	37.4
Australie	17.6	1.4	—	—	0.8	0.6	18.4	1.1	148 709	2.6	218.7	2.2	66.8	3.4
Total mondial	1 295.3	100	297.6	100	133.7	100	1 727.2	100	5 629 016	100	9 934.5	100	1 987.6	100

1) Par exemple les forces hydrauliques de l'Allemagne déjà mises en exploitation s'élèvent d'après notre tableau à 1.6 millions de C.V. Si l'on suppose l'année de travail à 6000 heures et 1 Kw = 1.5 C.V. il ressort une capacité de $\frac{1.6 \times 6000}{1.5}$ = 6400 Kwh qui correspondent à une consommation de 6.4 millions de tonnes de houille.

2) Sans importance pour la statistique. 3) Y compris l'utilisation de la force hydraulique.

GAZ ET ELECTRICITE

GAZ

On extrait le gaz de la houille; il se trouve aussi à l'état naturel. Seuls les pays disposant de l'un au moins de ces éléments ont une production de gaz importante.

On peut constater, partout, un accroissement de la production de gaz qui dépasse de beaucoup celui qu'on peut attendre de l'augmentation de la population seule. Ce fait est certainement la conséquence du perfectionnement des méthodes de carburation et des progrès réalisés dans les procédés d'utilisation de la houille; l'abaissement du prix de revient a conduit à l'extension des débouchés. C'est ainsi que la consommation de houille des usines de gaz allemandes a diminué de plus de 1 million de tonnes comparativement à 1913, tandis que depuis lors la production de gaz augmentait de plus de 800 millions de mètres cubes. Les possibilités de mise en valeur des gaz pauvres (gaz de cokeries et de hauts-fourneaux) se sont multipliées et offrent de nouveaux débouchés.

La distribution du gaz à longue distance acquiert une importance de plus en plus grande pour l'industrie gazière. Mais elle exige, d'autre part, des capitaux considérables. L'extension des réseaux de distribution de gaz à longue distance, qui permet notamment l'utilisation des excédents de gaz dans les régions minières, aurait une importance capitale pour le développement de l'industrie gazière dans son ensemble, la consommation de gaz étant encore très loin de son apogée.

La production de gaz naturel constitue le monopole presque exclusif des Etats-Unis. Le gaz naturel occupe ici une situation dominante par rapport au gaz d'usine. De 1925 à 1928, sa production a progressé de plus de 30% contre 15% seulement pour le gaz d'usine dans la même période. 80% de la production de gaz naturel sont absorbés par l'industrie; quant au gaz d'usine, 30% seulement vont aux usages industriels, 70% aux usages domestiques.

Il est difficile de se prononcer sur les possibilités de changements dans les conditions de la concurrence du gaz et de l'électricité. En effet, si d'une part, on a bien réussi à augmenter dans une certaine mesure la consommation de l'électricité pour les usages domestiques, on ne peut, d'autre part, méconnaître que les efforts faits pour répandre l'emploi du gaz ont également été couronnés de succès, surtout dans le domaine industriel.

Gaz naturel	Production (en millions de m³ et en % du total mondial)								
	1925		1926		1927		1928		
	m³	%	m³	%	m³	%	m³	%	1925 =100
Etats-Unis	33 959	96.1	37 515	96.4	41 298	96.5	44 804	97.1	132
Canada	483	1.4	549	1.4	588	1.4	588[1]	1.3	122
Pologne	535	1.5	481	1.2	454	1.1	459	1.0	86
Roumanie	370	1.0	377	1.0	437	1.0	264	0.6	71
Total mondial	35 347	100	38 922	100	42 777	100	46 115	100	130

1) 1927.

Production du gaz[1])	Production (en millions de m³)							Production par tête de la population (en m³)						
	1913	1925	1926	1927	1928	1913 = 100	1925 = 100	1913	1925	1926	1927	1928	1913 = 100	1925 = 100
Europe														
Allemagne	2 806[3])	3 156	3 251	3 462	3 668	131	116	47[3])	51	52	55	58	123	114
Gr.-Bret. et Irlande	6 357	8 036	8 384	8 430	8 461	133	105	139	167	174	174	174	125	104
France	—[2])	1 638	1 668	1 746	1 772	—	122	—	40	41	43	43	—	108
Belgique..........	—[2])	—	403	437	—	—	—	—	—	51	55	—	—	—
Hollande	469	493	517	543	570[6])	122	116	76	67	69	72	74[5])	97	110
Suède	89	116	129	187	149	166	128	15.8	19.2	21.3	22.5	24.4	154	127
Norvège	26[6])	44	40	41	40	155	91	10.6[5])	16.0	14.5	14.8	14.3	135	89
Italie	333	393	418	486	449	135	114	9.4	9.9	10.4	10.7	11.0	117	111
Suisse	147	168	178	191	204	139	121	38	43	45	48	51	134	119
Autriche	225[3])	284	300	327	349	155	123	33[3])	43	45	49	52	158	121
Tchécoslovaquie ..	—	80	82	89	96	—	120	—	5.6	5.7	6.2	6.6	—	118
Hongrie	—	96	96	99	100	—	104	—	11.7	11.4	11.6	11.7	—	100
Yougoslavie	—	10.3	11.4	11.4	12.5	—	121	—	0.8	0.8	0.9	0.9	—	113
Amérique														
Etats-Unis	6 230[4])	11 356	12 391	12 627	13 025	209	115	63[4])	98	106	106	108	171	110
Asie														
Japon	143	358	408	—	—	—	—	2.5	5.7	6.5	—	—	—	—

1) Non-compris le gaz naturel.
2) Impossible à déterminer.
3) Territoire actuel.
4) 1914.
5) 1911.
6) Estimation.

ELECTRICITE

L'industrie électrique a pris au cours des dix dernières années un développement énorme et n'est certainement pas encore arrivée à son apogée. En admettant que le capital moyen nécessaire pour l'installation d'un Kwsoit de RM 1000, montant qui est plutôt inférieur à la réalité, on peut évaluer le capital total investi dans les entreprises électriques du monde entier à 90-95 milliards de RM.[1])

Les dépenses d'installation de centrales électriques étant relativement très considérables et le perfectionnement croissant des méthodes de transport d'énergie à longue distance comportant de plus en plus l'érection de centrales à très grande puissance, l'avenir de l'industrie électrique dépendra dans une mesure toujours plus large de la situation des marchés financiers.

Les principales sources d'énergie électrique sont le charbon et la force hydraulique. Contrairement aux pays qui ne disposent d'aucune autre source d'énergie que la houille blanche, le rôle du charbon dans la production de l'énergie électrique reste, relativement, toujours très important dans les pays riches en charbon, malgré l'aménagement de leurs forces hydrauliques naturelles. C'est ainsi que la part du charbon dans la production de l'énergie électrique en Allemagne est de 75% pour 1928 alors que celle de la force hydraulique n'est que de 18% environ.

Le développement de l'électrification de l'industrie en Allemagne, et surtout en Angleterre, est inférieur à celui des Etats-Unis et d'autres pays qui, possédant une industrie relativement jeune, ont pu la doter d'emblée des installations techniques les plus modernes. La puissance mécanique totale actionnant les machines existant actuellement dans l'industrie est produite par l'électricité dans la proportion d'environ 50% en Angleterre, 70% en Allemagne, et jusqu'à 75% aux Etats Unis. Ce pourcentage est encore plus élevé dans les pays comme la Norvège, la Suède et le Canada dont l'industrie repose essentiellement sur l'exploitation de la force hydraulique et qui ont, de ce fait, la plus forte production d'énergie électrique par habitant (Norvège 2862 Kwh, Suède 721 Kwh, Canada 1650 Kwh).

L'électrification des chemins de fer dont le développement diffère selon les pays n'en est, en général, qu'à ses débuts et n'a été réalisée nulle part, la Suisse exceptée, sur plus du dixième de l'étendue du réseau ferré total.

Pays	Etendue du réseau électrifié	
	en km	en % du réseau total
Allemagne	1 290	2.4
France	1 250	2.3
Angleterre	640	1.6
Italie	1 251	5.9
Hollande	135	3.7
Autriche	557	7.9
Russie	34	0.1
Suisse	3 346	62.3
Etats-Unis	2 880	0.7
Canada	2 798	4.3
Japon	540	2.4

Les échanges internationaux de courant ne jouent encore qu'un rôle secondaire en comparaison de la production de courant évaluée, pour 1928, à 250 milliards de Kwh. A l'heure actuelle, environ 3 milliards de Kwh soit 1% en chiffre rond de la production mondiale d'énergie, sont exportés au-delà des frontières politiques. Le plus fort contingent en revient à la Suisse qui a exporté en 1928 plus d'un milliard de Kwh soit 25% de sa production propre. Ce fait est d'autant plus

1) Comparer Hugh Quigley, British Electrical and Allied Manufacturers Ass., dans "Industrialisierung und Elektrifizierung", Deutscher Volkswirt, 1929, No. 46.

remarquable que le développement de l'électrification en Suisse ouvre à la consommation nationale de grandes possibilités. Dans la même année, le **Canada** a exporté aux Etats-Unis environ 1.7 milliard de Kwh, soit plus de 10% de sa production totale.

Alors que dans presque tous les pays, la production d'énergie est assurée, pour la plus grande part, par des entreprises privées, ces dernières sont, en Allemagne, supplantées de plus en plus par des entreprises de caractère mixte ainsi que par des entreprises appartenant à l'Etat ou aux communes. En 1928, déjà, plus de 20% de la production de courant étaient fournis par des entreprises de ce genre.

Aux **Etats-Unis**, par contre, près de 95% de l'énergie sont produits par des entreprises privées connues sous la désignation générale de "Public Utilities". Plus de la moitié de la production est contrôlée par les 6 grands groupements financiers suivants:

General Electric	comprenant	8	Sociétés	d'une	production	totale	approximative	de	14	Milliards Kwh,
Insull	„	7	„	„	„	„	„	„	8	„ „
Morgan	„	4	„	„	„	„	„	„	4	„ „
Mellon	„	2	„	„	„	„	„	„	2.5	„ „
Byllesby	„	1	„	„	„	„	„	„	2.2	„ „
Doherty	„	1	„	„	„	„	„	„	1.3	„ „
12 entreprises régies en commun			„	„	„	„	„	„	13	„ „

Si l'on considère que dans beaucoup de pays, l'électricité n'a pas encore été introduite ou ne l'a été que dans une faible mesure seulement et que même dans les pays où l'industrie électrique a atteint un haut degré de développement, certains domaines tels que les chemins de fer, l'agriculture et l'économie domestique ne sont en partie qu'au début de leur électrification, on peut s'attendre dans l'avenir à une augmentation constante de la production et de la consommation d'énergie électrique.

Production d'électricité[1])	Production (en milliards de Kwh et en % du total mondial)								Production par tête de la population (en Kwh)				
	1925		1926		1927		1928		1925	1926	1927	1928	1925 = 100
	Kwh	%	Kwh	%	Kwh	%	Kwh	1925 = 100					
Europe													
Allemagne	20.8	11.0	21.2	10.3	25.1	10.9	28.0	138	326	338	398	440	135
Grande-Bretagne	11.7	6.4	11.8	5.7	13.8	6.0	15.0	128	261	260	304	328	126
France	10.2	5.5	11.3	5.5	11.9	5.2	13.8	135	251	276	290	336	134
Norvège	7.0	3.8	7.5[2])	3.7	8.0	3.5	—	—	2 583	2 697	2 862	—	—
Italie	7.4	4.0	8.6	4.2	9.0	3.9	10.0	135	184	213	221	244	133
Suède	3.7	2.0	4.0	1.9	4.4	1.9	—	—	607	661	721	—	—
Suisse	3.7	2.0	4.2	2.0	4.4	1.9	5.2	141	931	1 053	1 104	1 282	138
Russie	2.3	1.3	3.3	1.6	4.0	1.7	5.1	221	16	22	26	34	218
Belgique	2.3	1.3	2.7[3])	1.3	3.2	1.4	3.7	161	292	344	410	468	160
Espagne	1.6	0.9	1.7	0.8	1.8	0.8	—	—	78	77	83	—	—
Amérique													
Etats-Unis	81.8	44.5	89.1	43.3	97.0	42.2	102.8	126	709	761	818	857	121
Canada	11.1	6.0	12.1	5.9	14.2	6.2	15.9	143	1 199	1 288	1 495	1 650	138
Argentine	0.6	0.3	0.6	0.3	0.7	0.3	—	—	59	62	66	—	—
Asie													
Japon	8.2	4.5	9.3	4.5	10.6	4.6	—	—	133	149	166	—	—
Afrique													
Union Sud-Africaine	1.8	1.0	1.9	0.9	2.3	1.0	—	—	238	250	295	—	—
Océanie													
Australie et Nouvelle Zéld.	2.1	1.1	2.5	1.2	2.6[3])	1.1	—	—	290	338	350	—	—
Autres pays	8.2	4.4	14.2	6.9	17.0[4])	7.4	—	—	—	—	—	—	—
Total mondial	env. 184.0[2])	100	env. 206.0[2])	100	env. 230.0[2])	100	—	—	—	—	—	—	—

1) En partie ce sont les chiffres communiqués par le "Zentralverband der Deutschen Elektrotechnischen Industrie" qui ont été insérés.
2) Estimation du "Zentralverband der Deutschen Elektrotechnischen Industrie".
3) Estimation.
4) Dans ce chiffre l'Autriche figure avec 2.5 milliards de Kwh.

INDUSTRIE DES MATIERES PREMIERES METALLIQUES

MINERAI DE FER

Depuis 1925, la production mondiale de minerai de fer a été constamment croissant sans, toutefois, avoir atteint le niveau d'avant-guerre. Tous les gisements exploités participent à cette progression mais c'est au Nord de la Suède et dans l'Afrique du Nord qu'elle a été le plus marquée. Le minerai extrait dans ces deux régions est presque en totalité disponible pour l'exportation alors que la production de la plupart des autres pays est absorbée par les hauts-fourneaux situés sur leur propre territoire. L'intensification de l'extraction des minerais suédois et africains est donc surtout importante pour les pays dont les ressources minières sont inférieures à la capacité de production de leurs hauts-fourneaux; c'est le cas de l'Allemagne, notamment. On constate certaines tentatives de monopolisation de ces importants gisements; on peut citer dans cet ordre d'idées les efforts de la Société Suédoise Grängesberg. Cette Société, qui appartient au groupe Kreuger, contrôle non seulement les principales mines de fer de Suède mais elle a su, en outre, étendre son influence sur une partie considérable des gisements de minerai de fer Nord-africains. Bien que l'industrie métallurgique allemande ait acquis divers gisements de minerai de fer (en Suède, en Espagne et au Chili) elle reste tributaire de l'étranger pour une partie de son approvisionnement en minerai.

Production de minerai de fer et commerce extérieur (en millions de tonnes et en % du total mondial)	Production							Importation						Exportation					
	1925		1927		1925 = 100	1928[1])		1925		1927		1928		1925		1927		1928	
	tonnes	%	tonnes	%		tonnes	%	tonnes	%	tonnes	%	tonnes	%	tonnes	%	tonnes	%	tonnes	%
Allemagne	5.9	3.9	6.6	3.9	112	6.5	3.8	11.5	37.6	17.4	41.4	13.8	35.0	0.2	0.7	0.2	0.5	0.2	0.6
Gr. Bretagne et Irlande	10.3	6.8	11.4	6.7	111	11.4	6.7	4.5	14.7	5.2	12.4	4.5	11.4	—	—	—	—	—	—
France	35.6	23.6	45.7	27.0	128	49.3	28.8	1.2	3.9	1.0	2.4	1.0	2.5	9.2	32.6	14.7	39.6	17.1	49.0
Belgique-Luxembourg	6.8	4.5	7.4	4.4	109	7.2	4.2	9.1	29.8	12.7	30.2	13.6	34.4	1.8	6.4	0.9	2.4	0.9	2.6
Russie[2])	2.2	1.5	4.8	2.8	218	5.9	3.5	—	—	—	—	—	—	—	—	—	—	—	—
Suède	8.2	5.5	9.7	5.7	118	4.7[3])	2.8	—	—	—	—	—	—	8.8	31.2	10.7	28.9	5.1[3])	14.6
Espagne	4.4	2.9	5.0	2.9	114	5.5	3.2	—	—	—	—	—	—	3.6	12.8	4.8	13.0	5.0	14.3
Autres pays d'Europe	3.8	2.5	5.5	3.2	145	6.4	3.7	1.2	3.9	1.7	4.1	2.1	5.3	0.6	2.1	0.9	2.4	1.3	3.7
Europe	77.2	51.3	96.1	56.6	124	96.9	56.7	27.5	89.9	38.0	90.5	35.0	88.6	24.2	85.8	32.2	86.8	29.6	84.8
Etats-Unis	62.9	41.8	62.7	37.0	100	63.1	36.9	2.2	7.2	2.7	6.4	2.5	6.3	0.6	2.1	0.9	2.4	1.3	3.7
Terre-Neuve et Canada	1.1	0.7	1.4	0.8	127	1.4	0.8	0.9[4])	2.9	1.3[4])	3.1	2.0[4])	5.1	—	—	—	—	—	—
Autres pays d'Amérique	1.8	1.2	1.9	1.1	106	1.9	1.1	—	—	—	—	—	—	—	—	—	—	—	—
Amérique	65.8	43.7	66.0	38.9	100	66.4	38.8	3.1	10.1	4.0	9.5	4.5	11.4	0.6	2.1	0.9	2.4	1.3	3.7
Inde britannique	1.6	1.1	1.9	1.1	119	1.9	1.1	—	—	—	—	—	—	—	—	—	—	—	—
Autres pays d'Asie	2.0	1.3	1.0	0.6	50	1.0	0.6	—	—	—	—	—	—	—	—	—	—	—	—
Asie	3.6	2.4	2.9	1.7	81	2.9	1.7	—	—	—	—	—	—	—	—	—	—	—	—
Australie	0.6	0.4	0.6	0.4	100	0.7	0.4	—	—	—	—	—	—	—	—	—	—	—	—
Afrique	3.4	2.3	4.0	2.4	118	4.0	2.4	—	—	—	—	—	—	3.4[5])	12.1	4.0[5])	10.8	4.0[5])	11.5
Total mondial	150.6	100	169.6	100	113	170.9	100	30.6	100	42.0	100	39.5	100	28.2	100	37.1	100	34.9	100

1) Chiffres provisoires; c'est pour cette raison qu'on a pris 1927 comme base de comparaison.
2) Année économique clôturant le 30 septembre.
3) Grève.
4) Canada.
5) Chiffres de production.

MANGANESE

Le principal intérêt du manganèse est son importance pour l'affinage du fer et de l'acier. Les gisements de manganèse exploitables ne sont pas très nombreux. Il en existe principalement au Caucase, dans l'Inde britannique, au Brésil et en Afrique (Côte de l'Or et Union Sud-Africaine).

Avant la guerre, le principal producteur de manganèse était la *Russie* mais, depuis la révolution, sa *production* a fortement diminué et, malgré la progression survenue depuis lors, n'a pas encore atteint le niveau d'avant-guerre. Ce sont les *Indes Britanniques* qui occupent, actuellement, sa place; leur extraction de manganèse pour 1928 dépasse de 45% celle de 1913. Après les Indes Britanniques et la Russie, les principaux producteurs de manganèse sont la *Côte de l'Or* (Afrique Equatoriale) et le *Brésil*. La Côte de l'Or se distingue par des progrès rapides, ce qui est digne de remarque. Au total, la production mondiale de manganèse était, en 1928, en augmentation de 40% sur celle de 1913.

Bien que les *besoins* de manganèse aient suivi l'accroissement des demandes de fer et aciers de qualité, la consommation n'a pas marché de pair avec la production. Il en résulte une lutte des plus acharnées entre les divers centres de production. Le nombre des gisements exploitables étant très limité et la production de fer et d'acier allant toujours croissant, l'industrie sidérurgique internationale s'efforce d'ores et déjà d'acquérir des concessions intéressant l'exploitation des gisements les plus importants afin d'assurer ses approvisionnements futurs. Un monopole ne paraît toutefois pas être à craindre car on pourrait à la rigueur suppléer au déficit de manganèse par l'utilisation des minerais de fer manganésifères dont les gisements sont nombreux.

Production de manganèse (en milliers de tonnes et en % du total mondial)	1913		1925		1926		1927		1928		
	tonnes	%	tonnes	%	tonnes	%	tonnes	%	tonnes	%	1913 =100
Russie[1])	1254.0	48.1	634.9	21.0	898.0	25.1	833.0	22.7	737.0	20.5	59
Autres pays d'Eur.	371.2	14.2	337.6	11.1	388.4	10.8	506.9	13.8	351.2	9.8	95
Europe	1625.2	62.3	972.5	32.1	1286.4	35.9	1339.9	36.5	1088.2	30.3	67
Etats-Unis[2])	13.9	0.5	371.4	12.3	417.2	11.6	196.2	5.3	196.2[3])	5.4	1412
Brésil	122.3[4])	4.7	326.5	10.8	256.0	7.2	241.8	6.6	361.8[4])	10.1	296
Autres pays d'Amér.	—	—	34.9	1.1	39.2	1.1	140.0	3.8	140.0[3])	3.9	—
Amérique	136.2	5.2	732.8	24.2	712.4	19.9	578.0	15.7	698.0	19.4	512
Inde britannique	828.1	31.8	852.9	28.2	1031.0	28.8	1148.0	31.2	1200.0[3])	33.4	145
Autres pays d'Asie	18.3	0.7	23.0	0.8	26.6	0.7	46.1	1.3	35.1	1.0	192
Asie	846.4	32.5	875.9	29.0	1057.6	29.5	1194.1	32.5	1235.1	34.4	146
Afrique[5])	—	—	448.5	14.7	526.8	14.7	562.8	15.3	570.0	15.9	—
Australie[6])	—	—	1.2	—	1.4	—	1.5	—	1.5	—	—
Total mondial	2607.8	100	3025.9	100	3584.6	100	3676.8	100	3592.8	100	138

1) A partir de 1925 l'année économique clôture le 30 septembre.
2) Seulement les minerais à teneur de manganèse de 10% et plus.
3) Estimation.
4) Exportation.
5) 80% provient de la Côte de l'Or.
6) Océanie.

FERRAILLE

Suivant son état technologique, la ferraille se divise en deux catégories: vieille ferraille et ferraille neuve. La vieille ferraille comprend le vieux fer et les déchets de vieux fer; la ferraille neuve comprend le fer récemment fondu et les déchets non utilisables provenant de la fonte et des transformations du fer. La vieille ferraille provient, principalement, des industries fortement mécanisées ainsi que des chemins de fer, des chantiers de constructions maritimes et des entreprises de désarmement (démolition de bateaux mis hors de service). Les laminoirs fournissent la plus grande partie de la ferraille neuve. Les origines de ces deux catégories de déchets de fer sont donc très différentes. La ferraille neuve provient des grands centres de l'industrie métallurgique et sa quantité varie en raison de l'activité de ces centres. La vieille ferraille, par contre, provient de tous les endroits où l'on emploie du fer et de l'acier; la quantité disponible croît assez régulièrement. C'est la vieille ferraille qui approvisionne en majeure partie la consommation de déchets de fer; c'est du reste aussi la vieille ferraille qu'on voit presque exclusivement sur le marché car la ferraille neuve est immédiatemment utilisée dans les forges et aciéries auxquelles les laminoirs sont généralement rattachés.

L'utilisation de la ferraille par la métallurgie présente un intérêt économique tout particulier puisqu'il s'agit ici de la mise en valeur d'un déchet; dans les pays pauvres en minerai, l'emploi de la ferraille comme matière première dans les hauts-fourneaux et dans les aciéries a, naturellement, une importance toute particulière.

Avant la guerre, l'emploi de la ferraille se heurtait à beaucoup de préjugés d'ordre technique. Par suite de la régularité dans l'approvisionnement de l'industrie sidérurgique internationale en minerai de fer, il n'existait pour ainsi dire pas de problème de l'approvisionnement en ferraille. Depuis cette époque, une certaine évolution s'est produite dans l'industrie. On a constaté que dans le procédé Siemens-Martin, qui est en passe de supplanter le procédé Thomas, la ferraille pouvait parfaitement remplacer le minerai; aussi son emploi se répand-il de plus en plus. Parallèlement à cette évolution, certains pays tels que l'Italie, la Tchécoslovaquie, la Hongrie, la Pologne etc., sont devenus consommateurs dans une proportion tout particulièrement importante. Une pénurie générale de ferraille a succédé dans presque tous les pays à la surabondance de la période d'avant-guerre. La ferraille est un des rares produits pour lesquels il n'existe pas de marché international libre; de nombreux pays en interdisent l'exportation. Il est même des pays riches en minerai de fer, la France par exemple, qui s'efforcent d'assurer à tout prix leur approvisionnement en ferraille.

Il n'existe guère de données statistiques précises sur la ferraille. On sait seulement qu'en Allemagne on se procure, annuellement, 6 à 7 millions de tonnes; la consommation de ferraille en Europe et aux Etats-Unis, pour la fabrication de l'acier seulement, atteint 50 à 60% de la quantité totale de produits utilisée.

Le commerce extérieur de la ferraille est relativement peu important ce qui s'explique en partie par les interdictions d'exportation, mais aussi et surtout, par les difficultés auxquelles se heurte le transport de ce matériel. Bien que les statistiques ne soient pas complètes, on peut admettre que les chiffres contenus dans le tableau ci-dessous représentent plus de 90% des importations mondiales. On constate depuis 1913, une augmentation de près de 200%.

Les exportateurs par excellence sont les pays à grande consommation de fer et d'acier mais dont l'industrie métallurgique (forges et aciéries) est peu ou point développée: la Hollande, la Suisse, l'Autriche, le Danemark et la Suède. La Grande-Bretagne, la France et la Belgique ont, malgré leurs grands besoins intérieurs un fort excédent disponible pour l'exportation. Il est à noter qu'aux Etats-Unis, la progression de l'exportation de ferraille par rapport aux chiffres d'avant-guerre a été particulièrement élevée.

Les pays importateurs par excellence sont ceux qui possèdent une industrie métallurgique (forges et aciéries) relativement importante, sans disposer de gisements de minerai suffisants: l'Italie, la Tchécoslovaquie, la Pologne, la Hongrie, la Yougoslavie et le Japon. L'Allemagne occupe une situation particulière: ses importations et ses exportations sont toutes deux fort importantes. Cette situation paradoxale, au premier abord, s'explique par les frais de transport élevés résultant des grandes distances à parcourir depuis les lieux d'origine aux lieux de consommation. C'est ainsi que l'importation se fait par la frontière ouest vers la Rhénanie et la Westphalie, l'exportation par les frontières est et sud-est, principalement vers la Pologne et la Tchécoslovaquie.

Commerce international de ferraille (en 1000 tonnes)	1913			1925			1926			1927			1928		
	Importation	Exportation	Solde	Importation	Exportation	Solde	Importation	Exportation	Solde	Importation	Exportation	Solde	Importation	Exportation	Solde
Principaux pays importateurs															
Allemagne	313.4	196.4	−117.0	249.0	286.3	+ 37.3	206.9	447.2	+240.3	645.7	208.1	−437.6	354.4	310.5	− 43.9
Italie	326.2	6.9	−319.3	960.9	1.4	−959.5	766.0	0.9	−765.1	693.3	0.2	−693.1	862.0	—	−862.0
Tchécoslovaquie	—	—	—	119.9	2.2	−117.7	68.2	0.4	− 67.8	187.0	0.2	−186.8	204.8	0.1	−204.7
Hongrie	—	—	—	6.6	16.0	+ 9.4	20.6	0.8	− 19.8	26.7	1.4	− 25.3	15.1	0.8	− 14.3
Pologne	—	—	—	162.7	1.7	−161.0	162.9	0.6	−162.3	471.6	1.0	−470.6	531.2	0.7	−530.5
Espagne	10.7	2.2	− 8.5	93.8	—	− 93.8	57.1	—	− 57.1	101.7	0.3	−101.4	100.0[2]	0.3[2]	− 99.7
Yougoslavie	—	—	—	9.7	—	− 9.7	15.3	—	− 15.3	19.1	—	− 19.1	19.7	—	− 19.7
Japon	2.8	9.2	+ 6.4	44.1	26.5	− 17.6	80.8	10.3	− 70.5	230.0	8.8	−221.2	370.1	16.9	−353.2
Principaux pays exportateurs															
Grande Bretagne et Irlande	129.2	119.0	− 10.2	91.1	111.5	+ 20.4	179.0	73.1	−105.9	70.8	265.1	+194.3	57.8	349.9	+292.1
France	24.7	226.0	+201.3	40.7	525.4	+484.7	29.7	222.8	+193.1	29.3	374.9	+345.6	60.2	365.9	+305.7
Belgique	123.9	152.8	+ 28.9	60.7	107.9	+ 47.2	63.3	131.5	+ 68.2	83.1	194.2	+111.1	121.6	234.9	+113.3
Hollande	—	—	—	13.9	202.1	+188.2	23.9	221.8	+197.9	33.2	302.1	+268.9	32.2	239.7	+207.5
Suisse	15.8	51.6	+ 35.8	0.9	38.2	+ 37.3	1.2	59.2	+ 58.0	0.4	78.4	+ 78.0	0.7	89.3	+ 88.6
Autriche	33.0[1]	25.0	− 8.0	0.4	30.4	+ 30.0	0.4	70.6	+ 70.2	0.8	42.2	+ 41.4	0.7	43.4	+ 42.7
Danemark	1.6	29.4	+ 27.8	12.0	53.1	+ 41.1	4.2	51.9	+ 47.7	0.9	81.3	+ 80.4	1.0[2]	81.9	+ 80.9
Suède	69.7	8.0	− 61.7	11.9	8.7	− 3.2	20.0	5.4	− 14.6	7.2	36.4	+ 29.2	10.0[2]	40.0[2]	+ 30.0
Etats-Unis	34.9	70.4	+ 35.5	101.4	83.9	− 17.5	88.1	106.5	+ 18.4	61.2	234.0	+172.8	64.3	524.4	+460.1
Total	1085.3	896.9	—	1979.7	1495.3	—	1787.6	1403.0	—	2612.0	1828.6	—	2805.8	2298.7	—

1) Autriche-Hongrie. 2) Estimation.

FER ET ACIER

L'accroissement considérable qu'a subi au cours des années 1927 et 1928 la production du fer et de l'acier, matières premières importantes entre toutes pour la création d'un capital économique productif, peut servir d'indice du développement progressif des forces économiques mondiales. Dans la période 1925-1928, la production du fer a augmenté de 15% et celle de l'acier de 20%. Cette évaluation quantitative ne peut donner à elle seule une idée exacte des progrès réalisés par l'industrie métallurgique. L'accroissement de la production et l'amélioration des produits ont marché presque de pair. Les statistiques mentionnent une transformation de plus en plus fréquente du fer en acier. L'amélioration des produits est dûe, avant tout, aux nouvelles qualités de dureté du métal et aux nombreuses possibilités d'emploi de l'acier. Ce développement qui n'est certainement pas terminé est d'une grande importance pour l'industrie métallurgique. La consommation de l'acier s'accroît de jour en jour du fait des nouveaux débouchés qui étaient réservés jusqu'à présent à d'autres matières premières telles que le bois ou les autres métaux et qui, maintenant, lui sont acquis.

La répartition des forces économiques internationales a subi une transformation fondamentale à cause de l'augmentation de la production européenne qui dépasse la moyenne générale. En 1928, la production a dépassé de 25% pour le fer et de 30% pour l'acier la production de 1925. La participation européenne à la production mondiale de fer et d'acier s'est accrue, de ce fait, de 47.5% (fer) et 45.6% (acier) à 51.3% et 48.9% respectivement. La suprématie conquise par les Etats-Unis pendant les années 1913 à 1926 est donc, pour le moment, revenue à l'industrie européenne. Celle-ci est loin, toutefois, d'avoir regagné l'avance qu'elle avait sur les Etats-Unis avant la guerre. Cette augmentation rapide de la production métallurgique européenne en 1927 et 1928 a été partiellement due aux besoins pressants qui n'ont pu être satisfaits pendant la guerre et la période d'après-guerre; de ce fait, elle ne peut guère être considérée comme la conséquence d'un développement normal. Par contre, en 1928, les Etats-Unis ont non seulement comblé le déficit de l'année précédente mais ils ont encore réussi, en ce qui concerne l'acier, à dépasser tous les résultats obtenus jusqu'à ce jour. Pendant le premier semestre de 1929, la production de fer et d'acier aux Etats-Unis a sensiblement augmenté en comparaison de celle du premier semestre de 1928 et cela à un rythme beaucoup plus accéléré qu'en Europe.

Production du premier semestre 1929	Fonte brute			Acier brut		
	en millions de t	en % du premier semestre 1928	en % de la moyenne des premiers semestres 1925-1928	en millions de t	en % du premier semestre 1928	en % de la moyenne des premiers semestres 1925-1928
Allemagne	6.6	99.7	116	8.8	105	119
Sarre	1.0	110	125	1.1	106	121
Grande-Bretagne et Irlande	3.7	105	102[1])	5.0	114	112[1])
France	5.2	104	114	4.8	104	118
Belgique-Luxembourg	8.4	104	115	3.4	105	120
Russie	2.1	123	167	2.4	112	150
Etats-Unis	22.0	117	113	29.4	117	122

Les conditions de vitalité de l'industrie sidérurgique sont très différentes dans l'économie de chaque pays. La production des Etats-Unis s'appuie presque entièrement sur le marché intérieur et la fabrication et la consommation des produits sont étroitement liées. L'Europe, au contraire, compte de nombreux producteurs de nationalité différente qui se font concurrence et qui se voient contraints de lutter pour le maintien de leurs débouchés: la production de leur industrie dépassant de beaucoup les besoins de leur marché. Les principaux rivaux en présence sont l'Allemagne, la France, la Belgique et le Luxembourg et la Grande-Bretagne; il est à remarquer, cependant, que la France, la Belgique et le Luxembourg sont très favorisés en com-

1) Sans tenir compte du premier semestre 1926, dont le résultat a été fortement influencé par la grève des mineurs.

paraison de l'Allemagne par suite de la participation relativement élevée qu'ils ont dans le Cartel de l'Acier (Rohstahlgemeinschaft).

Production mensuelle maximum et quote-part des pays adhérant au Cartel de l'Acier

Pays	Capacité de production	Quote-part sur la base d'un programme de production de 32 295 000 t	Quote-part en % du maximum de la production enregistrée jusqu'ici
	en milliers de tonnes		
Allemagne	1471	1162	79.0
France	842	839	99.6
Belgique	356	311	87.1
Luxembourg	229	223	97.0
Sarre	190	156	81.7

Les "autres pays d'Europe" contribuent à l'aggravation de la situation. Les progrès de l'industrie sidérurgique sont particulièrement remarquables dans ces pays et plus spécialement en Pologne et Italie et en Tchécoslovaquie. Le fait que leur concurrence se fait de plus en plus sentir pourrait être expliqué, en partie, du moins, par les restrictions qu'impose aux principaux producteurs, et surtout à l'Allemagne, le Cartel international de l'Acier.

Les usines russes restent en dehors de l'entente de l'industrie européenne du fer et de l'acier au sujet des débouchés; étant donné les progrès réalisés dans l'oeuvre de reconstruction et l'augmentation relativement importante de la production constatée ces derniers temps, ces usines ne sauraient toutefois être passées sous silence.

Dans les autres continents, l'Amérique du Sud comprise, la production sidérurgique n'a pas pu se développer dans la mesure qu'on aurait peut-être été fondé à escompter après la forte progression de 1918-26. Certains pays favorisés par la richesse de leurs gisements ont bien continué à accroître leur production mais on doit constater qu'en dehors de l'Europe et des Etats-Unis, l'industrie du fer et de l'acier n'a qu'une importance relativement minime, comme par le passé. Plus de 90% du fer et de l'acier produits en 1928 dans le monde entier provenaient de l'Europe et des Etats-Unis. Il est impossible de prévoir si cette situation est susceptible de modifications sensibles avec le temps. Les efforts tentés par certains pays d'outre-mer pour se rendre indépendants des importations grâce à leur propre production n'ont été nullement abandonnés; ces efforts trouvent, du reste, un encouragement naturel dans la présence de riches gisements miniers et d'une main d'oeuvre à bon marché. Il est à remarquer, toutefois, que les pays dotés d'une industrie métallurgique déjà ancienne possèdent, aujourd'hui encore, une supériorité incontestable sous deux rapports: ils disposent d'un marché intérieur de consommation considérable et d'autre part, ils ont porté la qualité de leurs produits à un haut degré de perfection, ce qui, dans la fabrication de l'acier, est un facteur de plus en plus important. Les pays jeunes, riches en gisements de minerai de fer facilement exploitables, pourraient, toutefois, jouer plus tard un rôle différent, mais très important, dans l'économie mondiale du fer et de l'acier. On observe une tendance de plus en plus accentuée à traiter le minerai sur place et à exporter la fonte brute dans les pays producteurs d'acier. Ce mouvement trouve, en quelque sorte, son pendant dans l'extraction et le traitement du minerai de cuivre brut au Congo et dans son raffinage en Europe et aux Etats-Unis.

En examinant le problème du développement futur de l'économie internationale du fer et de l'acier, on ne doit pas perdre de vue l'éventualité d'une rivalité entre l'Europe et les Etats-Unis. Cette lutte a été retardée jusqu'ici par l'extraordinaire capacité d'absorption du marché américain. Certains indices, tels que la fondation en 1928, — par la United States Steel Corporation et la Bethlehem Steel Corporation, — de la Steel Export Association of America, laisseraient supposer que cette lutte pour la suprématie mondiale n'est plus très éloignée. Les pays importateurs de fer et d'acier seraient naturellement les principaux bénéficiaires de la concurrence ouverte entre l'Europe et les Etats-Unis.

Production de fonte brute, acier brut et fer laminé (en millions de t et en % du total mondial)	Fonte brute						Acier brut						Production de fer laminé des principaux pays producteurs de fer					
	1927		1928				1927		1928				1927		1928			
	tonnes	%	tonnes	%	1925 = 100	Moyenne 1925-28 = 100	tonnes	%	tonnes	%	1925 = 100	Moyenne 1925-28 = 100	tonnes	%	tonnes	%	1925 = 100	Moyenne 1925-28 = 100
Allemagne	13.1	15.1	11.8[1]	13.4	116	105	16.2	16.1	14.5[1]	13.5	119	105	11.9	17.6	10.6[1]	14.6	114	104
Gr. Bretagne et Irlande	7.4	8.6	6.7	7.6	105	116	9.2	9.1	8.7	8.1	116	119	8.0	11.9	7.5	10.4	109	112
France	9.3	10.7	10.1	11.4	119	109	8.3	8.3	9.4	8.7	127	112	6.8[3]	10.1	7.5[3]	10.4	119	109
Belgique-Luxembourg	6.5	7.5	6.7	7.6	137	112	6.2	6.2	6.5	6.0	144	114	4.6	6.8	5.1	7.0	159	121
Russie[2])	3.0	3.5	3.4	3.8	262	136	3.7	3.7	4.3	4.0	226	130	2.7	4.0	3.4	4.7	248	142
Autres pays d'Europe[3])	6.3	7.3	6.6	7.5	127	112	8.9	8.9	9.3	8.6	126	109	—	—	—	—	—	—
Europe	45.6	52.7	45.8	51.8	124	111	52.5	52.3	52.7	48.9	129	112	34.0	50.4	34.1	47.1	126	112
Etats-Unis	37.0	42.7	38.6	43.7	108	101	44.1	43.9	50.7	47.1	110	107	33.4	49.6	38.3	52.9	118	108
Autr. pays d'Amérique	0.9	1.0	1.2	1.4	133	120	1.0	1.0	1.3	1.2	163	130	—	—	—	—	—	—
Amérique...........	37.9	43.7	39.8	45.1	104	102	45.1	44.9	52.0	48.3	111	107	33.4	49.6	38.3	52.9	118	108
Asie	2.6	3.0	2.7	3.0	135	108	2.3	2.3	2.5	2.3	138	119	—	—	—	—	—	—
Australie et Afrique .	0.5	0.6	0.5	0.6	125	100	0.5	0.5	0.5	0.5	100	100	—	—	—	—	—	—
Total mondial	86.6	100	88.3	100	115	107	100.4	100	107.7	100	126	110	67.4[4])	100	72.4[4])	100	119	110

1) La diminution par rapport à l'année précédente est due, partiellement, au lock-out de 6 semaines en novembre et décembre.
2) Exercice clôturant le 30 septembre.
3) Y compris la Sarre.
4) Chiffre total des pays mentionnés.

Industrie du fer des 5 principaux pays producteurs du monde[1])[2])	Les 4 principaux pays producteurs de fer d'Europe			Répartition												Amérique Etats-Unis			Les 5 principaux pays producteurs de fer ensemble		
				Allemagne			Gr. Bretagne et Irlande			France[3])			Belgique-Luxembourg								
	1926	1927	1928	1926	1927	1928	1926	1927	1928	1926	1927	1928	1926	1927	1928	1926	1927	1928	1926	1927	1928
Production totale de fer et d'acier																					
en millions de t ...	35.5	51.1	49.8	14.1	18.7	16.7[4])	5.4	14.0	12.7	10.2	11.9	13.3	5.8	6.5	6.6	51.5	51.2	58.5	87.0	102.3	107.8
en % du total des 5 pays	40.8	49.9	45.7	16.2	18.3	15.5	6.2	13.7	11.8	11.7	11.6	12.3	6.7	6.3	6.1	59.2	50.1	54.3	100	100	100
Exportation totale de gros fers																					
en millions de t ...	13.8	16.9	16.8	4.1	3.4	3.8	2.6	3.8	3.9	3.6	5.3	4.8	3.5	4.4	4.3	1.9	1.9	2.2	15.7	18.8	19.0
en % du total des 5 pays.........	87.9	89.9	88.4	26.1	18.1	20.0	16.6	20.2	20.5	22.9	28.2	25.3	22.3	23.4	22.6	12.1	10.1	11.6	100	100	100
Importation totale de gros fers																					
en millions de t ...	5.4	7.26	5.81	1.0	2.2	2.0	3.6	4.3	2.8	0.2	0.14	0.14	0.6	0.62	0.87	1.0	0.7	0.7	6.4	7.96	6.51
en % du total des 5 pays.........	84.4	91.2	89.2	15.6	27.6	30.7	56.3	54.0	43.0	3.1	1.8	2.1	9.4	7.8	13.4	15.6	8.8	10.8	100	100	100
Excédent des importations ou des exportations en gros fers																					
en millions de t ...	+8.4	+9.64	+10.99	+3.1	+1.2	+1.8	−1.0	−0.5	+1.1	+3.4	+5.16	+4.66	+2.9	+3.78	+3.43	+0.9	+1.2	+1.5	+9.3	+10.84	+12.43
en % du total de la propre production	23.7	18.9	22.3	22.0	6.4	10.8	18.5	3.6	8.7	33.3	43.4	35.0	50.0	58.2	52.0	1.7	2.3	2.6	10.7	10.6	11.6

1) Non compris la quincaillerie.
2) Une petite inexactitude — sans grande importance — n'a pu être évitée dans la comparaison de la production totale de fer et d'acier avec l'exportation et l'importation totales de gros fers, les ferro-alliages étant compris dans les chiffres d'exportation et d'importation, tandis qu'ils n'étaient pas disponibles pour la production.
3) Y compris la Sarre.
4) Voir annotation 1, page 65.

Production de quelques entreprises minières et métallurgiques (en millions de tonnes et en % de la production nationale)	Charbon				Coke				Minerais				Fonte brute				Acier brut				Produits finis des laminoirs			
	1927		1928		1927		1928		1927		1928		1927		1928		1927		1928		1927		1928	
	tonnes	%	tonnes	%	tonnes	%	tonnes	%	tonnes	%	tonnes	%	tonnes	%	tonnes	%	tonnes	%	tonnes	%	tonnes	%	tonnes	%
Vereinigte Stahlwerke A.-G.[1] ...	26.1	17.0	26.5	17.6	8.2	24.7	9.4	27.7	1.1	16.7	1.1	16.9	6.4	48.9	6.5	—[5]	6.8	42.0	6.9	—[5]	5.0	42.0	5.1	—[5]
Friedrich Krupp A.-G.[1]	7.5	4.9	7.9	5.2	2.5	7.5	2.6	7.7	0.8	12.1	0.9	13.8	1.4	10.7	1.4	—[5]	1.8	11.1	1.7	—[5]	1.3	10.9	1.3	—[5]
United States Steel Corporation	27.9	5.2	29.2	5.7	14.7	31.8	16.2	34.0	26.1	41.6	27.1	42.9	14.0	37.8	15.5	40.2	18.8	42.6	20.4	40.2	13.2	39.5	14.2	37.1
Bethlehem Steel Corporation	7.5	1.4	8.0	1.6	4.6	10.0	5.0	10.5	6.9	11.0	7.1	11.3	4.4	11.9	4.8	12.4	5.7	12.9	6.6	13.0	4.1	12.3	4.6	12.0
Société Anon. des Aciéries Réunies de Burbach-Eich-Dudelange (Arbed)[6]	[2] 3.5	—	[2] 3.7	—	[3] 0.8	—	[3] 0.9	—	[4] 3.0	—	[4] 3.0	—	2.2	—	2.3	—	2.1	—	2.3	—	1.7	—	1.8	—

Ce sont les grandes entreprises qui prédominent dans l'industrie mondiale du fer et de l'acier. La concentration a atteint son plus grand développement en Allemagne et aux Etats-Unis; dans chacun de ces deux pays, 50% de la production de fer et d'acier sont fournis par deux entreprises seulement. Ni en France, ni en Grande-Bretagne, le mouvement de concentration n'a encore atteint un tel degré de développement. En France, les trois plus grandes Sociétés métallurgiques fournissent un peu moins de 15% de la production totale de fer et d'acier. Un important mouvement de concentration a commencé récemment en Grande-Bretagne; autant qu'on puisse en juger aujourd'hui, il aura pour résultat de concentrer en une seule entreprise (Dorman Long & Co.) 20% environ de la production britannique de fer et d'acier.

1) Exercices clôturant le 30 septembre.
2) Extraction de la Eschweiler Bergwerks-Verein, exercise 1926/27 et 1927/28.
3) Production exclusive de la Eschweiler Bergwerks-Verein, non-compris celle de l'"Arbed" qui s'élève à environ 0.5—0.6 millions de tonnes.
4) Evaluation.
5) Les résultats de l'exercice clôturant le 30 septembre n'ont pas été affectés par le lock-out de novembre-décembre, il serait donc faux d'exprimer ce résultat en pourcentage de la production totale de l'Allemagne pour l'année civile 1928 qui, elle, s'est ressentie des effets du lock-out.
6) La relation avec la production nationale n'a pas été déterminée étant donné que la majeure partie des exploitations sont situées au-delà des frontières du Luxembourg.

CUIVRE[1]

Depuis 1925, la production mondiale de minerai de cuivre va constamment croissant. La part revenant à chaque continent, dans le total général, ne s'est pas beaucoup modifiée; l'accroissement de la production est dû, principalement, à la Russie dont la production atteint, aujourd'hui, 65% de la production de 1913.

La part respective des différents continents et pays dans la métallurgie du cuivre n'a pas subi non plus de sensibles modifications depuis 1925; seule l'U.R.S.S. a triplé sa production au cours de la période 1925—1928.

L'importance toujours croissante de l'Afrique dans la production de cuivre a attiré l'attention des groupes cuprifères américains; mais leurs tentatives de main-mise sur les grandes mines africaines ont échoué jusqu'ici. Les mines africaines, contrôlées par l'Angleterre et la Belgique, disposent, contrairement aux mines américaines, de gisements miniers très étendus et à forte teneur de cuivre. La teneur moyenne de ces différents gisements est de:

Utah Copper (Etats-Unis)	1.50%
Miami Mines (Etats-Unis)	1.60%
Chile Copper (Chili)	1.66%
Rio Tinto (Espagne)	2.10%
Bwana M'Kubwa Copper (Rhodésie)	3.90%
Calumet and Arizona (Etats-Unis)	4.62%
Old Dominion (Etats-Unis)	4.95%
Union Minière du Haut-Katanga (Congo Belge)	6.41%
Namaqua Copper (Rhodésie)	6.75%

D'autre part, la pénurie de main-d'oeuvre dans des régions peu peuplées et l'absence de moyens de transport appropriés créent, en Afrique, une situation très difficile à laquelle on ne peut remédier qu'à grands frais. Aussitôt que ces difficultés seront aplanies, on pourra s'attendre à un accroissement considérable de la production. L'Union Minière du Haut-Katanga dont la production de cuivre s'est élevée, en 1928, à 110 000 tonnes, ce qui la met au premier rang des mines de cuivre africaines, envisage, pour 1930, une production de 200 000 tonnes.

A côté de l'Afrique, il convient de citer le Canada dont la production de minerai pourrait s'accroître au cours des années prochaines. Sa production a augmenté de 263% dans la période 1913/1928. Par suite de l'étendue de ses gisements de minerai à haute teneur on s'attend à ce que la progression continue. La section minière du Bureau Canadien de Statistique estime, qu'en 1937, la production atteindra 230 000 tonnes. Dans l'industrie cruprifère canadienne qui est entre les mains de compagnies anglo-américaines, il y a de plus en plus tendance à traiter sur place le minerai extrait. C'est ainsi que la production des fonderies canadiennes, qui était de 13 900 tonnes en 1913, a passé à 56 600 tonnes en 1928.

Il est à noter que la progression de la consommation européenne de cuivre a dépassé de beaucoup la moyenne générale. Alors qu'en 1925, l'Europe absorbait 45.7% et les Etats-Unis 47% de la consommation mondiale, les chiffres correspondants pour l'année 1928 ont été respectivement de 48.5% et 45.5%. En Allemagne, pays qui, après les Etats-Unis, occupe toujours le deuxième rang parmi les pays consommateurs, la consommation de 1928 dépassait de 21 500 tonnes, soit 9.3%, celle de 1925.

Il existe, pour l'Allemagne et les Etats-Unis des statistiques fort intéressantes sur la répartition de la consommation de cuivre entre les diverses branches de l'industrie. D'après ces statistiques, la consommation totale en 1927 se répartissait comme suit:

1) Les exposés suivants sur le cuivre, le plomb, le zinc, l'étain et l'aluminium sont basés sur les chiffres des publications de la Metallgesellschaft Metallbank und Metallurgische Gesellschaft A.-G.

	Allemagne	Etats-Unis
Industrie Métallurgique	22.0%	10.9%
Industrie Electro-Technique	52.0%	56.4%
Ateliers de construction de locomotives, wagons, tramways ..	3.9%	1.8%
Industrie Automobile	2.7%	12.1%
Petite industrie, commerce, etc., etc.	19.4%	18.8%

La politique du cuivre est dominée par les intérêts divergents de l'Europe et de l'Amérique. L'Amérique n'absorbe qu'une partie de sa production propre et dispose, de ce fait, d'un fort excédent d'exportation (plus de 530 000 tonnes en 1928). L'Europe, par contre, est obligée d'importer des quantités dépassant plusieurs fois le chiffre de sa production propre (plus de 680 000 tonnes en 1928).

Un accord a été conclu en Octobre 1926, entre les principaux producteurs de cuivre du monde entier. La "Copper Exporters Incorporated" réunit 32 sociétés dont 18 de nationalité américaine. Le Cartel contrôle 90% de la production mondiale et domine, par conséquent, entièrement, le marché du cuivre.

La Bourse du cuivre de Londres, qui jouissait primitivement d'une influence prépondérante pour la fixation des prix du cuivre a beaucoup perdu de son importance depuis la constitution du cartel, celui-ci ayant provoqué une forte diminution des affaires sur le marché libre. C'est le marché de New York qui fait actuellement autorité.

L'électrification et la motorisation caractérisant aujourd'hui l'économie mondiale, on peut s'attendre à une forte augmentation de la consommation de cuivre, malgré l'existence de certains succédanés tels que l'aluminium et l'électron.

Quote-part des plus importants producteurs de cuivre à la production mondiale

Entreprises	Production en 1927	
	en milliers de tonnes environ	en % du total mondial environ
Groupe Anaconda		
Anaconda Copper Mining Co.	101.3	6.7
Chile Copper Co.	99.6	6.5
Production du groupe	200.9	13.2
Groupe Kennecott		
Kennecott Copper Corporation	16.6	1.1
Braden Copper Co.	90.7	6.0
Utah Copper Co.	105.7	7.0
Production des autres sociétés du groupe Kennecott	115.9	7.6
Production du groupe..............................	328.9	21.7
Phelps Dodge Corporation	83.8	5.5
Old Dominions	9.8	0.7
total	93.6	6.2
Union Minière du Haut-Katanga	89.0	5.9
Mansfeld A.-G. für Bergbau und Hüttenbetrieb	25.3	1.7
Autres grandes entreprises du monde		
a) américaines[1]	414.1	27.3
b) anglaises[2]	62.8	4.1
c) japonaises	43.6	2.9

1) Y compris American Smelting and Refining Co. 2) Y compris Rio Tinto Co. Ltd.

Cuivre	Production minière (teneur de cuivre en milliers de tonnes et en % du total mondial)					Production d'usines (cuivre brut en milliers de tonnes et en % du total mondial)					Excédent des importations ou des exportations (cuivre brut en milliers de tonnes et en % de la propre production)				Consommation de cuivre brut (en milliers de tonnes et en % du total mondial)				
	1927		1928			1927		1928			1927		1928		1927		1928		
	tonnes	%	tonnes	%	Moyenne 1925-28 = 100	tonnes	%	tonnes	%	Moyenne 1925-28 = 100	tonnes	%	tonnes	%	tonnes	%	tonnes	%	Moyenne 1925-28 = 100
Allemagne	27.7	1.8	25.5	1.5	98	50.6	3.3	48.5	2.9	105	−212.4	419.7	−205.2	423.1	263.0	17.0	253.7	14.5	111
Gr.-Bret. & Irld.	0.2	—	0.2	—	133	22.8	1.5	25.9	1.5	119	−142.2	623.7	−136.6	527.4	165.0	10.7	162.5	9.3	107
Russie	20.0	1.3	22.0	1.3	145	20.0	1.3	22.0	1.3	145	− 25.7	128.5	− 20.2	91.8	45.7	3.0	42.2	2.4	144
Espagne	49.6	3.2	53.0	3.0	106	28.7	1.9	27.8	1.6	121	+ 10.9	38.0	+ 5.7	20.5	17.8	1.2	22.1	1.3	131
Autr. pays d'Eur.	43.9	2.9	50.1	2.9	121	38.6	2.6	40.1	2.4	111	−240.3	622.5	−327.5	816.7	278.9	18.0	367.6	21.0	122
Europe	141.4	9.2	150.8	8.7	113	160.7	10.6	164.3	9.7	114	−609.7	379.4	−683.8	416.2	770.4	49.9	848.1	48.5	116
Etats-Unis	768.9	49.8	828.2	47.9	105	837.2	55.2	893.8	52.8	105	+184.4	22.0	+120.0	13.4	652.8	42.3	778.8	44.2	109
Canada.........	63.6	4.2	91.9	5.3	138	32.3	2.2	56.6	3.3	157	—	—	—	—	—	—	—	—	—
Mexique	58.7	3.8	65.5	3.8	114	39.8	2.6	45.9	2.7	117	—	—	—	—	—	—	—	—	—
Chili	242.6	15.8	289.9	16.8	125	226.2	14.9	277.5	16.4	128	—	—	—	—	—	—	—	—	—
Autr. pays d'Am.	69.0	4.5	76.9	4.5	116	46.2	3.0	52.3	3.1	118	+326.0[2]	94.6[2]	+410.7[2]	95.0[2]	18.5[2]	1.2[2]	21.6[2]	1.3[2]	117
Amérique	1197.8	78.1	1352.4	78.3	112	1181.7	77.9	1326.1	78.3	111	+510.4	43.2	+530.7	40.0	671.3	43.5	795.4	45.5	110
Asie	72.4[1]	4.7	75.6[1]	4.3	104	63.4[1]	4.2	66.0[1]	3.9	101	− 18.3	28.9	− 23.2	35.2	81.7[1]	5.3	89.2[1]	5.1	102
Australie	10.1	0.7	11.5	0.7	108	9.7	0.6	9.9	0.6	94	+ 0.8	8.2	+ 4.0	40.4	8.9	0.6	5.9	0.3	72
Afrique	111.7	7.3	137.7	8.0	120	102.3	6.7	127.2	7.5	121	+ 91.3	89.2	+116.2	91.4	11.0	0.7	11.0	0.6	98
Total mondial ..	1533.4	100	1728.0	100	112	1517.8	100	1693.5	100	112	—	—	—	—	1543.3	100	1749.6	100	112

1) Principalement le Japon.

2) Y compris le Canada, le Mexique et le Chili.

PLOMB

La production mondiale de m i n e r a i d e p l o m b a dépassé en 1928 de 6.5% celle de 1925. L'extraction a particulièrement augmenté en Allemagne (39.2%). Les Etats-Unis ont bien conservé la première place, mais leur quote-part dans la production mondiale est passée de 41.7% en 1925 à 35.6% en 1928. L'Espagne, qui en 1925 détenait la quatrième place avec une production de 130 100 tonnes, a dû céder le pas au Canada. Le Canada a produit en 1928, 151 900 tonnes (= 132% de sa production de 1925); l'Espagne 113 300 tonnes (= 87.1% de sa production de 1925).

L'Allemagne a également pu améliorer sa position en ce qui concerne la p r o d u c t i o n d e f o n d e r i e s d e p l o m b et ce d'une manière sensible. La progression par rapport à 1925 a été de 8.7% pour le monde entier et de 23.4% pour l'Allemagne (production 87 000 tonnes en 1928 contre 70 500 tonnes en 1925). On constate également une progression considérable au Mexique (dont la production en 1928 représente 154.5% de celle de 1925) et au Canada (141.9% de la production de 1925). Par contre, il y a régression aux Etats-Unis, de sorte que leur quote-part dans la production mondiale de plomb est tombée de 44% en 1925 à 36.5% en 1928.

La production des fonderies est centralisée à un tel point que quatre producteurs seulement contrôlent environ 50% de la production totale. Le capital américain est représenté par l'American Smelting & Refining Co., (qui fournit à elle seule plus de 25% du total mondial) et par l'American Metal Co., tandis que le capital de la Canadian Consolidated Mining & Smelting Co., est en majeure partie anglais et celui de la Penarroya Co., principalement français.

Contrairement à l'Amérique, où la c o n s o m m a t i o n s'est sensiblement maintenue, l'Europe, par suite de l'amélioration intervenue dans sa situation économique, a consommé en 1928 13.3% de plus qu'en 1925.

Malgré l'augmentation de sa production, l'Allemagne a dû importer en 1928 environ 130 000 tonnes (soit 148.9% de sa production). Mais c'est l'Angleterre qui reste de loin le plus grand acheteur sur le marché international; ses importations nettes s'élevaient en 1928 à 237 000 tonnes.

Bien que les p r i x d u p l o m b accusent ces dernières années une tendance à la baisse, c'est un des métaux dont les cours se sont relativement le mieux maintenus par rapport aux cours d'avant-guerre. Le perfectionnement des procédés d'extraction et de traitement ayant amené un abaissement des prix de revient, la production continuera probablement à augmenter. Cette progression trouvera sa contre-partie dans l'extension croissante de l'industrie électro-technique (cables, radio, etc.).

Dans ces conditions, la question de la formation d'un cartel des producteurs de plomb reste provisoirement ouverte. Certains facteurs, tels que le morcellement de la propriété dans divers pays et les grandes différences de prix de revient, constituent du reste un obstacle à la réalisation de ce projet.

Plomb	Production minière (teneur de plomb en milliers de tonnes et en % du total mondial)					Production d'usines (plomb brut en milliers de tonnes et en % du total mondial)					Excédent des importations ou des exportations (plomb brut en milliers de tonnes et en % de la propre production)				Consommation de plomb brut (en milliers de tonnes et en % du total mondial)				
	1927		1928		Moyenne 1925-28 = 100	1927		1928		Moyenne 1925-28 = 100	1927		1928		1927		1928		Moyenne 1925-28 = 100
	tonnes	%	tonnes	%		tonnes	%	tonnes	%		tonnes	%	tonnes	%	tonnes	%	tonnes	%	
Allemagne	49.7	3.0	50.0	3.2	110	84.0	5.0	87.0	5.3	109	−141.3	168.2	−129.5	148.9	225.3	14.2	216.5	13.4	110
Gr. Bretagne ..	16.6	1.0	16.0	1.0	105	6.1	0.4	5.6	0.3	108	−273.1	4477.1	−237.0	4232.1	279.2	17.7	242.6	15.0	94
Espagne	122.0	7.5	113.3	7.1	90	144.0	8.6	123.1	7.5	89	+119.0	82.6	+ 99.1	80.5	25.0	1.6	24.0	1.5	105
Autr.pays d'Eur.	88.3	5.4	90.1	5.7	105	158.5	9.5	166.2	10.1	105	−108.1	68.2	−186.6	112.3	266.6	16.9	352.8	21.8	122
Europe	276.6	16.9	269.4	17.0	99	392.6	23.5	381.9	23.2	100	−403.5	102.8	−454.0	118.9	796.1	50.4	835.9	51.7	109
Etats-Unis	606.3	37.1	566.1	35.6	94	650.2	38.9	600.1	36.5	93	+ 28.1	4.3	− 17.0	2.8	622.1	39.4	617.1	38.1	97
Mexique	243.3	14.9	236.5	14.9	110	213.5	12.8	221.0	13.4	118	—	—	—	—	—	—	—	—	—
Canada	141.3	8.6	151.9	9.6	113	135.6	8.1	148.0	9.0	117	+108.4	79.9	+115.7	78.2	27.2	1.7	32.3	2.0	108
Autr.pays d'Am.	23.3	1.4	30.0	1.9	128	6.2	0.4	17.8	1.1	185	+190.7[1]	86.8	+207.8[1]	87.0	29.0[1]	1.8	31.0[1]	1.9	104
Amérique	1014.2	62.0	984.5	62.0	101	1060.5	63.2	986.9	60.0	102	+327.2	32.5	+306.5	31.1	678.3	42.9	680.4	42.0	97
Inde britannique	70.4	4.3	83.1	5.2	128	67.0	4.0	79.6	4.8	127	—	—	—	—	—	—	—	—	—
Autr.pays d'Asie	18.1	1.1	18.1	1.1	110	11.1	0.7	11.1	0.7	113	+ 0.3[2]	0.4	+ 7.3[2]	8.1	77.8[2]	4.9	83.4[2]	5.2	109
Asie	88.5	5.4	101.2	6.3	124	78.1	4.7	90.7	5.5	124	+ 0.3	0.4	+ 7.3	8.1	77.8	4.9	83.4	5.2	109
Afrique	68.8	4.2	68.5	4.0	102	27.5	1.6	27.4	1.7	114	+ 18.0	65.5	+ 20.3	74.1	9.5	0.6	7.1	0.4	70
Australie	187.0	11.5	170.0	10.7	95	167.6	10.0	158.8	9.6	100	+149.6	89.3	+146.8	92.4	18.0	1.2	12.0	0.7	80
Total mondial .	1634.6	100	1588.6	100	101	1671.3	100	1645.7	100	102	—	—	—	—	1579.7	100	1618.8	100	103

1) Y compris le Mexique.

2) Y compris l'Inde britannique.

ZINC

La production mondiale de **minerai de zinc** s'est fortement accrue depuis 1925. L'accroissement de l'extraction européenne est dû, en grande partie, à l'**Allemagne** qui a produit en 1928, 7% de la production mondiale, contre 3.8% en 1925. Les Etats-Unis ont maintenu leur situation prépondérante avec une production de 624 000 tonnes de minerai de zinc. On constate une remarquable progression de la production du **Mexique** et du **Canada** (augmentation depuis 1925: 253% et 69% respectivement).

Dans la production des **fonderies de zinc**, l'**Europe** a reconquis la suprématie qui avait appartenu pendant plusieurs années à l'Amérique. Presque tous les Etats Européens ont augmenté considérablement la production de leurs fonderies (accroissement de 1925 à 1928: Allemagne 67.4%, Belgique 22.5%, Pologne 41.5%). Les plus grands progrès ont été réalisés par le **Canada**, dont la production a plus que doublé depuis 1925, et qui est passé de la huitième à la sixième place dans la liste des producteurs de zinc, parallèlement à l'augmentation de la production mondiale. Même si le chiffre de 200 000 tonnes, auquel le Canadian Bureau of Metals évalue la production pour 1930, ne devait pas être atteint au cours de l'année, on peut néanmoins s'attendre à une augmentation considérable et continue de la production canadienne de zinc, surtout après l'extension projetée des fonderies de la Colombie Britannique.

Les progrès réalisés pour la première fois aux Etats-Unis dans les procédés d'**électrolyse du zinc** font prévoir d'importantes transformations dans l'économie du zinc. La production de zinc par l'électrolyse, qui ne s'élevait en 1925 qu'à 13.7% de la production totale des Etats-Unis dépassait déjà 25% en 1928. Les statistiques belges évaluent à 21%, en 1928, la quote-part du zinc électrolytique dans la production mondiale. Si l'on considère que les procédés en usage jusqu'ici exigeaient 4-5 tonnes de charbon pour une tonne de zinc, il est facile de se rendre compte des conséquences qu'entraînera la substitution de l'électricité au charbon, substitution rendue possible par les procédés électrolytiques. Cette circonstance ne peut manquer à l'avenir d'affecter le choix des emplacements pour la construction des usines. Jusqu'à présent, en plus des possibilités avantageuses d'extraction de minerai et d'expédition du zinc, la proximité de charbon à bon marché constituait un facteur essentiel déterminant l'établissement d'une usine. Dans l'avenir, le choix de l'emplacement dépendra, dans une large mesure, de la possibilité d'obtenir le courant électrique à bon marché. En Grande-Bretagne, en Allemagne et en Russie, on projette la construction de grandes usines de zinc électrolytique. C'est ainsi que Giesche à Magdeburg a l'intention de produire par ce procédé 50 000 tonnes de zinc annuellement.

Les producteurs européens, américains et australiens s'étaient entendus en décembre 1928 pour fonder un **cartel du zinc**. Les producteurs américains ayant demandé une augmentation de leur quote-part d'exportation, augmentation qui fut refusée par les producteurs européens, le cartel a été dissous au 1er Janvier 1930.

Zinc	Production minière (teneur de zinc en milliers de tonnes et en % du total mondial)					Production d'usines (zinc brut en milliers de tonnes et en % du total mondial)					Excédent des importations ou des exportations (zinc brut en milliers de tonnes et en % de la propre production)				Consommation de zinc brut (en milliers de tonnes et en % du total mondial)				
	1927		1928		Moyenne 1925-28 =100	1927		1928		Moyenne 1925-28 =100	1927		1928		1927		1928		Moyenne 1925-28 =100
	tonnes	%	tonnes	%		tonnes	%	tonnes	%		tonnes	%	tonnes	%	tonnes	%	tonnes	%	
Allemagne	111.4	7.1	110.0	7.0	126	84.1	6.4	98.1	6.9	127	−115.8	187.7	−106.2	108.8	199.9	15.2	204.8	14.6	119
Gr. Bretagne et Irl.	1.0	0.1	1.0	0.1	125	50.4	3.8	56.3	4.0	135	−135.2	268.3	−124.7	221.5	185.6	14.1	181.0	12.9	104
France	3.5	0.2	3.5	0.2	100	82.6	6.2	96.8	6.8	121	− 30.5	36.9	− 28.9	29.9	113.1	8.6	125.7	9.0	110
Pologne	125.5	8.0	130.0	8.3	96	150.8	11.4	161.8	11.5	118	+120.0	79.8	+124.8	77.1	30.3	2.3	37.0	2.6	121
Espagne	47.1	3.0	43.6	2.8	91	16.5	1.2	13.5	0.9	88	+ 7.6	46.1	+ 4.5	33.3	8.9	0.7	9.0	0.6	100
Italie	85.1	5.4	72.0	4.6	97	7.4	0.6	11.1	0.8	185	− 9.6	129.7	− 10.3	92.8	17.0	1.3	21.4	1.5	112
Belgique	—	—	—	—	—	201.6	15.3	209.3	14.8	109	+ 86.8	43.1	+ 91.3	43.6	114.8	8.7	118.0	8.4	110
Autr. pays d'Eur.	36.5	2.3	32.4	2.0	103	48.2	3.6	53.1	3.8	115	− 27.6	57.3	− 27.2	51.2	75.8	5.7	80.3	5.7	118
Europe	410.1	26.1	392.5	25.0	103	641.1	48.5	700.0	49.5	117	−104.3	16.3	− 76.7	11.0	745.4	56.6	776.7	55.3	112
Etats-Unis	651.9	41.5	624.0	39.7	95	537.5	40.7	546.7	38.7	101	+ 58.4	10.9	+ 27.2	5.0	479.1	36.4	519.5	36.9	108
Mexique	136.5	8.7	161.7	10.3	144	6.4	0.5	11.2	0.8	181	—	—	—	—	—	—	—	—	
Canada	75.1	4.8	84.6	5.4	122	66.7	5.0	74.2	5.2	125	+ 50.4	75.6	+ 56.9	76.7	16.8	1.2	17.3	1.3	110
Autr. pays d'Amér.	14.8	1.0	11.3	0.7	95	—	—	—	—	—	− 2.9[1]	45.3	+ 2.2[1]	19.6	9.8[1]	0.7	9.0[1]	0.6	
Amérique	878.3	56.0	881.6	56.1	104	610.6	46.2	632.1	44.7	104	+105.9	17.3	+ 86.3	13.7	504.7	38.3	545.8	38.8	106
Asie	73.6	4.7	78.9	5.0	114	19.2	1.5	21.8	1.5	111	− 32.3	168.2	− 42.8	201.0	51.5	3.9	64.1	4.6	117
Australie	174.3	11.1	185.0	11.8	118	49.9	3.8	50.4	3.6	104	+ 38.3	76.8	+ 35.6	70.6	11.6	0.9	14.8	1.0	97
Afrique	33.6	2.1	33.4	2.1	100	—	—	9.7	0.7	—	− 3.5	—	+ 6.2	63.9	3.5	0.3	3.5	0.3	106
Total mondial ...	1569.8	100	1571.4	100	105	1320.8	100	1413.5	100	111	—	—	—	—	1316.7	100	1404.9	100	107

1) Y compris le Mexique.

ETAIN

La production de minerai d'étain a suivi une progression régulière au cours de ces dernières années et a atteint, en 1928, le chiffre de 182 200 tonnes. Les quatre principales régions productrices de minerai d'étain sont: les Etats de Malaisie, avec 35.9%; les Indes Néerlandaises avec 19.5%; la Bolivie avec 23.1% et Nigéria avec 6.5% de la production mondiale en 1928.

L'exploitation des minerais d'étain des Indes Néerlandaises est assurée par des sociétés hollandaises avec participation financière de l'Etat. Le groupe anglo-américain Patino possède les gisements d'étain de Bolivie; l'Anglo-Oriental Corporation, représentant des capitaux anglais, ceux de la Nigéria. Les Etats de Malaisie, qui sont les plus gros producteurs, se trouvent dans la sphère d'influence britannique; il y a lieu, toutefois, de remarquer que dans cette région une proportion importante de l'extraction de minerai d'étain — évaluée à 50% de la production totale — est fournie par de petites exploitations indigènes.

L'accroissement de la production mondiale des fonderies d'étain est de 12.7% par rapport à 1925. Le progrès est presque exclusivement le fait de la Grande-Bretagne, des Indes Néerlandaises et des Etats de Malaisie. Les plus importantes fonderies d'étain sont les suivantes:

	Capacité
Williams Harvey & Co. (Angleterre)	50 000 tonnes
Penpoll Tin Smelting Co. (Angleterre)	30 000 tonnes
Mijnbouw-Maatschappij Billiton (Indes Néerlandaises)	25 000 tonnes
Straits Trading Co. (Malaisie)	60 000 tonnes
Eastern Smelting Co. (Malaisie)	30 000 tonnes

Toutes les tentatives faites pour réunir en un cartel ou syndicat tous les producteurs d'étain ont, jusqu'à présent, échoué. Les partisans les plus zélés de la constitution d'un cartel sont les producteurs anglais, principalement l'Anglo-Oriental Corporation; afin de pouvoir stabiliser les prix, ils exigent des restrictions à la production. Les principaux obstacles à la constitution d'un cartel sont, d'une part, le grand éparpillement de la production dans les Etats de Malaisie, circonstance à laquelle il a été fait allusion plus haut et, d'autre part, les écarts considérables qui existent entre les prix de revient des principaux pays producteurs. En outre, il est relativement facile de remplacer l'étain par d'autres métaux; les efforts tendant à une hausse des prix rencontreraient, par suite, une vive opposition et auraient à compter avec la concurrence d'autres métaux. Il est donc fort douteux que les producteurs d'Asie soient disposés à courir le risque inséparable d'une hausse artificielle provoquée par une restriction de la production. Cet argument a d'autant plus de valeur que la progression constante des demandes d'étain provenant de l'industrie automobile et de l'industrie du fer-blanc permet d'escompter une extension des débouchés et, par conséquent, une augmentation des bénéfices, même si les prix restent à leur niveau actuel.

Un marché à terme de l'étain a été établi en 1928 à New York dans le but de protéger les intérêts des consommateurs américains. En effet, les Etats-Unis ne possèdent pas de gisements d'étain et absorbent près de 50% de la production mondiale. Il serait prématuré d'émettre un avis sur le partage d'influence entre le marché de l'étain de New York et le vieux marché de Londres. La lumière n'est pas encore faite à cet égard.

Etain	Production minière (teneur d'étain en milliers de tonnes et en % du total mondial)					Production d'usines (étain brut en milliers de tonnes et en % du total mondial)					Excédent des importations ou des exportations (étain brut en milliers de tonnes et en % de la propre production)				Consommation d'étain brut (en milliers de tonnes et en %, du total mondial)				
	1927		1928		Moyenne 1925-28 = 100	1927		1928		Moyenne 1925-28 = 100	1927		1928		1927		1928		Moyenne 1925-28 = 100
	tonnes	%	tonnes	%		tonnes	%	tonnes	%		tonnes	%	tonnes	%	tonnes	%	tonnes	%	
Grande-Bretagne et Irlande	2.6	1.6	2.4	1.3	100	41.8	26.4	53.2	28.7	83	+18.8	55.0	+19.5	36.7	23.0	14.7	33.7	19.0	134
Autr. pays d'Eur.	2.1	1.3	2.7	1.5	193	7.6	4.8	9.0	4.9	164	−37.6	494.7	−39.6	440.0	45.2	28.8	48.6	27.5	115
Europe	4.7	2.9	5.1	2.8	134	49.4	31.2	62.2	33.6	125	−18.8	38.1	−20.1	32.3	68.2	43.5	82.3	46.5	122
Bolivie	36.4	22.5	42.1	23.1	119	—	—	—	—	—	—	—	—	—	—	—	—	—	—
Autr. pays d'Amér.	0.5	0.3	0.5	0.3	100	—	—	—	—	—	−74.8	—	−81.4	—	74.8[4])	47.7	81.4[4])	46.0	108
Amérique	36.9	22.8	42.6	23.4	119	—	—	—	—	—	−74.8	—	−81.4	—	74.8	47.7	81.4	46.0	108
Indes néerland. et Etats de Malaisie	89.1[1])	55.1	101.0[1])	55.4	114	99.1	62.7	113.9	61.5	115	+94.9	89.6	+109.3	90.8	11.0	7.0	11.1	6.2	107
Autres pays d'Asie	16.9[2])	10.5	18.7[2])	10.3	109	6.8[3])	4.3	6.5[3])	3.5	89									
Asie	106.0	65.6	119.7	65.7	118	105.9	67.0	120.4	65.0	118	+94.9	89.6	+109.3	90.8	11.0	7.0	11.1	6.2	107
Afrique	10.9	6.7	11.9	6.5	118	—	—	—	—	—	− 0.8	—	− 1.0	—	0.8	0.5	1.0	0.6	100
Australie	3.2	2.0	2.9	1.6	104	2.8	1.8	2.5	1.4	89	+ 0.9	32.1	+ 1.3	52.0	1.9	1.3	1.2	0.7	80
Total mondial ...	161.7	100	182.2	100	115	158.1	100	185.1	100	116	—	—	—	—	156.7	100	177.0	100	111

1) Dont, en 1927, pour les Etats de Malaisie: 55 200 tonnes, pour les Indes néerlandaises: 33 900 tonnes,
„ „ 1928, „ „ „ „ „ 65 500 „ , „ „ „ „ 35 500 „ .
2) Dont, en 1927, pour la Chine: 6200 tonnes, pour le Siam: 7600 tonnes
„ „ 1928, „ „ „ 6900 „ , „ „ „ 7700 „ .
3) Principalement la Chine.
4) Dont, en 1927, pour les Etats-Unis: 70 400 tonnes, en 1928: 76 600 tonnes.

ALUMINIUM

La production mondiale de bauxite a presque triplé de 1913 à 1928; elle atteignait en 1928, 1 760 000 tonnes. C'est l'Europe qui en fournit la plus grande partie; le principal producteur est la France; sa production atteignait en 1928, 600 000 tonnes, dont 40% environ furent exportés. La seconde place en Europe est occupée par la Hongrie dont la production a connu, au cours de ces dernières années, un développement sans exemple. La Hongrie qui produisait 1800 tonnes en 1913 et 400 tonnes en 1925 est arrivée au cours de la période 1925-1928 à porter à 200 000 tonnes le chiffre de sa production annuelle. L'exploitation des gisements de bauxite yougo-slaves — dont la richesse est évaluée à plus de 50 000 000 de tonnes — a également fait de grands progrès depuis 1919; leur production atteignait 49 300 tonnes en 1928. L'Allemagne, avec une production infime, doit avoir recours à l'importation, principalement de Hongrie et de Yougoslavie, pour couvrir la presque totalité de ses besoins.

Les Etats-Unis viennent immédiatement après la France parmi les producteurs mondiaux. Ils ne parviennent, cependant, que tout juste à couvrir les 50% de leurs besoins en bauxite; à une production de 370 800 tonnes en 1928 correspondait une importation de 356 000 tonnes. On peut encore citer parmi les pays producteurs importants: la Guyane Britannique avec une production de 169 900 tonnes et la Guyane Hollandaise avec une production de 207 800 tonnes. Dans ces deux pays, la production de bauxite n'existait pas en 1913; la production actuelle est absorbée par les Etats-Unis.

Les Etats-Unis ont pu maintenir leur position prépondérante dans la production mondiale d'aluminium; leur quote-part était en 1928 de 35.2% (80 000 tonnes). Bien que ce chiffre représente environ 70% de la production européenne, les Etats-Unis se sont vus contraints, au cours de ces dernières années, d'importer des quantités qui dépassaient alors la production de l'Allemagne.

L'Allemagne occupe le premier rang parmi les pays européens producteurs d'aluminium; sa production s'élève à 30 500 tonnes. La France, dont la production a pris un développement remarquable depuis 1925 et où les conditions de production sont tout particulièrement favorables, suit l'Allemagne de très près. Tandis que la plupart des pays producteurs d'aluminium sont forcés d'importer la bauxite — les Etats-Unis la font venir de la Guyane, l'Allemagne de la Hongrie et de Yougoslavie, la Suisse de France — la France possède en propre des gisements de bauxite très abondants; jusqu'ici, la moitié seulement de leur production a été utilisée par l'industrie française de l'aluminium. Etant donné le développement continu de l'utilisation des forces hydrauliques, on peut s'attendre à ce que l'industrie française de l'aluminium continue à développer sa production absorbant ainsi une proportion toujours croissante de la production nationale de bauxite. Les efforts de l'industrie italienne de l'aluminium encouragée par le gouvernement pour développer sa production, d'ailleurs peu considérable, méritent une mention spéciale. Le but est d'arriver à couvrir les besoins de l'Italie sans avoir recours à l'importation, avec l'aide des importants gisements de bauxite que possède l'Italie en Istrie et en Dalmatie. La Società Italiana del Aluminio, fondée en 1927 par les Sociétés "Vereinigte Aluminium-Werke A.-G. (Lautawerk)" et "Montecatini" a inauguré sa production au début de 1929, dans l'usine nouvellement érigée à Mori (au sud de Trente), sur le pied d'une production annuelle de 6000 tonnes. Ce chiffre dépasse de beaucoup la production totale de l'Italie qui s'élevait, en 1928, à 2300 tonnes.

Etant donné que la construction d'usines d'aluminium exige des capitaux très considérables, la production de l'aluminium reste le domaine presque exclusif de grosses entreprises. Il est même arrivé que, dans les pays producteurs les plus importants, la production tout entière se trouve actuellement contrôlée par un seul et même groupe.

Quote-part des principaux producteurs d'aluminium dans la production du pays respectif et dans la production mondiale

Pays	Etablissements	Quote-part dans la production[1])	
		nationale	mondiale
Allemagne	Vereinigte Aluminium-Werke A.-G. (Lautawerk)	env. 80%	10.6%
France	Cie. des Produits Chimiques et Electrométallurgiques d'Alais, Froges et Camargue (Péchiney) ..	„ 90%	10.7%
Grande Bretagne..	The British Aluminium Company	„ 100%	5.3%
Suisse	Aluminium-Industrie-A.-G., Neuhausen	„ 100%	9.2%
Etats-Unis	Aluminium Company of America	„ 100%	35.2%
Canada	Aluminium Ltd.	„ 100%	13.2%

Si l'on tient compte du fait que la production canadienne d'aluminium est contrôlée par les Etats-Unis, la production autrichienne par la Suisse et la production norvégienne par la France, la Grande Bretagne et les Etats-Unis, on arrive à la conclusion que la production mondiale d'aluminium est presque entièrement répartie entre cinq groupes.

Dans le sein même de ce cercle de producteurs relativement très réduit, il s'est formé des groupements d'intérêts encore plus étroits. C'est ainsi que les producteurs européens ont constitué, en 1926, un Cartel de l'Aluminium, renouvelé en 1928 pour trois ans. Si l'Amérique n'a pas réussi, jusqu'à présent, à s'assurer une influence prépondérante sur la production européenne, il n'en est pas moins vrai que la "Aluminium Co. of America" est parvenue à consolider sa position en Europe par l'acquisition de participations et l'achat de gisements de bauxite et d'usines d'aluminium en Norvège, en Yougoslavie et en Espagne.

Au cours de cette évolution, les consommateurs ont profité de plusieurs réductions de prix. Depuis la constitution du cartel en 1926, le cours de l'aluminium à Berlin est passé de RM 228.76 à RM 190.— en Mai 1928 (pour 100 kg). Depuis lors, les prix sont restés inchangés, malgré la hausse survenue entre temps dans les cours du cuivre. Il est trop tôt encore pour se prononcer sur la possibilité d'un accroissement des débouchés de l'aluminium aux dépens du cuivre. Cette question ne peut être résolue qu'en tenant compte de la mesure dans laquelle l'aluminium sera à même de satisfaire aux mêmes exigences techniques que le cuivre. Il serait imprudent de surestimer les possibilités de remplacement du cuivre par l'aluminium, étant donné que la différence des caractères physiques des deux métaux impose des limites qui ne sauraient être dépassées.

1) Basé sur la production de 1928.

Bauxite	Production (en milliers de tonnes et en % du total mondial)											
	1913		1925		1926		1927		1928		1913	Moyenne 1925-1928
	tonnes	%	tonnes	%	tonnes	%	tonnes	%	tonnes	%	=100	
Allemagne	0.4	0.1	1.8	0.1	0.3	0.0	2.4	0.2	2.0	0.1	500	125
Grande-Bretagne et Irlande	6.2	1.2	5.1	0.4	6.0	0.5	5.4	0.3	5.0	0.3	81	93
France	309.0	57.3	406.4	31.6	408.6	32.0	540.0	31.5	597.8	33.9	194	122
Suisse	—	—	—	—	—	—	—	—	—	—	—	—
Norvège	—	—	—	—	—	—	—	—	—	—	—	—
Autres pays d'Europe	8.8	1.6	278.4[1])	21.6	229.0[2])	17.9	489.6[3])	28.6	405.3[4])	23.0	4606	116
Europe	324.4	60.2	691.7	53.7	643.9	50.4	1037.4	60.6	1010.1	57.3	311	119
Etats-Unis	213.6	39.6	321.6	25.0	398.5	31.2	326.1	19.0	370.8	21.0	174	105
Canada	—	—	—	—	—	—	—	—	—	—	—	—
Autres pays d'Amérique	—	—	264.1[5])	20.5	231.0[5])	18.0	344.2[5])	20.1	377.7[5])	21.4	—	124
Amérique	213.6	39.6	585.7	45.5	629.5	49.2	670.3	39.1	748.5	42.4	350	114
Asie[6])	1.3	0.2	10.2	0.8	5.0	0.4	4.4	0.3	5.0	0.3	385	85
Total mondial	539.3	100	1287.6	100	1278.4	100	1712.1	100	1763.6	100	327	117

1) Y compris l'Italie: 195.0, la Yougoslavie: 79.0, la Hongrie: 0.4.
2) Y compris l'Italie: 90.5, la Yougoslavie: 131.8, la Hongrie: 8.7.
3) Y compris l'Italie: 95.3, la Yougoslavie: 100.3, la Hongrie: 288.0.
4) Y compris l'Italie: 148.0, la Yougoslavie: 49.3, la Hongrie: 200.0.
5) La Guyane britannique et néerlandaise.
6) L'Inde britannique.

Aluminium	Production (en milliers de tonnes et en % du total mondial)					Excédent des importations ou des exportations (en milliers de tonnes et en % de la propre production)				Consommation (en milliers de tonnes et en % du total mondial)				
	1927		1928			1927		1928		1927		1928		
	tonnes	%	tonnes	%	Moyenne 1925-28 = 100	tonnes	%	tonnes	%	tonnes	%	tonnes	%	Moyenne 1925-28 = 100
Allemagne	27.4	13.4	30.5	13.4	107	− 8.5	31.0	− 7.2	23.6	35.9	19.8	37.7	16.0	117
Grande-Bretagne et Irlande	7.9	3.9	12.0	5.3	130	− 6.1	77.2	− 6.7	55.8	14.0	7.7	18.7	7.9	118
France	25.0	12.2	27.0	11.9	113	+ 7.0	28.0	+ 2.6	9.6	18.0	10.0	24.4	10.3	118
Suisse	21.0	10.2	21.0	9.2	98	+13.2	62.9	+14.0	66.7	7.8	4.3	7.0	3.0	105
Norvège	20.8	10.1	20.0	8.8	93	—	—	—	—	—	—	—	—	—
Autres pays d'Europe	5.0	2.4	6.8	3.0	126	+14.6[1]	56.6	+13.3[1]	49.6	11.2[1])	6.2	13.5[1])	5.6	118
Europe	107.1	52.2	117.3	51.6	104	+20.2	18.9	+16.0	13.6	86.9	48.0	101.3	42.8	116
Etats-Unis	75.0	36.6	80.0	35.2	108	−31.1	41.4	−16.1	20.1	88.0[2])	48.7	125.0[2])	52.9	122
Canada	23.0	11.2	30.0	13.2	140	+23.0	100.0	+17.8	59.3	—	—	—	—	—
Amérique	98.0	47.8	110.0	48.4	115	− 8.1	8.3	+ 1.7	0.2	88.0[2])	48.7	125.0[2])	52.9	122
Asie[3])	—	—	—	—	—	− 6.0	—	−10.0	—	6.0	3.3	10.0	4.3	187
Total mondial	205.1	100	227.3	100	110	—	—	—	—	180.9	100	236.3	100	120

1) Y compris la Norvège.
2) Y compris le Canada. La consommation a été déterminée pour les deux pays ensemble, en tenant compte du mouvement des stocks.
3) Principalement le Japon.

CIMENT

L'industrie du ciment constitue aujourd'hui une des industries de base les plus importantes. Par suite de ses qualités essentielles, telles que sa résistance, la constance de son volume, son uniformité, qui se prêtent aux calculs les plus exacts, le ciment est devenu un élément indispensable de la construction moderne. Il s'est également révélé comme un matériel extrêmement approprié pour la construction des routes, où son emploi se généralise de plus en plus. C'est pourquoi la consommation de ciment se trouve surtout concentrée dans les pays industriels où les constructions et les voies de communication jouent un si grand rôle. La consommation de ciment est devenue ainsi un des éléments permettant de juger du degré d'industrialisation et de bien-être d'un pays donné.

Parmi les nombreuses qualités de ciment qu'on trouve sur le marché, seuls le ciment Portland et le ciment Portland de scories ont une réelle importance. C'est ainsi que le ciment Portland entre à lui seul pour plus de 75% dans le total de la production mondiale. La production de ciment Portland de scories qui est loin de pouvoir rivaliser avec le ciment Portland constitue, toutefois, une concurrence qu'on ne saurait négliger. En effet, ce ciment permet d'utiliser les scories de fer qui, autrement, n'ont aucune valeur; on doit donc s'attendre à une progression constante de la production de ciment de la part des industries productrices de fer. La concurrence est d'autant plus dangereuse pour le ciment Portland que le ciment Portland de scories est considéré comme de qualité égale et qu'étant donné la puissance financière de l'industrie métallurgique, les producteurs de ciment Portland n'auraient aucune chance de succès dans une lutte de prix éventuelle. Le ciment romain et le ciment naturel, provenant principalement de Yougoslavie et d'Italie, sont de plus en plus supplantés par les qualités supérieures et ne sont plus guère employés que dans les cas où la résistance ne joue pas une rôle décisive. On a récemment introduit sur le marché le ciment de bauxite, mélange de chaux et d'alumine, qui constitue un ciment hydraulique de première qualité. Son prix est toutefois relativement élevé par rapport au ciment Portland et il n'est encore produit qu'en petite quantité.

Comme les matières premières nécessaires à la fabrication du ciment se trouvent presque partout sur la terre, la consommation est le facteur déterminant pour le choix de l'emplacement de fabrication. Les principaux pays consommateurs sont donc, en même temps, les principaux pays producteurs. Les quantités exportées sont relativement minimes. Il y a lieu, toutefois, d'observer que l'augmentation de la consommation nationale permet d'abaisser les prix d'exportation et, par conséquent, marche habituellement de pair avec une augmentation de celle-ci. Plus la consommation d'un pays donné est importante, plus il est possible d'abaisser le prix de revient et, par conséquent, de se libérer de la nécessité d'importer du ciment étranger. (Une exception à cette règle est constituée par la Hollande qui manque de matières premières et qui sera toujours contrainte d'avoir recours à l'importation.) L'industrialisation croissante et l'augmentation de la consommation de ciment dans des pays économiquement neufs n'entraîneront donc pas nécessairement une progression correspondante des chiffres du commerce extérieur. Par contre, le commerce extérieur pourrait se déplacer par la formation de nouveaux territoires de consommation dont les besoins ne seraient pas encore suffisants pour justifier l'établissement d'une fabrication propre et devraient, par conséquent, être couverts par l'importation. C'est de ce point de vue que doit être jugée l'évolution de l'économie mondiale du ciment.

La production de ciment a été en progression constante depuis la période d'avant-guerre, en 1927, avec 67 900 000 t elle dépassait de 70% celle de 1913. Sa valeur totale s'élève, aujourd'hui, à plus de 2 milliards et demi de Marks. Cet accroissement est principalement le fait des Etats-Unis où la production dépasse de près de 90% celle de 1913. Il est vrai qu'avant la guerre déjà, les Etats-Unis étaient les plus gros producteurs de ciment mais, grâce à la prospérité ininterrompue de leur marché intérieur, ils ont pu, depuis, augmenter à tel point leur avance qu'ils participent, aujourd'hui, pour près de 45% à la production mondiale. C'est à peine si leur production est dépassée par celle de l'Europe entière.

L'Allemagne occupe la deuxième place parmi les producteurs, très loin derrière les Etats-Unis, avec 7 200 000 tonnes soit environ 10% de la production mondiale. L'industrie allemande du ciment a beaucoup perdu de terrain du fait de la guerre et de ses effets. L'Allemagne est, avec la Russie, le seul pays qui n'ait pas encore reconquis sa situation de 1913 sous le rapport de la production. Par contre, les autres pays ont fait des progrès considérables, la France notamment, où l'accroissement n'est pas inférieur à 240%. Elle fournit, aujourd'hui, 5 000 000 tonnes soit 7.5% de la production mondiale, chiffre très appréciable pour le marché européen. La Grande-Bretagne et la Belgique enregistrent également des augmentations considérables de 70% à 80%. L'industrie du ciment en Italie et dans les pays scandinaves a pris aussi une grande extension par rapport à la période d'avant-guerre.

Le commerce extérieur de ces pays producteurs présente, en général, un développement analogue à celui de la production. Les exportations allemandes atteignent, aujourd'hui, à peu près le chiffre de 1913, tandis que la France et la Grande-Bretagne, et tout particulièrement la Belgique, enregistrent un accroissement considérable de leurs exportations. Il n'y a qu'aux Etats-Unis que les exportations ont diminué dans une sensible mesure; bien que l'accroissement de leur production ait sensiblement dépassé la moyenne mondiale, leurs importations atteignent aujourd'hui un chiffre bien supérieur à celui de 1913; ceci s'explique en partie par la situation défavorable des fabriques américaines de ciment au point de vue des transports. Ce déplacement partiel du centre de gravité n'a pas, jusqu'ici, sensiblement affecté le développement du commerce international. Par contre, les efforts faits par différents pays pour arriver à se suffire à eux-mêmes — et bien que leur production ne joue pas dans l'économie internationale un rôle comparable à celui des pays mentionnés — commencent déjà à se faire sentir et pourraient placer le commerce international du ciment devant de nouveaux problèmes. Le Japon, dont la production est passée de 600 000 tonnes en 1913 à 2 600 000 tonnes en 1927, semble appelé à jouer un rôle tout particulièrement important et pourrait bien accaparer dans une large mesure les marchés asiatiques. Le recul des importations de l'Australie et des Etats Sud-Américains dans la période d'après-guerre s'explique en partie par l'extension de la production nationale. L'augmentation de la consommation de l'Afrique a contrebalancé jusqu'ici pour l'industrie européenne du ciment les effets de la perte de ces débouchés. Mais, en Afrique même, des fabriques de ciment d'une capacité très appréciable ont déjà été créées et couvrent maintenant une partie importante des besoins locaux.

L'importance de l'exportation pour l'industrie du ciment ne doit pas du reste, être surestimée. Les débouchés sur le marché intérieur sont et restent le facteur décisif pour la prospérité de l'industrie du ciment (à l'exception de la Belgique). Le développement presque parallèle de la consommation et de la production dans les pays respectifs montre clairement que la production dépend, en premier lieu, de la consommation intérieure. Dans le domaine de la production, le pourcentage de progression le plus élevé est obtenu principalement dans les pays où la consommation s'est elle-même accrue. Par contre, en Allemagne, la production aussi bien que la consommation étaient en 1927 inférieures aux chiffres d'avant-guerre.

Si l'on examine, dans ces conditions, les chances d'améliorer le pourcentage d'utilisation de la capacité des usines — pourcentage généralement très défavorable dans l'industrie du ciment — il apparaît douteux que l'accroissement des besoins de pays économiquement neufs puisse exercer une influence sensible sur la production européenne. On devrait plutôt, semble-t-il, s'attendre à une augmentation correspondante de la production des pays consommateurs. Même une progression continue de la consommation des pays européens — progression très probable étant donné le coefficient relativement faible de consommation par habitant — n'apporterait pas la solution du problème des débouchés; elle se traduirait, plutôt, par la création de nouvelles fabriques, d'ailleurs très faciles à établir.

La disproportion entre la capacité et le coefficient d'utilisation est un vice organique inhérent à la production du ciment. Etant donné l'importance majeure des charges fixes, il y a de ce fait une tendance naturelle à utiliser à plein la capacité de production, de sorte que cette disproportion aurait fatalement abouti à une concurrence acharnée si ce danger n'était apparu à temps et n'avait conduit à la conclusion de Cartels et de Conventions internationales qui ont conféré au marché du ciment une certaine stabilité. Afin d'atténuer les fâcheuses conséquences de la disproportion permanente entre la capacité et la production — l'industrie du ciment ne travaille en moyenne qu'à 60% ou 70% de sa capacité — il s'est dessiné partout, avec succès, une tendance au groupement et à la concentration de la production dans les fabriques les plus modernes et les mieux outillées. De cette façon, presque toutes les entreprises se sont assuré un rendement satisfaisant. Les "outsiders" qui surgissent continuellement et la concurrence menaçante du ciment Portland de scories sont, toutefois, des facteurs dont l'influence sur le développement ultérieur de l'industrie du ciment ne saurait être négligée.

Position du mouvement de concentration dans l'industrie du ciment en 1928	Nombre des entreprises adhérentes	Quote-part dans la production du pays (en %)	Quote-part dans la production du monde (en %)
Allemagne	5	environ 60	6.4
Grande-Bretagne et Irlande	1	„ 90	6.5
France	4	„ 60	4.5
Belgique	2	„ 50	2.0
Norvège	4	„ 100	0.6
Etats-Unis	4	„ 35	15.2

Ciment Portland	Production (en millions de tonnes et en % du total mondial)					Consommation totale (en milliers de tonnes et en % du total mondial)					Consommation par tête (en kg)		
	1913		1927			1913		1927			1913	1927	
	tonnes	%	tonnes	%	1913 =100	tonnes	%	tonnes	%	1913 =100	kg	kg	1913 =100
Allemagne	7.3	18.4	7.2	10.6	99	6338	16.3	6056	9.1	96	95	96	101
Gr. Bretagne et Irlande ...	2.9	7.3	4.9	7.2	169	2249	5.8	4602	6.9	205	49	95	206
France........	1.5	3.8	5.1	7.5	340	1222	3.1	4835	7.3	396	31	118	381
Belgique	1.5	3.8	2.7	4.0	180	638	1.6	1057	1.6	166	84	134	160
Hollande	—	—	—	—	—	250	0.6	822	1.2	329	41	108	263
Danemark	0.5	1.2	0.6	0.9	120	246	0.6	246	0.4	100	87	71	82
Suède	0.3	0.8	0.5	0.8	167	175	0.5	275	0.4	157	31	45	145
Norvège.......	0.08	0.2	0.4	0.6	500	100	0.3	242	0.4	242	41	87	212
Italie	1.4	3.5	2.6	3.8	186	1332	3.4	2570	3.9	193	38	63	166
Yougoslavie ...	—	—	0.6	0.9	—	—	—	283	0.4	—	—	22	—
Russie	2.0	5.0	1.8	2.6	90	2204	5.7	1796	2.7	81	14	12	86
Autr.pays d'Eur.	3.4	8.6	4.1	6.0	120	3344	8.6	3943	5.8	118	—	—	—
Europe	20.88	52.6	30.5	44.9	146	18098	46.5	26727	40.1	148	—	—	—
Etats-Unis	15.7	39.5	29.5	43.4	188	15039	38.6	29750	44.7	198	156	251	161
Canada	1.5	3.8	1.5	2.2	100	1511	3.8	1486	2.2	98	195	156	80
Autr. pays d'Am.	0.12	0.3	1.0	1.5	833	1983	5.1	2350	3.6	119	—	—	—
Amérique	17.32	43.6	32.0	47.1	185	18533	47.5	33586	50.5	181	—	—	—
Japon	0.6	1.5	2.6	3.8	433	636	1.6	2263	3.4	356	12	36	300
Chine	0.3	0.8	0.5	0.8	167	319	0.8	658	1.0	206	0.9	1.6	178
Inde britann. ..	0.01	—	0.3	0.4	3000	159	0.4	455	0.7	286	0.5	1.4	280
Autr.pays d'Asie	0.19	0.5	0.6	0.9	315	505	1.3	930	1.4	184	—	—	—
Asie	1.1	2.8	4.0	5.9	364	1619	4.1	4306	6.5	266	—	—	—
Afrique	0.2	0.5	0.5	0.8	250	428	1.1	968	1.5	229	—	—	—
Australie et Nouv. Zélande	0.2	0.5	0.9	1.3	450	304	0.8	917	1.4	302	51	120	235
Total mondial .	39.7	100	67.9	100	171	38977	100	66504	100	171	—	—	—

Commerce international du ciment (en milliers de tonnes et en % du total mondial)	1913					1926					1927					1928				
	Importation		Exportation		Balance	Importation		Exportation		Balance	Importation		Exportation		Balance	Importation		Exportation		Balance
	tonnes	%	tonnes	%	tonnes	tonnes	%	tonnes	%	tonnes	tonnes	%	tonnes	%	tonnes	tonnes	%	tonnes	%	tonnes
Allemagne	168.4	4.0	1180.0	25.0	+ 961.6	59.7	1.2	968.3	18.9	+ 908.6	68.6	1.3	1176.0	20.4	+1107.4	144.2	2.6	1038.0	16.7	+ 893.8
Gr. Bret. et Irlande	109.7	2.6	759.7	16.8	+ 650.0	334.3	7.0	557.8	10.9	+ 223.5	422.5	8.0	766.1	13.3	+ 343.6	280.6	5.0	924.9	14.9	+ 644.3
France	120.6	2.9	398.2	8.8	+ 277.6	202.2	4.2	550.5	10.7	+ 348.3	218.0	4.1	500.4	8.7	+ 282.4	153.9	2.8	639.7	10.3	+ 485.8
Belgique	25.6	0.6	886.9	19.6	+ 861.3	22.2	0.5	1461.0	28.5	+1438.8	16.9	0.3	1655.0	28.8	+1638.1	15.6	0.3	1816.0	29.2	+1800.4
Hollande	250.0[1])	6.0	— [2])	—	- 250.0	709.1	14.7	0.8	—	- 708.3	824.0	15.5	2.1	—	- 821.9	892.0	16.0	1.5	—	- 890.5
Yougoslavie	2.1[3])	—	1.1[3])	—	- 1.0	— [2])	—	320.3	6.2	+ 320.3	0.1	—	317.4	5.5	+ 317.3	0.1	—	374.5	6.0	+ 374.4
Autr. pays d'Eur..	569.6	13.6	653.2	14.5	+ 83.6	318.5	6.6	803.0	15.6	+ 484.5	327.7	6.2	839.3	14.6	+ 511.6	383.7[4])	6.9	928.1[4])	14.9	+ 544.4
Europe	1240.0	29.7	3829.1	84.7	+2588.1	1646.0	34.2	4661.7	90.3	+3015.7	1877.8	35.4	5256.3	91.3	+3378.5	1870.1	33.6	5722.7	92.0	+3852.6
Etats-Unis	14.2[5])	0.3	682.2[5])	15.1	+ 668.0	551.3	11.5	166.2	3.3	- 385.1	349.6	6.6	139.3	2.4	- 210.3	389.8	7.0	140.6	2.3	- 249.2
Canada[6])	36.0	0.9	— [2])	—	- 36.0	3.2	0.1	52.0	1.0	+ 48.8	3.7	0.1	45.7	0.8	+ 42.0	6.2	0.1	47.5	0.8	+ 41.3
Brésil	465.3	11.1	—	—	- 465.3	396.3	8.2	—	—	- 396.3	441.9	8.3	—	—	- 441.9	440.0[7])	7.9	—	—	- 440.0
Argentine	721.5	17.2	—	—	- 721.5	343.4	7.1	—	—	- 343.4	415.9	7.8	—	—	- 415.9	475.0[1])	8.5	—	—	- 475.0
Chili	147.1	3.5	—	—	- 147.1	94.9	2.0	—	—	- 94.9	117.6	2.2	—	—	- 117.6	117.6[7])	2.1	—	—	- 117.6
Autr. pays d'Am.[8])	555.5	13.2	—	—	- 555.5	490.0	10.2	—	—	- 490.0	510.0	9.6	—	—	- 510.0	458.0	8.2	—	—	- 458.0
Amérique	1939.6	46.2	682.2	15.1	-1257.4	1879.1	39.1	218.2	4.3	-1660.9	1838.7	34.6	185.0	3.2	-1653.7	1886.6	33.9	188.1	3.1	-1698.5
Japon..........	0.6	—	2.7	0.1	+ 2.1	16.8	0.4	240.6	4.7	+ 223.8	11.0	0.2	305.5	5.3	+ 294.5	31.5	0.6	298.1	4.6	+ 266.6
Chine	37.9	0.9	—	—	- 37.9	106.5	2.2	—	—	- 106.5	146.2	2.8	—	—	- 146.2	115.9	2.1	—	—	- 115.9
Inde britannique[6])	148.9	3.5	—	—	- 148.9	102.7	2.1	—	—	- 102.7	114.1	2.1	—	—	- 114.1	129.4	2.3	—	—	- 129.4
Autr. pays d'Asie[8])	373.8	8.9	1.5[9])	—	- 372.3	527.4	11.0	11.6[9])	0.2	- 515.8	734.6	13.8	7.9[9])	0.2	- 726.7	814.9	14.7	7.0[9])	0.1	- 807.9
Asie	561.2	13.3	4.2	0.1	- 557.0	753.4	15.7	252.2	4.9	- 501.2	1005.9	18.9	313.4	5.5	- 692.5	1091.7	19.7	305.1	4.9	- 786.6
Afrique	310.0	7.4	—	—	- 310.0	505.5	10.5	—	—	- 505.5	567.5	10.7	—	—	- 567.5	686.9	12.4	—	—	- 686.9
Australie et Nouv. Zélande	142.4	3.4	5.9	0.1	- 136.5	25.6	0.5	0.6	—	- 25.0	23.3	0.4	1.2	—	- 22.1	24.3	0.4	0.7	—	- 23.6
Total mondial ..	4193.2	100	4521.4	100	—	4809.6	100	5132.7	100	—	5313.2	100	5755.9	100	—	5559.6	100	6216.6	100	—

1) Evaluation. 2) Insignifiant. 3) Serbie. 4) Evaluation partielle. 5) Exercice clôturant le 30 juin. 6) Exercices clôturant le 31 mars. 7) Chiffre pour 1927. 8) Les chiffres proviennent, en général, des statistiques des pays exportateurs. 9) Seulement aux Indes néerlandaises; propre production.

INDUSTRIE DE LA POTASSE

L'industrie de la potasse en Allemagne et en France, malgré l'accroissement de la production des autres pays producteurs, continue à dominer le marché mondial. Cette industrie traverse d'ailleurs une époque de prospérité. La production aussi bien que les ventes se trouvent en progression constante, l'augmentation étant toutefois beaucoup plus marquée en France qu'en Allemagne. Mais tandis que ces dernières années ont été caractérisées chez la première par une vive expansion et une augmentation correspondante de la production, elles ont été marquées en Allemagne par des mesures de concentration et de rationalisation. Au début de 1929, neuf groupes seulement participaient à la production totale de l'Allemagne, trois d'entre eux fournissant à eux seuls 80% de la production. Simultanément, il a été procédé à une sélection sévère parmi les nombreux puits précédemment forés, afin de concentrer l'extraction sur les exploitations les plus productives. On trouvera dans les tableaux ci-dessous les résultats obtenus grâce à ces mesures.

Production de potasse pure par tonnes de sel brut en kg		Augmentation de la production par tonnes de sel brut
1925	1928	de 1925 — 1928
130.5	135.4	4%

Année	Ventes totales du Syndicat de la Potasse (en milliers de tonnes de potasse pure)	Vente moyenne par usine (en milliers de tonnes de potasse pure)	Nombre des ouvriers employés en moyenne
1913	1 110	8.0	29 258
1925	1 226	14.4	24 908
1926	1 100	17.5	20 171
1927	1 239	20.3	18 454
1928	1 421	23.7	18 933

On peut en conclure que l'industrie allemande de la potasse, bien qu'elle n'ait pu rivaliser par ses progrès avec l'industrie française, est aujourd'hui considérablement consolidée par rapport à 1925.

Afin de mettre un terme à la concurrence ruineuse entre la potasse allemande et la potasse française sur les marchés étrangers, une convention fut conclue en 1926 entre les deux pays producteurs. Sur les ventes à l'étranger, une quote-part de 70% fut attribuée à l'Allemagne et une quote-part de 30% à la France. A la suite de cette convention, la proportion des exportations aux ventes totales s'est légèrement modifiée au profit de l'Allemagne. Par contre, la progression des ventes sur le marché intérieur français a été beaucoup plus considérable qu'en Allemagne.

Outre l'extraction proprement dite, la potasse a beaucoup gagné en importance sur le terrain chimique au cours de ces dernières années.

Extraction de sous-produits de l'industrie de la potasse en Allemagne
(en milliers de tonnes)

Année	Brome	Chlorure de magnésie solide	Chlorure de magnésie liquide	Sulfate de soude (sel Glauber)	Sulfate de magnésie (sel amer)
1913	0.8	21.9	78.6	7.2	92.2
1925	1.6	32.2	69.1	51.1	104.1
1926	1.4	38.1	60.3	85.6	84.4
1927	1.7	35.4	62.7	109.1	125.4

Dans ce domaine, l'Allemagne a, sans aucun doute, une certaine avance sur l'industrie française de la potasse; cette dernière a, en effet, concentré tous ses efforts sur le développement le plus rapide de ses exploitations minières. Mais l'attention de la France se porte de plus en plus vers la chimie de la potasse et de ses dérivés. L'influence de cette nouvelle orientation se fait naturellement sentir sur la structure des entreprises. A côté de l'extraction proprement dite, on s'occupe du traitement chimique des matières extraites et des usines s'élèvent à côté des mines. Tant qu'elle s'en tiendra à l'extraction et au traitement des sous-produits et dérivés, la chimie de la potasse ne constituera, en quelque sorte, que le développement organique de la production minière, phénomène analogue à celui qui a été enregistré pour le charbon lorsque les sous-produits et dérivés commencèrent à être utilisés. Cette incursion dans le domaine de la chimie est toutefois destinée à acquérir une importance beaucoup plus grande dans l'industrie de la potasse lorsqu'il s'agira de la production d'azote synthétique, c'est-à-dire d'un produit étranger à l'exploitation même de la potasse. Cette transformation s'est déjà partiellement accomplie en Allemagne et elle est projetée en France également. C'est dans le but de mettre la main sur la production des engrais mixtes que l'industrie de la potasse emploie des capitaux dans la production de l'azote synthétique. Il est incontestable que dans l'éventualité où les engrais mixtes deviendraient d'un emploi exclusif ou simplement prédominant, l'industrie de la potasse perdrait tout contact direct avec les consommateurs et, par conséquent, tout contrôle sur la proportion de potasse à employer. Elle a donc tout intérêt à s'assurer une participation dans la production d'azote synthétique.

Les perspectives d'avenir des gisements de potasse russes, dont l'exploitation doit commencer incessamment, méritent une mention spéciale. Il serait prématuré de se prononcer sur les répercussions qu'ils pourraient avoir sur la situation de l'industrie de la potasse en Allemagne et en France, mais il n'est pas impossible que leur influence se fasse sentir.

Vente de potasse (K_2O)		Vente totale en milliers de tonnes	Répartition			
			Vente à l'intérieur		Vente à l'étranger	
			en milliers de tonnes	en %	en milliers de tonnes	en %
Allemagne	1925	1225.5	767.2	62.6	458.3	37.4
	1926	1099.9	694.3	63.1	405.6	36.9
	1927	1239.3	779.5	62.9	459.8	37.1
	1928	1421.4	869.3	61.2	552.1	38.8
France	1925	290.0	118.4	40.8	171.6	59.2
	1926	321.8	158.8	49.3	163.0	50.7
	1927	323.9	135.7	41.9	188.2	58.1
	1928	403.9	178.0	44.1	225.9	55.9

Production de potasse (en milliers de tonnes et en % du total mondial)	Sel brut						Potasse pure (K_2O)					
	1927		1928			Moyenne 1925-28 =100	1927		1928			Moyenne 1925-28 =100
	tonnes	%	tonnes	%	1925 =100		tonnes	%	tonnes	%	1925 =100	
Allemagne	11072.0	79.5	12488.0	79.3	103	111	1518.0	76.6	1691.0	75.5	107	112
France (Alsace)	2322.0	16.7	2619.0	16.6	136	114	372.3	18.8	410.6	18.3	132	112
Pologne	275.5	2.0	280.0[1])	1.8	156	119	34.2	1.7	35.0[1])	1.6	120	108
Espagne	172.0	1.2	200.0[1])	1.3	500	162	11.0	0.6	15.0[1])	0.7	500	171
Russie	l'extraction commencera sous peu											
Italie	produit jusqu'à présent des quantités, relativement minimes de leucite et d'alunite											
Europe	13841.5	99.4	15587.0	99.0	110	112	1985.5	97.7	2151.6	96.1	112	112
Etats-Unis	80.0[1])	0.6	160.0[1])	1.0	342	195	89.5	2.0	80.0[1])	3.6	347	195
Chili	produit des quantités minimes de salpêtre potassique											
Amérique	80.0	0.6	160.0	1.0	342	195	89.5	2.0	80.0	3.6	347	195
Inde britannique	—	—	—	—	—	—	6.0	0.3	6.0[1])	0.3	100	104
Japon	produit des quantités minimes d'alunite											
Asie	—	—	—	—	—	—	6.0	0.3	6.0	0.3	100	104
Afrique	l'Abyssinie produit annuellement quelques milliers de tonnes de potasse											
Total mondial..	13921.5	100	15747.0	100	110	112	1981.0	100	2237.6	100	115	114

1) Evaluation.

INDUSTRIE CHIMIQUE

Le groupement professionnel "Chimie" de l'Association de l'Industrie Allemande a procédé, en 1924, à une estimation de la valeur de la production de l'industrie chimique. Si nous essayons de continuer ce calcul, nous arrivons pour **1928** aux **résultats suivants:**

Production de l'industrie chimique (en milliards de RM et en % du total mondial)	1924		1928		
	RM	%	RM	%	1924 = 100
Allemagne	3.0	16.2	4.0	16.7	133
Grande-Bretagne et Irlande	2.5	13.5	3.0	12.5	120
Suède	0.2	1.1	0.2	0.8	100
Russie	0.44	2.4	1.0	4.2	227
Etats-Unis	8.4	45.4	11.0	45.8	131
Canada	0.47	2.5	0.6	2.5	128
Autres pays	3.5	18.9	4.2	17.5	120
Total mondial	18.51	100	24.0	100	130

Etant donné la grande diversité des branches de l'industrie chimique et l'absence de bases officielles, toutes les données statistiques concernant le volume de la production laissent à désirer sous le rapport de l'exactitude. Il est toutefois incontestable que les quatre dernières années ont été pour l'industrie chimique une période de développement ininterrompu. On peut donc admettre que la cadence de ce développement a trouvé dans le tableau ci-dessus son expression approximativement juste.

Sous le rapport de la valeur trop de la production, l'industrie chimique a déjà dépassé de nombreuses et importantes industries dans le domaine des matières premières que dans celui de la fabrication. Elle n'est plus très éloignée de l'industrie charbonnière, la plus grande du monde. L'importance de cette constatation est encore accrue par le fait que les méthodes synthétiques, qui représentent une technique toute nouvelle de la production, se répandent de plus en plus et ne sont encore incontestablement qu'au début de leur application pratique.

Les pays qui jouent un rôle important dans l'industrie chimique mondiale sont relativement peu nombreux. Ce sont principalement, d'après leur rang d'importance, les Etats-Unis, l'Allemagne, la Grande-Bretagne et la France. Non seulement en raison du volume de leur production chimique, mais, aussi, parce que l'élément synthétique est ici beaucoup plus développé que dans l'industrie chimique des autres pays où l'extraction, le raffinage et le traitement des produits naturels jouent le plus grand rôle.

Le marché intérieur est le principal débouché de l'industrie chimique, bien que le commerce extérieur atteigne également des chiffres très appréciables. Les quatre pays mentionnés plus haut viennent également en tête sous ce dernier rapport; leur quote-part dans les exportations mondiales de produits chimiques s'élevait en, 1927, à près de 70%. On doit aussi mentionner ici, l'Italie, moins à cause de l'importance actuelle de ses exportations qu'en raison des progrès continus qu'elle réalise sur le marché mondial.

C'est l'Allemagne qui occupe le premier rang pour les exportations de produits chimiques. Elle a pu augmenter considérablement sa quote-part de 1925 à 1927 dans l'exportation chimique mondiale, sans toutefois avoir encore atteint le chiffre d'avant-guerre. Par contre, les exportations des Etats-Unis, de la Grande-Bretagne et de la France en 1927, accusent un recul, à vrai dire peu considérable par rapport à 1925. Il y a toutefois lieu de croire que les Etats-Unis arriveront à des résultats sensiblement meilleurs en 1929. Trois grands marchés se partagent les exportations chimiques mondiales: l'Europe, les Etats-Unis et l'Extrême Orient. La quote-part de l'Europe seule dans les importations mondiales, s'élevait en 1927 à plus de 62%, contre 60% en 1925.

Il est intéressant de remarquer que cet accroissement de 1925 à 1927 est dû, pour une part importante, à l'acroissement de l'importation des principaux pays producteurs, et en particulier de l'Allemagne. Par contre, les Etats-Unis ont réussi à comprimer les importations au profit de leur propre industrie chimique, de sorte que leur quote-part dans les importations mondiales s'est abaissée de 22.7 en 1925 à 20.6% en 1927. Dans l'Extrême Orient, les importations du Japon et des Indes britanniques accusent une progression constante bien que plus lente. En revanche la faculté d'absorption du marché chinois, probablement à cause des troubles politiques, accuse une diminution pour les deux dernières années.

Une question étroitement liée à la rapide ascension de l'industrie chimique et à son développement dans l'avenir est celle de l'organisation et de la concentration des entreprises. Bien que les petits et moyens producteurs participent pour une large part à la production totale, il n'en est pas moins vrai que quelques grandes entreprises ont conquis une position prépondérante. Cette évolution peut être constatée, quoique à des degrés différents, dans tous les grands pays producteurs.

Quote-part de la production nationale en 1927 ou 1928:

	Couleurs synthétiques	Azote synthétique	Acide sulfurique	Super-phosphate
en Allemagne				
I. G. Farbenindustrie A.-G.	env. 100%	env. 85%	env. 90%[1]	—
en Grande-Bretagne				
Imperial Chemical Industries Ltd.	„ 40%	„ 100%	monopolise presque entièrement l'industrie de la chimie anorganique en Grande-Bretagne	
en France				
Etablissements Kuhlmann[2])	„ 80%	„ 30%	env. 70%	env. 70%
en Belgique				
Union Chimique Belge	—	—	„ 100%	—
en Italie				
Montecatini[3])	—	„ 60%	„ 60%	„ 70%
aux Etats-Unis				
E. J. Du Pont de Nemours & Cy.	Occupe une position prépondérante dans l'industrie des explosifs, de la soie artificielle et des couleurs synthétiques			

L'industrie chimique est une de celles dont la structure et l'importance économique se prêtent le plus à l'influence des grandes entreprises. La grande puissance financière de ces entreprises les met à même d'entretenir une organisation scientifique très coûteuse, qui a pour mission de chercher les besoins présents et futurs qu'il paraît possible de satisfaire à l'aide de la chimie. Les résultats de ces investigations sont alors mis en pratique même quand leur rendement initial apparaît problématique. Ce sont, en effet, les grandes entreprises qui ouvrent continuellement à la chimie de nouveaux domaines; elles peuvent donc être considérées comme les pionniers de l'industrie chimique. L'extension de leur champ d'activité marche naturellement de pair avec la consolidation de leur situation prépondérante; il serait toutefois vain de méconnaitre que cette évolution pourrait donner lieu à certaines tendances qui ne seraient pas toujours désirables dans l'intérêt des progrès de la rationalisation et du libre développement des forces.

La possibilité de la découverte par des entreprises concurrentes de procédés simplifiés expose les entreprises chimiques à d'énormes risques; il est donc naturel qu'on ait cherché à parer à ce danger par des conventions internationales très explicites réglementant la production et les ventes. Les conventions déjà conclues et celles qui pourront encore l'être entre les producteurs européens les plus importants, ne représentent que la conséquence fatale des particularités des grandes entreprises chimiques.

1) Acide nitrique. 2) En coopération avec la Manufacture de Glaces & Produits Chimiques de St. Gobain.
3) Montecatini contrôle en même temps plus de 80% de la production de pyrite et plus de 30% de la production de soufre de l'Italie.

Commerce international de produits chimiques (en millions de RM et en % du total mondial)	Exportation							Importation						
	1925		1926		1927			1925		1926		1927		
	RM	%	RM	%	RM	%	1925 = 100	RM	%	RM	%	RM	%	1925 = 100
Allemagne	930	22.9	1 020	24.7	1 160	25.7	125	240	7.8	240	7.5	360	10.5	150
Gr.-Bretagne et Irlande	550	13.6	565	13.7	600	13.3	109	340	11.1	380	11.9	400	11.7	118
France	540	13.3	540	13.1	540	12.0	100	270	8.8	270	8.4	300	8.8	111
Belgique	175	4.3	120	2.9	145	3.2	83	140	4.5	130	4.1	135	3.9	96
Italie	170	4.2	180	4.4	235	5.2	138	140	4.5	130	4.1	150	4.4	107
Russie	—	—	—	—	—	—	—	100	3.3	105	3.2	80	2.3	80
Hollande	140	3.5	145	3.5	170	3.8	121	180	5.8	190	5.9	195	5.7	108
Suisse	130	3.2	135	3.3	155	3.4	119	90	2.9	95	2.9	95	2.8	104
Autres pays d'Europe	230	5.7	265	6.4	265	5.9	115	320	10.4	345	10.8	420	12.2	131
Europe	2 865	70.7	2 970	72.0	3 270	72.5	114	1 820	59.1	1 885	58.8	2 135	62.3	117
Etats-Unis	650	16.0	700	17.0	710	15.7	109	700	22.7	720	22.5	705	20.6	101
Chili	450	11.1	365	8.8	450	10.0	100	—	—	—	—	—	—	—
Amérique	1 100	27.1	1 065	25.8	1 160	25.7	105	700	22.7	720	22.5	705	20.6	101
Japon	90	2.2	90	2.2	80	1.8	89	200	6.5	270	8.4	285	6.9	118
Chine	—	—	—	—	—	—	—	210	6.8	170	5.3	170	5.0	81
Inde britannique	—	—	—	—	—	—	—	150	4.9	160	5.0	180	5.2	120
Asie	90	2.2	90	2.2	80	1.8	89	560	18.2	600	18.7	585	17.1	104
Total mondial[1]	4 055	100	4 125	100	4 510	100	111	3 080	100	3 205	100	3 425	100	111

1) La somme des chiffres d'exportation ne correspond pas à celle des chiffres d'importation, étant donné qu'il a été impossible d'obtenir une documentation pour quelques pays importateurs.

ENGRAIS ARTIFICIELS

Les engrais artificiels constituent un facteur de première importance dans l'agriculture moderne. L'enrichissement systématique du sol en éléments nutritifs essentiels est devenu un principe universellement admis et a pris une grande extension au cours de ces dernières années. L'industrie des engrais artificiels n'a donc pas eu grande difficulté à trouver des débouchés pour sa production, bien que celle-ci se soit accrue dans des proportions considérables. Malgré cela, nombre de régions très étendues et très importantes pour la culture de plantes alimentaires et textiles sont encore très arriérées sous le rapport de l'emploi des engrais artificiels. Dans certains pays, au Canada par exemple, ce phénomène s'explique certainement en partie par le fait que le terrain donne encore des récoltes abondantes sans qu'il soit nécessaire de lui rendre régulièrement les éléments nutritifs qui lui ont été enlevés. Néanmoins, d'une façon générale, on peut dire que l'emploi des engrais chimiques ne dépend pas exclusivement des besoins du sol déterminés conformément aux enseignements de la chimie agricole, mais n'est, dans la plupart des cas, que le résultat d'un travail de propagande et de vulgarisation de longue haleine. Presque tous les éléments nutritifs du sol, et plus spécialement les composés azotés, trouvent partout encore des débouchés pratiquement illimités. Plus les producteurs réussiront à mettre à la disposition de l'agriculture les engrais concentrés les mieux adaptés aux conditions individuelles des cultures et des terrains, plus ces débouchés gagneront en importance.

Dans la période 1925-1928 l'accroissement de la production mondiale a été de 50% pour l'azote, 15% pour la potasse pure, 5% pour les superphosphates.[1])

La répartition de l'emploi des diverses sortes d'engrais varie considérablement suivant les pays. On trouve dans le tableau ci-dessous quelques indications à ce sujet:

Consommation de azote (N) acide sulfurique (P_2O_5) potasse (K_2O)[2]) (en kg par hectare de terre cultivée)	1925				1926				1927			
	N	P_2O_5	K_2O	$N:P_2O_5:K_2O$	N	P_2O_5	K_2O	$N:P_2O_5:K_2O$	N	P_2O_5	K_2O	$N:P_2O_5:K_2O$
Allemagne	11.7	13.1	21.5	1:1.1:1.8	13.8	16.3	24.7	1:1.2:1.8	13.7	18.1	26.0	1:1.3:1.9
Gr. Bretagne et Irl.	6.3	17.2	6.2	1:2.7:1.0	5.7	16.7	5.9	1:2.9:1.0	5.9	18.2	5.8	1:3.1:1.0
France	5.2	19.5	5.3	1:3.7:1.0	5.2	20.3	7.1	1:3.9:1.4	5.6	18.4	6.3	1:3.3:1.1
Italie	2.2	17.2	1.9	1:7.8:0.9	2.8	19.0	1.4	1:6.8:0.5	2.6	15.7	1.0	1:6.0:0.4
Belgique	26.3	47.0	26.6	1:1.8:1.0	24.9	43.5	26.0	1:1.7:1.0	26.2	47.0	22.2	1:1.8:0.8
Hollande	17.9	39.1	39.4	1:2.2:2.2	20.7	44.9	38.6	1:2.2:1.9	17.9	44.9	41.0	1:2.5:2.3
Danemark	8.3	17.8	5.2	1:2.1:0.6	7.2	20.5	6.2	1:2.8:0.9	7.8	21.5	4.1	1:2.8:0.5
Tchécoslovaquie ..	3.2	8.5	3.8	1:2.7:1.2	2.8	8.8	3.9	1:3.1:1.4	3.7	9.1	4.2	1:2.5:1.1
Pologne	1.2	2.3	1.8	1:1.9:1.5	1.3	1.8	1.8	1:1.4:1.4	2.2	3.3	3.3	1:1.5:1.5
Suède	2.6	9.9	9.2	1:3.8:3.5	2.7	10.6	7.7	1:3.9:2.9	3.5	10.0	7.2	1:2.9:2.1
Espagne	3.9	12.6	0.8	1:3.2:0.2	3.9	15.7	0.8	1:4.0:0.2	5.2	16.6	1.1	1:3.2:0.2
Egypte	11.5	3.6	—	1:0.3 —	13.5	2.4	—	1:0.2 —	13.0	2.8	—	1:0.2 —

Il y a lieu de remarquer que les conditions du sol et les conditions de cultures se différencient beaucoup les unes des autres suivant les pays, et devraient, naturellement, entraîner des différences correspondantes dans la sélection et le dosage des éléments nutritifs. Mais, dans les conditions actuelles, la préférence accordée à un engrais déterminé n'est nullement dictée partout par les besoins de la chimie agricole. De nombreux autres facteurs, tels que la force d'inertie provenant de l'habitude et certaines restrictions imposées aux importations dans le but de favoriser l'industrie nationale des engrais chimiques ou d'améliorer la balance commerciale, jouent ici un rôle important. D'autre part, malgré les expériences auxquelles il a été procédé sur les effets des divers éléments nutritifs, on ne dispose pas dans tous les cas de résultats

1) De 1925-1927. 2) Outre ces trois éléments nutritifs, la chaux a également une grande importance comme engrais; on ne dispose, toutefois, pas de statistiques internationales à ce sujet. En Allemagne la consommation de chaux (chaux vive et carbonate de chaux) était par hectare

1925	1926	1927	1928
46	43	49	54 kg.

incontestés; l'emploi de l'un ou de l'autre engrais dépend donc souvent de la propagande des producteurs, qui se livrent entre eux une lutte acharnée. On comprend, dans ces conditions, tout l'intérêt qui s'attache aux efforts tentés pour arriver à la solution du problème des engrais par l'emploi d'une combinaison atomique adaptée dans chaque cas aux besoins des divers terrains. C'est ce qu'on appelle "l'engrais mixte". Les producteurs d'azote déploient ces derniers temps une activité toute particulière dans ce domaine. Il n'est pas impossible qu'il en résulte des répercussions sur l'industrie des superphosphates.

AZOTE

Dans la période 1925-1928 la production mondiale d'azote a augmenté de 50%; elle représentait en 1928 une valeur de 2 milliards de Marks en chiffre rond. La plus grande partie de cette augmentation revient à l'industrie de l'azote synthétique, qui a presque doublé sa production. D'autre part la production de nitrate chilien a également progressé, d'un quart environ, au cours de la période 1925-1928, et atteignait en 1928 un chiffre record. La production d'ammoniaque industriel, qui dépend du degré de c.bonisation, a relativement beaucoup augmenté. Le tableau ci-dessous contient les chiffres relatifs au développement comparatif des produits synthétiques, naturels et dérivés:

Production de l'Azote (en milliers de tonnes N et en % du total mondial)	1925		1926		1927		1928		
	tonnes	%	tonnes	%	tonnes	%	tonnes	%	1925 =100
Azote synthétique	555	43.5	680	50.8	830	57.3	1000	52.1	180
Sous-produit ammoniaque	330	25.9	345	25.8	370	25.5	430	22.4	130
Nitrate du Chili	391	30.6	313	23.4	250	17.2	490	25.5	125
Total mondial	1276	100	1338	100	1450	100	1920	100	150

Le fait le plus saillant à noter est la reprise constatée dans l'industrie chilienne du nitrate, reprise prévue du reste dans la première édition du présent ouvrage. Cette reprise a eu lieu nonobstant le développement extraordinaire pris par l'industrie de l'azote synthétique.

Dans une étude du développement de la production de l'industrie internationale de l'azote on devra toutefois tenir compte en premier lieu de l'importance "quantitative" des divers centres de production; ce n'est qu'en seconde ligne qu'on s'occupera des diverses méthodes de production, et ceci seulement dans la mesure ou elles pourraient donner lieu à différentes possibilités de développement.

59% de la production mondiale ont été fournis, en 1928, par l'Europe, 38% seulement par le continent américain, le reste par l'Asie et l'Australie. C'est la grande industrie chimique qui détient en Europe la suprématie absolue; l'Allemagne, le pays classique de la synthèse de l'azote, a maintenu sa position dans l'industrie de l'azote. Le rythme de la progression de la production allemande (environ 50% de 1925 à 1928) est toutefois dépassé de beaucoup par la Grande-Bretagne et la France, et encore plus par l'Italie. Ce dernier pays a produit en 1928 trois fois plus d'azote qu'en 1925, — en majeure partie par la méthode synthétique. La Belgique et la Pologne ont également réalisé de grands progrès dans le domaine de la production de l'azote synthétique. Cette progression foudroyante de l'industrie de l'azote en Europe n'a pas, jusqu'ici, de pendant aux Etats-Unis et au Canada; les progrès réalisés dans ces deux contrées, par rapport à 1925, sont relativement modestes.

Le Chili, par contre, fait valoir énergiquement ses prétentions sur les débouchés internationaux. Sous l'impulsion du groupe Guggenheim une complète réorganisation a été entreprise dans l'industrie du nitrate, aussi bien sous le rapport technique que sous le rapport économique; les fruits s'en font déjà sentir dans le résultat de la campagne de 1928, si nettement supérieur à celui de l'année précédente.

Jusqu'à présent, la production et la vente de l'azote ont marché à peu près de pair. Bien que la consommation soit sans aucun doute encore susceptible d'une augmentation très considérable, il n'en est pas moins indéniable que l'industrie mondiale de l'azote est à la veille de traverser une période critique. La principale faiblesse de cette industrie, d'autre part si florissante, réside dans le danger d'une offre dépassant la demande, du fait:

1. de la tendance de nombreux pays à couvrir eux-mêmes leur besoins en azote,
2. de l'intensification de la production d'azote par suite de l'utilisation par l'industrie charbonnière, dans une mesure toujours plus grande, des sous-produits azotés de cokerie.

Ce sont surtout la France, la Belgique, la Hollande et l'Italie qui travaillent activement à se rendre indépendants de l'Etranger.

Bien que les exploitations existant actuellement dans le monde entier soient plus que suffisantes pour satisfaire aux besoins de la consommation, les pays en question se préparent à augmenter très prochainement leur production sur une grande échelle. Les trois pays disposant d'un gros excédent de production: l'Allemagne, la Grande-Bretagne et le Chili, — qui en 1928 entraient à eux seuls pour plus de 80% dans les exportations mondiales — seront les premiers à ressentir les effets de la politique tendant à créer des industries nationales capable de suffire aux besoins des marchés intérieurs. Ce n'est par conséquent pas par un effet du hasard que la première convention internationale dans l'industrie de l'azote a été conclue entre ces trois pays. On ne connait pas encore les détails de ces accords, tout récents d'ailleurs (Juin 1929). Leur objet principal est certainement l'extension du rayon d'action géographique des pays exportateurs, c'est-à-dire la recherche de nouveaux débouchés. Leur effet se fera par conséquent sentir dans toutes les branches de l'industrie des engrais. La question de savoir comment se développeront les besoins dans les pays d'outre-mer, qui jouent ici le rôle principal — en raison de l'exposé qui a été fait de la situation européenne — a une importance capitale pour l'industrie mondiale de l'azote. Mais ainsi qu'il a déjà été expliqué plus haut, il est impossible, actuellement, de se prononcer définitivement à cet égard. On peut douter que l'action commune de l'Allemagne, de la Grande-Bretagne et du Chili, soit l'avant-coureur d'une réglementation qui s'étendrait à l'industrie de l'azote dans son ensemble. En effet, les intérêts des trois grands pays exportateurs sont tout autres que ceux des autres pays producteurs d'azote. Les probabilités paraîtraient plutôt indiquer la formation d'un second groupe, opposé au premier, comprenant la France, la Belgique, l'Italie, la Hollande et la Yougoslavie, et dans lequel l'influence prépondérante appartiendrait au capital français.

Le second danger — déjà signalé plus haut — menaçant le marché de l'azote est la production d'azote par l'industrie charbonnière. Il ne s'agit plus ici de l'utilisation habituelle de l'ammoniaque comme sous-produit de cette industrie, — dont la relation au degré de carbonisation est plus ou moins fixe —, mais bien de la production en grand par les procédés synthétiques. Contrairement à ce qui se passe dans d'autres pays, où l'industrie minière travaille en collaboration avec l'industrie chimique, on voit en Allemagne de grandes entreprises houillères garder leur autonomie comme producteurs d'azote, quelquefois en liaison avec l'industrie de la potasse. Les quantités venues de cette source sur le marché n'ont pas encore atteint des chiffres très élevés, mais les installations ont été conçues sur une si grande échelle que la production à plein rendement serait capable d'affecter non seulement le marché allemand, mais aussi le marché international.

Industrie de l'azote (en milliers de tonnes N et en % du total mondial)	Production					Exportation					Importation				
	1925		1928		1925 = 100	1925		1928		1925 = 100	1925		1928		1925 = 100
	tonnes	%	tonnes	%		tonnes	%	tonnes	%		tonnes	%	tonnes	%	
Allemagne	476.7	37.4	700.0	38.1	150	114.1	17.3	232.1	26.2	208	4.3	0.7	17.7	2.1	412
Gr. Bretagne et Irlande	80.9	6.3	144.0	7.8	178	55.0	8.4	83.6	9.4	152	17.2	2.7	16.8	2.0	98
France	33.9	2.7	64.0	3.5	189	2.6	0.4	5.5	0.6	212	82.0	12.8	104.2	12.6	127
Pologne	18.7	1.5	43.0	2.3	230	3.4	0.5	3.9	0.4	115	9.3	1.4	19.5	2.4	210
Belgique	13.2	1.0	24.0	1.3	182	2.2	0.3	3.6	0.4	164	32.6	5.1	40.6	4.9	125
Italie	14.2	1.1	40.0	2.2	282	—	—	4.4	0.5	—	21.7	3.4	19.9	2.4	92
Hollande	7.6	0.6	9.6	0.5	126	6.2	1.0	6.6	0.8	106	36.7	5.7	69.0	8.3	188
Autre pays d'Europe	57.2	4.5	61.7	3.4	108	33.8	5.1	45.2	5.1	134	102.3	16.0	131.7	15.8	129
Europe	702.4	54.1	1086.3	59.1	157	217.3	33.0	384.9	43.4	177	306.1	47.8	419.4	50.5	137
Etats-Unis	130.0	10.2	176.0	9.6	135	26.3	4.0	32.0	3.6	122	200.8	31.4	200.7	24.2	100
Chili	391.2	30.7	490.2	26.7	125	390.4	59.3	439.1	49.5	112	—	—	—	—	—
Canada	20.0	1.6	28.1	1.5	141	18.5	2.8	27.1	3.1	146	3.6	0.5	4.9	0.6	136
Autres pays d'Amérique	—	—	—	—	—	—	—	—	—	—	4.1	0.6	11.6	1.4	283
Amérique	541.2	42.5	694.3	37.8	128	435.2	66.1	498.2	56.2	114	208.5	32.5	217.2	26.2	104
Japon	26.7	2.1	54.0	2.9	202	3.3	0.5	1.7	0.2	52	47.8	7.5	66.8	8.0	140
Autres pays d'Asie	—	—	—	—	—	1.7	0.3	1.5	0.2	88	43.0	6.7	76.1	9.2	177
Asie	26.7	2.1	54.0	2.9	202	5.0	0.8	3.2	0.4	64	90.8	14.2	142.9	17.2	157
Afrique	—	—	—	—	—	—	—	—	—	—	34.1	5.3	44.1	5.3	129
Austral. et Nouv. Zélande	3.3	0.3	4.0	0.2	121	1.0	0.1	0.5	—	50	1.1	0.2	6.8	0.8	618
Total mondial	1273.6[1]	100	1838.6[1]	100	145	658.5	100	886.8	100	135	640.6	100	830.4	100	130

1) La différence entre ce chiffre et celui indiqué à la page 93, provient de ce qu'on n'a pas tenu compte dans le tableau ci-dessus, de quelques pays pour lesquels on n'a pu obtenir des chiffres exacts.

ENGRAIS PHOSPHATES

Comparés au remarquable développement de l'industrie de l'azote, les engrais phosphatés semblent avoir été un peu négligés au cours de ces dernières années. Ils ont, cependant, une grande importance tant sous le rapport économique que sous celui de la physiologie végétale.

Les événements survenus dans la production des phosphates bruts méritent d'être mentionnés. En 1925 déjà, on avait pu constater par rapport à la période d'avant-guerre, un déplacement dans l'importance relative des deux principaux centres d'extraction de phosphates bruts du monde, l'Afrique du Nord et les Etats-Unis, et ce au profit des centres africains de production. Mais, grâce à l'augmentation sensible de sa production, l'Amérique jouait encore un rôle important. Depuis lors les conditions ont changé: en 1928, la production américaine était revenue au chiffre d'avant-guerre, tandis que l'Afrique du Nord avait continué d'intensifier l'exploitation de ses gisements de phosphates bruts. C'est ainsi que l'extraction en 1927 dépassait de près de 30% celle de 1925 (le léger déclin enregistré en 1928 ne sera probablement que temporaire). Ce déplacement d'influence a eu pour conséquence d'évincer progressivement les phosphates bruts américains du marché européen, au profit des phosphates africains. L'Europe est aujourd'hui pratiquement indépendante de l'Amérique pour ses approvisionnements en phosphates bruts. Ce fait mérite d'autant plus d'être souligné que les centres d'extraction nord-africains les plus importants appartiennent au capital européen (français).

On trouve dans le développement de ces dernières années d'importants éléments permettant d'apprécier la situation de l'industrie des superphosphates qui est le plus grand consommateur de phosphates bruts. De 1925 à 1927, la production mondiale de superphosphates ne s'est accrue que de 5% à peine, progrès qui est hors de toute proportion avec l'énorme développement de la production de potasse et d'azote. On pourrait peut-être l'expliquer par ce fait que le superphosphate possède encore aujourd'hui une certaine avance sur ses rivaux, tant sous le rapport de l'étendue des territoires que sous le rapport de l'intensité de son emploi. Cette avance n'étant pas toujours justifiée par des considérations de physiologie végétale, est en train de disparaître. Malgré cette tendance fondamentale, certaines considérations d'un autre ordre peuvent influer sur certains pays dans un sens opposé; tel est par exemple le cas de l'Allemagne, où de vastes étendues de terrains utilisées pour la culture agricole sont pauvres en acide phosphorique.

Les principaux producteurs de superphosphates du monde en 1928 ont encore été, par ordre d'importance: les Etats-Unis, la France et l'Italie. Il est curieux de constater que la production, après l'année record 1926, a uniformément rétrogradé en 1928 dans les trois pays en question au-dessous de la production de 1925, en partie même dans des proportions considérables. La Belgique enregistre également un recul dans sa production. L'industrie allemande des superphosphates a bien obtenu en 1927 et 1928 des résultats supérieurs à ceux de1925, ce qui indique une amélioration incontestable; mais une comparaison avec la dernière année d'avant-guerre, alors que sa production dépassait de plus du double celle de 1928, montre que cette amélioration est plus apparente que réelle, d'autant plus que la concurrence étrangère s'est encore accentuée par rapport à 1925. Les progrès constatés dans d'autres pays européens, principalement en Russie et en Espagne, ainsi qu'en Asie (Japon), en Australie et en Afrique (Algérie, Maroc) ont pour la structure internationale de l'industrie des superphosphates une importance beaucoup plus grande que l'augmentation de la production allemande. Le développement constaté montre que la demande est un facteur déterminant pour le lieu d'installation de l'industrie des superphosphates. La production peut être inaugurée avec chance de succès là où se trouve ou bien où se crée une demande suffisante, d'autant plus qu'il n'y a ni difficultés de brevets à surmonter, ni installations particulièrement coûteuses à créer. Les charges fixes ne jouent pas ici un rôle prédominant comme à l'ordinaire. Les développements des trois dernières années ont montré que dans l'industrie internationale des superphosphates il existe bien des centres individuels d'influence, mais qu'il n'existe pas de supériorité marquée d'un pays sur un autre. On a également constaté que, dans la plupart des cas, le superphosphate devient le pionnier des méthodes modernes d'engrais en général.

Industrie des superphosphates (en milliers de tonnes et en % du total mondial)	Production							Exportation					Importation				
	1926		1927			1928[1])		1927		1928			1927		1928		
	tonnes	%	tonnes	%	1925 =100	tonnes	%	tonnes	%	tonnes	%	1925 =100	tonnes	%	tonnes	%	1925 =100
Allemagne	661.0	4.7	789.0	5.3	112	792.0	5.8	80.7	5.7	96.9	6.8	212	89.3	6.5	113.5	8.6	284
Grande-Bretagne et Irlande	525.0	3.7	533.0	3.8	103	530.0	3.9	9.6	0.7	12.8	0.9	67	209.8	15.2	165.0	12.5	109
France	2 430.0	17.2	2 215.0	15.9	98	2 265.0	16.6	279.6	19.9	260.0	18.3	113	14.5	1.0	8.2	0.6	37
Belgique[2])	530.0	3.7	569.0	4.1	98	570.0	4.2	254.4	18.1	255.6	18.0	145	29.9	2.2	38.6	2.9	142
Italie	1 585.0	11.2	1 370.0	9.9	94	1 050.0	7.7	26.1	1.9	23.7	1.7	60	51.9	3.8	36.4	2.8	160
Espagne	828.6	5.8	864.3	6.2	120	1 016.0	7.4	—	—	—	—	—	193.9	14.1	134.2	10.1	92
Hollande	598.0	4.2	631.0	4.6	110	609.6	4.4	486.0	34.5	476.7	33.5	124	101.2	7.4	108.1	8.2	114
Suède	231.0	1.6	218.7	1.6	91	240.0	1.7	49.9	3.5	66.3	4.6	75	19.8	1.4	20.0	1.5	120
Russie[3])	91.8	0.6	97.4	0.7	182	149.8	1.1	—	—	—	—	—	5.1	0.4	4.0[7])	0.3	71
Autr. pays d'Eur.	915.1	6.5	1 116.0	8.0	126	1 184.0	8.7	68.2	4.9	102.1	7.2	181	375.7	27.3	371.9	28.1	156
Europe.........	8 390.5	59.2	8 358.4	60.1	103	8 406.4	61.5	1 254.5	89.2	1 294.1	91.0	125	1 091.1	79.3	992.9	75.6	109
Etats-Unis......	3 916.0	27.6	3 369.0	24.2	97	3 200.0	23.4	109.2	7.8	90.0	6.3	135	—	—	—	—	—
Autr.pays d'Am.[4])	0.6	—	1.2	—	24	4.7	—	—	—	—	—	—	80.0	5.8	90.0	6.8	155
Amérique	3 916.6	27.6	3 370.2	24.2	97	3 204.7	23.4	109.2	7.8	90.0	6.3	135	80.0	5.8	90.0	6.8	155
Asie[5])	786.3	5.6	934.8	6.7	138	850.0	6.9	—	—	—	—	—	56.0	4.1	60.0	4.5	125
Australie et Nouvelle Zélande ..	920.4	6.5	1 027.0	7.4	123	912.4	6.7	—[8])	—	—[8])	—	—	—[8])	—	—[8])	—	—
Afrique[6])	158.8	1.1	214.4	1.6	176	210.0	1.5	43.0	3.0	38.0	2.7	127	149.0	10.8	178.0	13.1	118
Total mondial ..	14 172.6	100	13 899.8	100	105	13 683.5	100	1 406.7	100	1 422.1	100	125	1 376.1	100	1 322.9	100	115

1) Les chiffres sont, en partie, provisoires; ce sont les chiffres pour l'année 1927 qu'on a insérés en comparaison.
2) Il existe de multiples indications pour la production belge des superphosphates qui se différencient sensiblement les unes des autres. Les chiffres ci-dessus proviennent de "l'Annuaire International de Statistique Agricole".
3) Exercice clôturant le 30 septembre.
4) Canada.
5) Japon.
6) Algérie et Maroc.
7) Evaluation.
8) Insignifiant.

Production des phosphates bruts (en milliers de tonnes et en % du total mondial)	1926		1927			1928[2])	
	tonnes	%	tonnes	%	1925 = 100	tonnes	%
France	253.4	2.6	185.0	1.9	82	200.0	2.1
Belgique	30.0	0.3	39.8	0.4	264	40.0	0.4
Espagne	5.7	0.1	4.2	0.1	79	5.0	—
Russie	71.5	0.7	68.5	0.7	191	70.0	0.7
Autres pays d'Europe	4.1	0.1	3.6	—	180	6.9	0.1
Europe	364.7	3.8	301.1	3.1	106	321.9	3.3
Etats-Unis	3650.0	37.7	3074.0	31.0	93	3100.0	32.2
Autres pays d'Amérique	106.8	1.1	108.9	1.1	133	104.2	1.1
Amérique	3756.8	38.8	3182.9	32.1	94	3204.2	33.3
Asie	148.0	1.5	140.7	1.4	78	126.8	1.3
Afrique	4698.0	48.5	5366.0	54.1	128	5144.0	53.5
Australie[1])	720.1	7.4	922.5	9.3	125	822.7	8.6
Total mondial	9687.6	100	9913.2	100	113	9619.6	100

1) Océanie. 2) Chiffres partiellement provisoires; c'est pour cette raison qu'on a inséré les chiffres de 1927 pour la comparaison.

SCORIES THOMAS

La production et l'emploi des **scories Thomas**, le plus important engrais phosphaté après le superphosphate, sont presque exclusivement limités à **l'Europe**. La grande industrie du fer des **Etats-Unis** ne produit que très peu de scories Thomas, les minerais traités étant en majeure partie pauvres en phosphore. Par contre, le développement de la métallurgie du fer en Europe au cours des dernières années a presque partout amené une forte augmentation de la production de scories Thomas, plus spécialement en **Belgique**, au **Luxembourg** et en **France**. Comme il suffit de broyer les scories Thomas pour en permettre l'emploi comme engrais, ce qui rend inutile un traitement chimique comme pour le phosphate brut, elles peuvent être livrées au consommateur à un prix inférieur à celui du superphosphate. Etant donné la situation financière difficile de l'agriculture, cette circonstance favorise l'emploi des scories Thomas broyées de préférence au superphosphate, bien qu'au point de vue de la physiologie végétale la supériorité appartienne à ce dernier. C'est pour cette raison que dans maints pays, et en particulier en **Allemagne**, — qui en plus de sa propre production, assez importante, est le principal pays **importateur** de scories Thomas — ce sous-produit constitue une concurrence redoutable pour l'industrie des superphosphates.

Product. des scories Thomas (en milliers de tonnes et en % du total mondial)	1927		1928		
	tonnes	%	tonnes	%	1925 = 100
Allemagne	1714.0	33.6	1416.0	27.0	108
Grande-Bretagne et Irlande	210.3	4.1	221.5	4.2	82
France[1])	1535.0	30.0	1805.0	34.5	130
Belgique	886.7	17.3	955.6	18.3	175
Luxembourg	540.0	10.6	607.0	11.6	131
Autres pays d'Europe	178.0	3.5	197.9	3.8	119
Europe	5064.0	99.1	5203.0	99.4	126
Etats-Unis	30.0	0.6	18.1	0.3	57
Canada	14.0	0.3	14.0	0.3	108
Amérique	44.0	0.9	32.1	0.6	71
Total mondial	5108.0	100	5235.1	100	125

1) Y compris la Sarre.

ACIDE SULFURIQUE

L'industrie de l'acide sulfurique doit presque partout recourir à l'importation des matières premières qui lui sont nécessaires; en effet, les gisements de pyrite, et encore plus les gisements de soufre élémentaire, sont relativement clairsemés. L'Espagne fournit plus de la moitié de l'extraction de pyrite du monde entier; en ce qui concerne le soufre élémentaire, ce sont les Etats-Unis qui en ont presque le monopole exclusif. Comme d'autre part dans chacun de ces deux cas les gisements se trouvent sous le contrôle absolu d'une seule entreprise (Rio Tinto Cy. et Texas Gulf Sulphur Cy., respectivement) l'industrie de l'acide sulfurique est dans un état de dépendance nettement caractérisé vis-à-vis de ses fournisseurs de matières premières. Cette situation a provoqué diverses tentatives de production de l'acide sulfurique avec d'autres matières premières qu'on trouve en plus grande abondance. Les essais auxquels il a été procédé avec le gypse (sulfate de chaux) ont déjà donné des résultats appréciables. Les essais d'utilisation du soufre contenu dans le gaz de houille n'ont pas jusqu'ici dépassé la période expérimentale.

L'acide sulfurique était autrefois un type de produit essentiel dans l'industrie chimique; il était indispensable à la production d'autres produits chimiques parmi les plus importants. Les chiffres de sa production étaient la mesure de l'importance d'un pays donné dans le domaine chimique. Une évolution radicale se prépare dans ce domaine, en ce sens que les progrès réalisés au cours de ces dernières années dans l'industrie chimique sont caractérisés par l'élimination croissante de l'acide sulfurique. C'est la "I. G. Farbenindustrie" qui est entrée la première dans cette voie; dans la production de sulfate d'ammonique (azote), elle s'est rendue presque complètement indépendante de l'acide sulfurique par l'utilisation du gypse et de l'anhydride. L'industrie des superphosphates s'efforce également d'éviter l'emploi de l'acide sulfurique dans le traitement des phosphates bruts, afin de pouvoir livrer les engrais phosphatés en une combinaison chimique mieux adaptée aux besoins du sol. Ici également, c'est la "I. G. Farbenindustrie" qui a montré la voie par le traitement électrolytique des phosphates bruts. Dans le traitement du chlorure de sodium (sel commun) pour en extraire la soude, on est arrivé à se passer presque complètement de l'acide sulfurique, autrefois employé de préférence. La production d'acide chlorhydrique, également, a recours aujourd'hui à d'autres procédés.

Si, malgré cette évolution, on constate presque partout une augmentation de la production d'acide sulfurique pour la période 1913—1928, il n'en est pas moins vrai qu'étant donné l'énorme essor de l'industrie chimique, cette augmentation eût dû être beaucoup plus grande si l'acide sulfurique était resté comme auparavant l'élément essentiel de la fabrication de produits chimiques.

L'acide sulfurique n'en reste pas moins, aujourd'hui encore, un des produits les plus importants de l'industrie chimique, tant sous le rapport de la quantité que de la valeur de sa production. Et de même que l'augmentation relativement considérable de la production en Allemagne peut être considérée comme l'indice du vif essor de l'industrie chimique dans ce pays, de même, la progression, supérieure à la moyenne, de la production d'acide sulfurique — dans des pays qui, comme la Russie, la Belgique, l'Espagne, etc., et le Japon en Asie, n'avaient pas joué de rôle important jusqu'ici sur le terrain de la chimie — permet de conclure à une réelle activité dans le domaine de la chimie industrielle.

Production de pyrite, soufre élémentaire et acide sulfurique
(en milliers de tonnes et en % du total mondial)

Pays	Pyrite					Soufre élémentaire					Acide sulfurique[11]				
	1925		1927[1]			1925		1928			1925		1928		
	tonnes	%	tonnes	%	1925 =100	tonnes	%	tonnes	%	1925 =100	tonnes	%	tonnes	%	1925 =100
Allemagne	223.3	3.7	350.4	5.2	157	—	—	—	—	—	1895.0	11.4	2379.0	12.9	126
Gr. Bretagne et Irlande	5.4	0.1	5.0	0.1	93	—	—	—	—	—	1318.0	8.0	1430.0	7.8	108
France	212.7	3.6	203.7	3.0	96	—	—	—	—	—	1840.0	11.1	1985.0	10.8	108
Belgique	—	—	1.3	—	—	—	—	—	—	—	740.0	4.5	936.5	5.1	127
Italie	533.7	9.0	625.3	9.2	117	290.8	16.2	327.7	13.4	113	1237.0	7.5	1095.0	6.0	89
Espagne	3359.0	56.4	3611.0	53.3	108	17.0	0.9	20.0	0.8	118	230.0	1.4	300.0	1.7	130
Suède	69.9	1.2	69.2	1.0	99	—	—	—	—	—	174.5	1.0	165.0	0.9	95
Russie[2]	32.0	0.5	48.1[3]	0.7	150	—	—	—	—	—	156.0[12]	0.9	318.3	1.7	204
Autres pays d'Europe	813.3[4]	13.7	866.4[4]	12.8	107	—	—	—	—	—	1190.0	7.2	1370.0[13]	7.5	115
Europe	5249.8	88.2	5780.4	85.3	110	307.8	17.1	347.7	14.2	113	8780.5	53.0	9978.8	54.4	114
Etats-Unis	172.8	2.9	219.2	3.2	127	1432.0	79.6	2014.0	82.4	141	6853.0	41.3	7223.0	39.4	105
Autres pays d'Amérique	15.1[5]	0.3	47.9[5]	0.7	317	9.1[9]	0.5	12.5[9]	0.5	137	115.7[5]	0.7	133.5[5]	0.7	115
Amérique	187.9	3.2	267.1	3.9	142	1441.1	80.1	2026.5	82.9	141	6968.7	42.0	7356.5	40.1	106
Asie	488.6[6]	8.2	717.6[6]	10.6	147	50.0[10]	2.8	71.0[10]	2.9	142	524.4[14]	3.2	700.0[12][14]	3.8	133
Afrique	12.6[7]	0.2	12.2[7]	0.2	97	—	—	—	—	—	—	—	—	—	—
Australie	12.1[8]	0.2	—	—	—	—	—	—	—	—	300.0[12][15]	1.8	300.0[12][15]	1.7	100
Total mondial	5950.5	100	6777.3	100	114	1798.9	100	2445.2	100	136	16573.6	100	18335.3	100	111

1) Au moment de l'édition de cette brochure, les chiffres pour l'année 1928 n'étaient que partiellement connus.
2) Exercice clôturant le 30 septembre.
3) Exportation.
4) Y compris la Norvège 1925: 624 400 tonnes; 1927: 617 000 tonnes.
5) Canada.
6) Japon et Chypre.
7) Algérie.
8) Océanie.
9) Chili.
10) Japon et l'île Formose.
11) 62.5%.
12) Evaluation.
13) Evaluation partielle.
14) Japon.
15) Commonwealth of Australia.

MATIERES COLORANTES A BASE DE GOUDRON

Les modifications survenues après la guerre dans la structure de l'industrie mondiale des matières colorantes à base de goudron ont pu être constatées avec une netteté toute particulière au cours des trois dernières années. A l'ère du monopole germano-suisse des couleurs a succédé l'ère des **ententes internationales**. Si les nouvelles manifestations de la concurrence dans d'autres pays, principalement pendant la guerre, sont imputables à des causes naturelles ou à des mesures protectionnistes des Gouvernements intéressés, ceci n'enlève rien à la valeur de cette constatation. Le fait qui importe c'est que les industries allemandes et suisses des matières colorantes à base de goudron se sont engagées dans la voie des accords internationaux au lieu de continuer à se faire une concurrence déchaînée. La **première** étape de cette évolution a été marquée par les accords intervenus en 1927 et 1928 entre l'Allemagne, la Suisse et la France pour le règlement de la production et des débouchés. On cherche d'ailleurs à obtenir aussi l'adhésion des fabricants anglais et américains, et ce résultat tend incontestablement à se concrétiser.

Toutefois l'Allemagne et la Suisse ensemble assurent encore à l'heure actuelle, environ la moitié de la **production** mondiale. La part de l'Allemagne seule en 1928 était d'environ 45%. Pour les colorants riches, notamment les couleurs de cuve, la suprématie de l'Allemagne et de la Suisse est jusqu'ici à peine battue en brèche.

Valeur moyenne des matières colorantes à base de goudron dans le commerce international (RM par kg)	Exportation				Importation			
	1925	1926	1927	1928	1925	1926	1927	1928
Allemagne	5.41	5.36	4.78	4.86	4.82	4.82	4.74	4.58
Suisse	6.86	6.41	6.66	6.50	6.25	6.55	5.95	6.51
Grande-Bretagne et Irlande	2.35	1.96	1.88	1.78	6.40	9.24	9.89	9.58
France	6.39	5.31	2.56	2.71	8.36	7.34	7.36	9.91
Etats-Unis	2.40	2.18	1.90	1.83	11.49	10.46	10.41	10.19
Japon	1.16	1.34	1.18	0.96	4.62	5.69	6.41	7.10

Une comparaison des valeurs d'exportation fait clairement ressortir la position spéciale de l'Allemagne et de la Suisse comme producteurs et exportateurs de colorants **riches**; d'autre part, l'écart considérable entre les prix d'exportation et d'importation des autres pays permet de juger à quel point ils sont tributaires de l'Allemagne et de la Suisse pour l'importation des colorants chers. On ne doit, toutefois, pas en déduire qu'il s'est produit une sorte de **division du travail** sur le terrain international dans laquelle l'approvisionnement du marché international en colorants riches serait assuré par l'Allemagne et la Suisse, tandis que les autres pays se seraient réservé les groupes de couleurs bon marché. Au contraire, la France, la Grande-Bretagne et les Etats-Unis cherchent par tous les moyens, non sans succès, à développer leur production en couleurs de cuve; d'autre part, les couleurs bon marché constituent un contingent important dans l'industrie des colorants en Allemagne et en Suisse. C'est justement dans la production de ces couleurs bon marché que les nouveaux concurrents se sont, non seulement complètement affranchis de l'étranger, mais se sont encore trouvés en mesure de concurrencer avec succès les produits allemands et suisses. Sur le marché international, sous le rapport de la quantité, la progression de leur production de 1925 à 1928 a été dans certains cas plus rapide qu'en Allemagne et en Suisse. La production mondiale des matières colorantes à base de goudron était en 1928 en augmentation de 15% sur 1925. C'est à l'Allemagne que revient la plus grande partie de cette augmentation, mais la Grande-Bretagne vient en tête en ce qui concerne l'augmentation relative. Sa production de 1928 dépassait de plus de 50% celle de 1925. Seules la France et l'Italie en sont à peu près restées au niveau de 1925.

Production des matières colorantes à base de goudron (en milliers de tonnes et en % du total mondial)	1925		1926		1927		1928		
	tonnes	%	tonnes	%	tonnes	%	tonnes	%	1925 = 100
Allemagne[1]......	72.0	43.4	68.0	41.6	87.0	46.4	85.0	43.6	118
Grande-Bretagne et Irlande	14.8	8.9	13.5	8.3	17.7	9.5	22.7	11.7	153
France	16.1	9.7	17.1	10.4	14.0	7.5	16.0	8.2	99
Suisse[1])	8.5	5.1	9.0	5.5	10.0	5.3	11.0	5.6	129
Italie	6.9	4.2	7.0	4.3	6.2	3.3	6.5[1])	3.3	94
Autres pays d'Eur.	1.5	0.9	1.5	0.9	1.5	0.8	1.5	0.8	100
Europe	119.8	72.2	116.1	71.0	136.4	72.8	142.7	73.2	119
Etats-Unis	39.2	23.6	39.9	24.4	43.2	23.1	43.8	22.5	112
Amérique	39.2	23.6	39.9	24.4	43.2	23.1	43.8	22.5	112
Japon	7.0	4.2	7.5	4.6	7.7	4.1	8.3	4.3	119
Asie	7.0	4.2	7.5	4.6	7.7	4.1	8.3	4.3	119
Total mondial ...	166.0	100	163.5	100	187.3	100	194.8	100	117

Les statistiques quantitatives du commerce extérieur donnent de l'expansion des industries des matières colorantes à base de goudron, de création récente, une idée encore plus nette que les chiffres de l'augmentation relative de la production. La Suisse a bien réussi à augmenter ses exportations de 30% de 1925 à 1928, mais les exportations britanniques ont progressé presque dans les mêmes proportions; l'Allemagne, où pendant la même période la progression a été de 25% environ, est serrée de très près par les Etats-Unis. Même les produits de l'industrie japonaise de matières colorantes ont réussi à conquérir des débouchés sur le marché international. La forte diminution des statistiques de l'exportation exprimées en "Valeurs", qu'on note chez tous les producteurs, montre bien que s'il y a eu des augmentations dans les exportations celles-ci n'ont pu être obtenues qu'au prix de luttes acharnées.

1) Evaluation.

L'Allemagne et la Suisse ont cherché une compensation dans l'intensification des exportations de produits colorants chers. Le fait que la capacité de production[1]) de l'industrie mondiale des matières colorantes à base de goudron dépasse de beaucoup les besoins, crée une menace continuelle pour le marché; il constitue, sans aucun doute, une cause de dépression et une entrave au progrès.

Dans quelles mesures les accords internationaux ultérieurs établiront-ils une division du travail, non seulement en ce qui concerne les débouchés, mais aussi au point de vue qualitatif? De la solution apportée à ce problème dépendra beaucoup l'équilibre futur des forces internationales en présence.

Depuis 1925, on constate un changement dans l'orientation du commerce international des matières colorantes à base de goudron. Ceci s'applique plus particulièrement aux marchés asiatiques. Bien que la Chine soit toujours le plus grand pays importateur sous le rapport de la quantité, l'écart n'est plus aussi considérable qu'en 1925; les importations de la Chine ont diminué dans des proportions frappantes. Il est douteux que ce recul puisse être attribué intégralement aux troubles politiques, auquel cas il ne serait que passager. L'Inde Britannique par contre, le plus grand pays importateur de matières colorantes chimiques, après la Chine, a vu ses importations presque doubler au cours des quatre dernières années. Le développement de la consommation des couleurs à base de goudron dans les divers pays européens se distingue, non seulement par un accroissement considérable, mais encore par une préférence de plus en plus marquée témoignée aux produits de qualité. Tandis que de 1925 à 1928 la progression était de 22% en qui concerne les quantités, la valeur des importations augmentait de 28% dans le même laps de temps.

1) Tandis que la capacité de production est d'environ 275 000 tonnes, la production moyenne annuelle ne s'élève qu'à 170 000 tonnes.

Matières colorantes à base de goudron (en milliers de tonnes, en millions de RM et en % du total mondial)	Exportation															
	1925				1926				1927				1928			
	tonnes	%	RM	%	tonnes	%	RM	%	tonnes	%	RM	%	tonnes	%	RM	%
Allemagne[1])	37.6	51.8	203.6	59.2	38.9	53.0	208.7	62.6	48.8	56.1	233.2	65.4	47.3	52.7	229.8	63.8
Gr. Bret. et Irld.	7.9	10.9	18.6	5.4	7.3	10.0	14.3	4.3	8.4	9.7	15.4	4.3	10.4	11.6	18.5	5.1
France	4.9	6.7	31.6	9.2	4.7	6.4	24.8	7.4	5.1	5.9	13.0	3.6	3.7	4.1	10.0	2.8
Suisse..........	7.3	10.1	50.3	14.6	7.8	10.6	50.3	15.1	9.2	10.6	61.3	17.2	9.7	10.8	63.3	17.6
Italie	0.2	0.3	1.2	0.4	0.3	0.4	1.9	0.6	0.3	0.3	1.4	0.4	0.4	0.4	1.9	0.8
Autr.pays d'Eur.[4])	2.2	3.0	9.4	2.7	2.2	3.0	7.8	2.3	2.5	2.9	8.5	2.4	2.7[5])	3.0	8.9[5])	2.5
Europe	60.1	82.8	314.7	91.5	61.2	83.4	307.8	92.3	74.3	85.5	332.8	93.3	74.2	82.6	332.4	92.5
Etats-Unis	11.7	16.1	28.1	8.2	11.7	15.9	25.0	7.5	12.1	13.9	23.1	6.5	14.5	16.2	26.6	7.4
Canada[6])	—	—	—	—	—	—	—	—	—	—	—	—	—	—	—	—
Autr. pays d'Am.	—	—	—	—	—	—	—	—	—	—	—	—	—	—	—	—
Amérique	11.7	16.1	28.1	8.2	11.7	15.9	25.0	7.5	12.1	13.9	23.1	6.5	14.5	16.2	26.6	7.4
Japon..........	0.8	1.1	0.9	0.3	0.5	0.7	0.6	0.2	0.5	0.6	0.6	0.2	1.1	1.2	1.1	0.3
Chine[7])	—	—	—	—	—	—	—	—	—	—	—	—	—	—	—	—
Inde britann.[6])..	—	—	—	—	—	—	—	—	—	—	—	—	—	—	—	—
Autres p. d'Asie[5])	—	—	—	—	—	—	—	—	—	—	—	—	—	—	—	—
Asie	0.8	1.1	0.9	0.3	0.5	0.7	0.6	0.2	0.5	0.6	0.6	0.2	1.1	1.2	1.1	0.3
Afrique[6])	—	—	—	—	—	—	—	—	—	—	—	—	—	—	—	—
Australie[6])[10]) ...	—	—	—	—	—	—	—	—	—	—	—	—	—	—	—	—
Total mondial ..	72.6	100	343.7	100	73.4	100	333.4	100	86.9	100	356.5	100	89.8	100	360.1	100

1) Exportation y compris les livraisons au titre des réparations; ces dernières représentent

	1925	1926	1927	1928
en quantité:	6.5%	4.5%	3.8%	5.4%
en valeur:	8.6%	5.1%	4.5%	7.1% de l'exportation totale.

2) Y compris marchandise retournée.

3) Evaluation.

4) Exportation partiellement marchandise retournée.

5) En partie évalué.

6) Exercice clôturant le 31 mars.

Importation																
1925				1926				1927				1928				
…nnes	%	RM	%	tonnes	%	RM	%	tonnes	%	RM	%	tonnes	%	RM	%	
1.7	2.4	8.1	2.3	3.6	5.1	17.4	5.5	4.6	6.4	22.0	6.6	4.7	6.8	21.6	6.2	Allemagne[1])
2.0	2.9	12.7	3.6	1.9	2.7	17.1	5.4	2.1	2.9	20.6	6.2	2.1[2])	2.8	20.4[2])	5.9	Gr. Bret. et Irld.
1.5	2.2	12.1	3.4	1.4	2.0	10.6	3.3	1.5	2.0	11.3	3.4	1.6	2.2	15.5	4.4	France
0.8	1.1	5.1	1.4	0.8	1.1	5.4	1.7	1.2	1.7	7.2	2.2	1.0	1.4	6.6	1.9	Suisse
2.2	3.2	14.6[3])	4.2	1.5	2.1	11.8[3])	3.7	1.5	2.0	13.4[3])	4.0	1.9	2.6	17.7[3])	5.1	Italie
15.8	22.8	95.6	27.1	15.1	21.4	92.3	29.1	17.8	24.7	106.3	31.9	17.9[5])	24.1	107.5[5])	30.9	Autr. p. d'Eur.[4])
…4.0	34.6	148.2	42.0	24.3	34.4	154.6	48.7	28.7	39.7	180.8	54.3	23.2	39.4	189.3	54.4	Europe
2.6	3.8	30.4	8.6	2.3	3.2	23.7	7.5	2.5	3.5	26.0	7.8	2.8	3.8	28.9	8.3	Etats-Unis
1.1	1.6	6.5	1.8	1.3	1.8	7.7	2.4	1.3	1.8	7.0	2.1	1.4	1.9	7.5	2.1	Canada[6])
1.4	2.0	8.1	2.3	1.3	1.8	6.9	2.2	1.3	1.8	6.9	2.1	1.3[5])	1.7	6.9[5])	2.0	Autr. p. d'Amér.
5.1	7.4	45.0	12.7	4.9	6.8	38.3	12.1	5.1	7.1	39.9	12.0	5.5	7.4	43.3	12.4	Amérique
3.1	4.5	14.3	4.1	3.2	4.5	18.2	5.7	2.4	3.3	15.4	4.6	2.7	3.6	19.3	5.5	Japon
…0.0	43.3	112.3	31.8	28.0	39.7	67.5	21.3	24.0	33.2	53.3	16.0	24.0	32.3	48.2	13.9	Chine[7])
4.6	6.6	21.2	6.0	6.7	9.5	25.3	8.0	7.8	10.8	29.2	8.8	8.9[2])	12.0	34.9[2])	10.0	Inde britann.[6])
2.1	3.0	10.4	2.9	2.7	3.8	9.6	3.0	3.1	4.3	9.7	2.9	2.8	3.8	8.9	2.6	Autres p. d'Asie[5])
…9.8	57.4	158.2	44.8	40.6	57.5	120.6	38.0	37.3	51.6	107.6	32.3	38.4	51.7	111.8	32.0	Asie
0.4	0.6	1.7	0.5	0.5	0.7	1.3	0.4	0.4	0.6	1.1	0.3	0.5	0.7	1.3	0.4	Afrique[8])
—[11])	—	—[11])	—	0.4	0.6	2.4	0.8	0.7	1.0	3.6	1.1	0.6	0.8	2.8	0.8	Australie[9])[10])
…9.3	100	353.1	100	70.6	100	317.2	100	72.2	100	333.0	100	74.2	100	348.0	100	Total mondial

7) 1924-1927. Les chiffres pour les quantités sont évalués.

8) Egypte et Union Sud-Africaine.

9) Commonwealth of Australia. Exercice clôturant le 30 juin.

10) Les chiffres pour les quantités sont basés sur les chiffres officiels pour la valeur.

11) Il n'existe pas de calcul séparé.

CELLULOSE ET PAPIER

PATE DE BOIS ET CELLULOSE

La production de pâte de bois et de cellulose a pris un développement très rapide au cours des cinquante dernières années. Depuis que les progrès techniques ont permis d'extraire du bois, dans des conditions lucratives, la fibrine nécessaire à la fabrication du papier, le bois est devenu la matière première essentielle à cette fabrication. En 1880, les matières premières employées dans la fabrication du papier se répartissaient encore de la façon suivante: 70% chiffons et paille et 10% seulement de pâte de bois. En 1927, les proportions étaient devenues respectivement: 13% pour les chiffons et paille, et 63% pour la pâte de bois.

Parallèlement à l'accroissement de la consommation de papier et au développement de l'industrie de la soie artificielle, la demande en pâte de bois et cellulose n'a fait que croître dans des proportions considérables. La production mondiale était, en 1927, de 14.9 millions de tonnes, contre 8.5 millions de tonnes en 1913. Les pays producteurs les plus importants sont: les Etats-Unis, le Canada, la Suède, l'Allemagne, la Norvège et la Finlande.

Bien que la production des Etats-Unis représente à elle seule le quart environ de la production mondiale de pâte de bois et cellulose, elle ne suffit pas à couvrir les besoins de leur propre marché. Les importations se sont élevées en 1927 à 1.5 millions de tonnes (= 40% de la production nationale), chiffre correspondant à peu près à la production réunie de la Norvège et de la Finlande.

Le Canada, où la richesse en eau et en forêts et le voisinage immédiat d'un débouché excellent constituent des conditions exceptionellement favorables, a vu sa production quadrupler depuis 1913. Sa production de 3.2 millions de tonnes en 1927 lui assure le second rang parmi les producteurs; et si la progression de la plus importante industrie canadienne continue au même rythme, les Etats-Unis pourraient même être surclassés dans quelques années. En outre, le gouvernement canadien fait des efforts pour remplacer par des exportations de pâte de bois ou de papier manufacturé, les exportations de bois destinés à la fabrication du papier, effectuées jusqu'ici à destination des Etats-Unis. En 1927, le Canada a exporté en chiffre rond le quart de sa production totale de pâte de bois; la majeure partie de l'exportation (80%) était à destination des Etats-Unis.

Parmi les producteurs européens, la Suède venait en 1913 après l'Allemagne; au cours des dix dernières années, elle est parvenue à dépasser cette dernière. Environ un tiers de la production totale suédoise est contrôlé par le groupe A. B. Kreuger & Toll, qui commence à déployer une grande activité dans ce domaine également.

Contrairement à l'Allemagne et à la Norvège, dont la production prise en elle-même joue aujourd'hui encore un rôle très important, sans toutefois qu'elle ait réussi à conserver entièrement le rang qu'elle occupait en 1913 comparée à la production mondiale la Finlande, et plus particulièrement le Japon, sont parvenus à accroître leur production dans des proportions très notables.

La Finlande a plus que doublé sa production; en 1927 celle-ci égalait presque la production de la Norvège. Les trois quarts environ de la production finlandaise sont exportés et de même que pour la Suède et la Norvège, les principaux débouchés sont les Etats-Unis et la Grande-Bretagne.

Bien que la production japonaise soit sept fois plus forte qu'en 1913, elle ne représente encore qu'un chiffre peu élevé. Par une exploitation rationelle de ses grandes forêts de l'île Sakhaline, le Japon vise à s'affranchir des importations étrangères. Ces efforts ont, dans une certaine mesure, déjà été couronnés de succès, car les importations de ces dernières années sont restées à peu près stationnaires, malgré l'accroissement considérable des besoins de l'industrie japonaise du papier et de la soie artificielle.

Les essais tentés pour remplacer le bois par d'autres matières premières sont dus moins à une pénurie de bois qu'au désir de trouver une matière première moins chère pour la production de la cellulose. En Asie, la période des expériences est passée et l'on en est déjà au début de la période d'application pratique, en ce qui concerne l'utilisation de la canne à sucre et du bambou. Il n'est pas encore possible de juger de l'importance que pourront avoir plus tard ces tentatives pour le marché de la cellulose.

Production de pâte de bois et de cellulose (en milliers de tonnes et en % du total mondial)	1913		1925		1926		1927		1913	1925
	tonnes	%	tonnes	%	tonnes	%	tonnes	%	=100	
Allemagne	1513	17.8	1650	13.1	1697	12.1	1880	12.6	124	114
Finlande	299	3.5	624	4.9	673	4.8	755	5.1	253	121
Norvège	668	7.8	815	6.4	767	5.5	819	5.5	123	100
Suède	1186	13.9	1729	13.7	1927	13.7	2093	14.0	176	121
Autres pays d'Europe	1234	14.5	1212	9.6	1426	10.1	1525	10.2	124	126
Europe	4900	57.5	6030	47.7	6490	46.2	7072	47.4	144	117
Etats-Unis	2657	31.1	3552	28.1	3924	28.0	3820	25.6	144	108
Canada	775	9.1	2455	19.4	2858	20.4	3220	21.6	415	131
Autres pays d'Amér.	118	1.4	193	1.5	256	1.8	272	1.8	231	141
Amérique	3550	41.6	6200	49.0	7038	50.2	7312	49.0	206	118
Asie (Japon)	76	0.9	415	3.3	503	3.6	536	3.6	705	129
Total mondial	8526	100	12645	100	14031	100	14920	100	175	118

Position sur le marché mondial des principaux pays importateurs et exportateurs	Pâte de bois et Cellulose Excédent des importations ou des exportations (en milliers de tonnes et en % de la propre production)							
	1913		1925		1926		1927	
	tonnes	%	tonnes	%	tonnes	%	tonnes	%
Allemagne	+133	8.8	+ 66	4.0	− 225	13.2	+ 71	3.8
Grande-Bretagne	−702	688.2	− 855	730.8	− 927	772.5	−1010	696.5
France	−464	—[1]	− 398	—[1]	− 431	—[1]	− 312	—[1]
Finlande	+127	42.5	+ 367	58.8	+ 406	60.3	+ 560	74.1
Norvège	+395	59.1	+ 495	60.7	+ 437	57.0	+ 444	54.2
Suède	+843	71.0	+1181	68.3	+1299	67.4	+1453	69.4
Etats-Unis	−470	17.7	−1475	41.5	−1571	40.0	−1498	39.2
Canada	+266	34.3	+ 719	29.3	+ 879	30.7	+ 837	26.0
Japon	− 48	63.2	− 78	18.8	− 64	12.7	− 72	13.4

1) La propre production est insignifiante.

PAPIER

La **production mondiale de papier**[1]) est en progrès constant depuis 1918 et, en 1927, elle atteignait 19.8 millions de tonnes (contre 11.4 millions de tonnes en 1918). Les pays producteurs les plus importants sont en Europe: l'Allemagne, la Grande-Bretagne, la Suède, la Norvège et la Finlande; en Amérique: les Etats-Unis et le Canada; en Asie: le Japon.

Le centre de gravité de l'industrie du papier s'est déplacé depuis 1918 de l'Europe vers l'Amérique. La quote-part de l'Europe dans la production totale, qui était de 52% en 1918, n'était plus que de 40.9% en 1927; pendant la même période, la quote-part de l'Amérique était passée de 46.8% à 55.9%.

Parmi les producteurs de papier ce sont les **Etats-Unis** qui occupent la première place avec 8.4 millions de tonnes, fournies en 1927. Ce chiffre dépassait alors de 500 000 tonnes la production totale de l'Europe. La consommation de papier aux Etats-Unis est toutefois si considérable qu'un cinquième environ des besoins a dû être couvert par l'importation. Celle-ci provient presque exclusivement du **Canada**, dont la production a quadruplé depuis 1913. Le prix de revient étant plus bas au Canada qu'aux Etats-Unis, on constate une certaine tendance de l'industrie à émigrer vers le Canada, ce qui explique le léger recul observé dans la production américaine.

L'**Allemagne** occupe le premier rang parmi les producteurs en Europe, elle exporte environ un cinquième de sa production, qui s'élevait à 2.4 millions de tonnes en 1927; les **Etats Scandinaves**, dont la production a presque doublé depuis 1913, en exportent plus de 70%.

Il y a lieu de tenir compte des efforts de la **Russie**, qui, par sa politique, tend à couvrir ses propres besoins au moyen de l'industrie nationale et à restreindre l'importation. Ces efforts ont entraîné depuis 1925 un accroissement lent, mais régulier, de la production nationale; dans le même laps de temps, les importations ont reculé de 50% à 30% de la production nationale. La Russie compte d'ici 1932 pouvoir ainsi éviter complètement les importations.

Le **Japon** a également été en mesure d'adapter sa production aux besoins de sa consommation considérablement accrue, et de réduire les importations au strict minimum.

Les statistiques de 1927 fournissent les indications suivantes sur la **consommation** de papier par tête de la population dans les divers pays:

Etats-Unis	62.0 kg
Grande-Bretagne	37.0 „
Allemagne	26.5 „
Hollande	21.5 „
France	20.0 „
Suède	20.0 „
Suisse	19.0 „
Belgique	19.0 „
Norvège	14.5 „
Autriche	14.0 „
Finlande	11.0 „
Japon	10.5 „
Tchécoslovaquie	10.0 „
Italie	9.0 „
Espagne	6.0 „
Russie	3.0 „

Bien qu'il soit très douteux que le chiffre record des Etats-Unis soit atteint par les autres pays, on doit néanmoins s'attendre à une augmentation progressive de la consommation et par conséquent de la production de papier, parallèlement à l'accroissement de la population, à l'augmentation du bien-être et aux progrès intellectuels, au cours des prochaines années.

1) Y compris le carton.

Papier[1])	Production (en milliers de tonnes et en % du total mondial)										Excédent des importations ou des exportations (en milliers de tonnes et en % de la propre production)							
	1913		1925		1926		1927		1913	1925	1913		1925		1926		1927	
	tonnes	%	tonnes	%	tonnes	%	tonnes	%	=100		tonnes	%	tonnes	%	tonnes	%	tonnes	%
Allemagne	1981[3])	17.3	2058	11.6	1997	10.7	2414	12.5	122	117	+262	13.2	+ 400	19.4	+ 516	25.8	+ 432	17.9
Grande-Bretagne .	1076[3])	9.4	1293[6])	7.3	1385[6])	7.5	1522[6])	7.9	141	118	−453	42.1	− 486	37.6	− 555	40.0	− 651	42.8
Russie...........	350[4])	3.1	233	1.3	272	1.5	292	1.6	83	125	−121	34.5	− 116	49.8	− 147	54.0	− 108	37.0
Suède	333	2.9	557	3.2	557	3.0	610	3.1	183	110	+214	64.3	+ 395	70.9	+ 408	73.2	+ 420	68.9
Norvège	194	1.7	340	1.9	340	1.8	374	1.9	193	110	+179	92.3	+ 293	86.2	+ 263	77.4	+ 307	82.1
Finlande	227	2.0	314	1.8	314	1.7	330	1.7	145	105	+198	87.2	+ 268	83.8	+ 254	80.9	+ 260	78.8
Autres pays d'Eur.	1776	15.6	2219	12.5	2294	12.3	2365	12.2	133	107	—	—	—	—	—	—	—	—
Europe	5937	52.0	7014	39.6	7159	38.5	7907	40.9	133	113	—	—	—	—	—	—	—	—
Etats-Unis	4780[5])	41.8	8328	47.0	8600	46.3	8400	43.4	176	101	− 77	1.6	−1291	15.5	−1635	19.0	−1752	20.9
Canada	550	4.8	1710	9.7	2055	11.1	2240	11.6	407	131	+135	24.5	+1321	77.3	+1640	79.8	+1792	80.0
Autres pays d'Am.	20	0.2	88	0.5	169	0.9	182	0.9	910	207	—	—	—	—	—	—	—	—
Amérique	5350	46.8	10126	57.2	10824	58.3	10822	55.9	202	107	—	—	—	—	—	—	—	—
Japon	105[5])	0.9	540	3.0	555	3.0	575	3.1	548	106	− 27[7])	25.7	+ 1[7])	0.2	− 20[7])	2.8	+ 20[7])	3.4
Autres p. d'Asie[2]) .	28	0.3	29	0.2	30	0.2	30	0.1	107	103	—	—	—	—	—	—	—	—
Asie	133	1.2	569	3.2	585	3.2	605	3.2	455	106	—	—	—	—	—	—	—	—
Total mondial ...	11420	100	17709	100	18568	100	19234	100	169	109	—	—	—	—	—	—	—	—

1) Y compris le carton.
2) Inde britannique.
3) 1912.
4) La Russie dans ses limites actuelles.
5) 1914.
6) Chiffres basés sur la production de 1924 et sur l'indice de la production pour l'industrie anglaise du papier.
7) Sans l'île Formose et la Corée.

TEXTILES

(APPROVISIONNEMENT EN MATIERES PREMIERES ET INDUSTRIES DE TRANSFORMATION)

SOIE ARTIFICIELLE

L'industrie mondiale de la soie artificielle a continué à se développer au cours des années 1927 et 1928; la production en 1928 avait doublé par rapport à 1925. Les principaux producteurs sont toujours l'Europe et l'Amérique du Nord, mais l'Europe assure à elle seule plus des deux tiers de la production mondiale. D'autre part, l'industrie européenne de la soie artificielle a encore continué en 1927 et 1928 à gagner du terrain aux Etats-Unis; elle contrôle actuellement environ 50% de la production américaine. Ces progrès ont donc abouti à renforcer encore la position de l'Europe, qui occupe maintenant une situation prépondérante dans l'industrie de la soie artificielle. Cette circonstance revêt une importance toute particulière si l'on considère que pour presque toutes les autres matières premières l'industrie textile européenne est tributaire des pays d'outre-mer. Cette dépendance menace de se faire sentir d'autant plus lourdement, que les pays producteurs de matières premières en retiendront davantage pour satisfaire les besoins de leurs propres filatures.

On constate par rapport à 1926 quelques déplacements dans la répartition de la production de soie artificielle entre les divers pays européens. C'est la France qui accuse la progression relativement la plus grande, renforçant ainsi son influence sur le marché de la soie artificielle; quant à la progression absolue la plus considérable, c'est en Allemagne et en Grande-Bretagne qu'on peut la constater. L'Allemagne est parvenue en 1928 au premier rang des pays producteurs européens; elle prend place immédiatement derrière les Etats-Unis, dont la production s'élève d'ailleurs au double de la production allemande. La production britannique égale maintenant la production italienne. Cette dernière a passé en 1928 par une sérieuse crise de débouchés, ce qui a amené une brusque interruption de l'expansion exceptionnelle des années précédentes. L'Italie, contrairement à la tendance générale, est restée presque stationnaire en 1928. La Belgique et la Hollande ont toutes deux réussi à accroître leur production dans des proportions considérables, sans toutefois parvenir à rejoindre ni la France, ni l'Allemagne, ni la Grande-Bretagne. Les progrès réalisés dans les "autres pays européens" sont réels, mais plus lents que le rythme général de la progression. Le fait le plus saillant ressortant des constatations qui précèdent est donc la tendance à la concentration de l'industrie européenne de la soie artificielle en Allemagne, en Grande-Bretagne et en France; la quote-part totale de ces trois pays dans la production européenne s'est accrue en 1928 de 5% par rapport à 1926. Le fait que ces trois pays exercent, d'autre part, une suprématie financière incontestable dans l'industrie européenne de la soie artificielle, donne à ce développement une importance toute particulière. Cette importance ne serait nullement diminuée par la forte augmentation de la capacité des usines existantes et la création de nombreuses nouvelles usines auxquelles on doit s'attendre dans les "autres pays européens" au cours des prochaines années. Dans la plupart des cas, en effet, il s'agira de "transplantations" de la production au sein des grands groupements européens; mais étant donné l'importance de la consommation totale et l'expansion continue que l'on continue à constater, elles n'auront qu'une importance relativement minime sous le rapport de la quantité. Elles constituent plutôt des mesures préparatoires en vue de l'extension de certains marchés encore peu développés ou de faire face à des demandes temporaires exceptionnelles.

Les Etats-Unis restent, et de loin, le plus important pays producteur de soie artificielle. L'importance des besoins du marché américain continuera certainement à leur assurer la suprématie.

Au Canada, malgré la progression relativement considérable de la production, l'industrie de la soie artificielle n'est encore qu'à ses débuts. Au Brésil également, l'inauguration de la production de soie artificielle semble plutôt devoir être considérée comme un symptôme des tendances générales d'industrialisation des pays économiquement neufs, mais son importance au point de vue des progrès de l'industrie mondiale de la soie artificielle est, par contre, nulle. On ne saurait toutefois négliger les progrès réalisés par le Japon, qui a réussi à tripler sa production, accusant ainsi une progression beaucoup plus rapide que celle de n'importe quel autre pays. Le Japon s'est rendu presque complètement indépendant de l'étranger et commence même à passer à l'exportation.

Le commerce international joue un grand rôle dans l'industrie de la soie artificielle; environ 30% de la production mondiale sont travaillés en dehors du pays d'origine. La progression des chiffres du commerce international depuis 1925 a toutefois été moins rapide que celle de la production. Cette différence est principalement due au fait que le traitement de la soie artificielle s'effectue de plus en plus dans les pays producteurs mêmes.

La fabrication se concentrera donc de plus en plus dans les pays possédant l'industrie textile la plus importante et la plus qualifiée: l'Allemagne, la France et la Grande-Bretagne, pays spécialisés de longue date dans le travail textile de qualité. La consommation augmentera probablement aussi dans divers autres pays européens, tels que la Tchécoslovaquie, la Belgique, la Hollande et la Pologne, ainsi qu'aux Indes Britanniques et en Chine. L'Afrique, l'Amérique du Sud et l'Australie entrent, pour le moment, à peine en ligne de compte comme acheteurs de soie artificielle brute. Il en est de même du le Canada, où le développement technique n'est pas suffisamment avancé.

La progression des exportations a été particulièrement sensible en Allemagne, en Grande-Bretagne, en France et en Hollande. Mais l'Italie était encore en 1928, et de loin, le plus grand pays exportateur de soie artificielle. Comparé aux progrès réalisés par les pays concurrents, le ralentissement de la progression constaté depuis 1927 en Italie, mérite de retenir l'attention.

Les Etats-Unis sont restés les meilleurs acheteurs sur le marché de la soie artificielle, bien que leurs importations aient été en 1928 sensiblement inférieures à celles de 1927. Malgré l'accroissement de sa propre production, l'Allemagne a importé en 1928 deux fois plus de soie artificielle qu'en 1926; son principal fournisseur est l'Italie. La France n'importe que des quantités minimes.

Tandis que l'industrie textile avait presque partout à lutter pour pouvoir conserver ses débouchés et que la consommation de certains textiles était en partie en régression, la consommation de soie artificielle a continué à progresser dans des proportions notables; ce fait constitue la meilleure illustration de l'importance déjà acquise par la soie artificielle dans l'économie du textile. L'augmentation la plus frappante est constatée en Allemagne et en Belgique, plus de 150% en 1928 par rapport à 1925. L'Allemagne qui, en 1925, n'entrait que pour 11.7% dans la consommation mondiale, a traité en 1928 presque 16% de la soie artificielle apportée sur le marché. La progression de la consommation en France (100%) dépasse également de beaucoup la moyenne; la quote-part de la France dans la consommation mondiale est passée de 8% à 14%. Par contre, le recul de la quote-part britannique, qui est passée de 17% en 1925 à 12% en 1928, est un événement digne de mention. Le rôle des "autres pays européens" a gagné en importance. Les Etats-Unis, dont la consommation est supérieure à celle de tout autre pays, ont traité près de 80% de plus qu'en 1925.

La progression exceptionnelle de la production au cours des dernières années, en liaison avec des crises passagères de débouchés, a déjà fait l'objet d'un examen dans la première édition du présent ouvrage. Il est vrai que la soie artificielle n'entre encore que pour environ 6% dans la consommation mondiale de textiles. Pour arriver à une juste appréciation de la situation, l'élément le plus important n'est pas de savoir quelle partie de la consommation n'est pas encore couverte par de la soie artificielle; ce qui importe plutôt, c'est de se rendre compte dans quelle mesure des améliorations de qualité pourront créer de nouveaux emplois de la soie artificielle et lui permettre de supplanter d'autres textiles. Dans cet ordre d'idées, il est incontestable que l'expansion de l'industrie de la soie artificielle n'a pas encore atteint son apogée. C'est ainsi qu'un mélange de coton et de laine avec des fils de soie artificielle offre de grandes possibilités. Dans cet ordre d'idées, on fonde également de grands espoirs sur la soie artificielle à base d'acétate dont les propriétés se rapprochent le plus de celles de la soie naturelle.

Afin de pouvoir juger en connaissance de cause des crises passagères de débouchés, on doit tenir compte en premier lieu des conditions techniques régissant la production de la soie artificielle. Une des particularités de cette industrie est qu'elle ne devient lucrative qu'à partir d'un certain volume de production. Elle ne peut donc s'exercer que dans des exploitations relativement importantes travaillant à plein rendement. Les augmentations de production qui sont la conséquence de la création de nouvelles fabriques doivent donc toujours s'effectuer brusquement, ce qui ne permet pas toujours d'éviter des difficultés dans l'écoulement des quantités disponibles annuellement. Une période plus ou moins longue est nécessaire pour que les stocks puissent se répartir entre les divers débouchés.

Industrie de la soie artificielle	Production (en millions de kg et en % du total mondial)										Consommation (en millions de kg et en % du total mondial)									
	1925		1926		1927		1928				1925		1926		1927		1928			
	kg	%	kg	%	kg	%	kg	%	1925 =100	1926 =100	kg	%	kg	%	kg	%	kg	%	1925 =100	1926 =100
Allemagne	11.8	18.8	13.0	12.5	18.2	13.3	23.8	13.7	202	183	10.0	11.7	13.8	13.7	23.2	17.1	26.1	15.8	261	189
Gr.-Bret. et Irlande	12.7	14.8	11.6	11.2	17.6	12.8	22.9	13.2	180	197	14.6	17.1	9.8	9.7	14.9	11.0	18.9	11.4	129	193
France	6.5	7.6	9.1	8.8	12.7	9.2	18.4	10.6	283	202	6.9	8.1	9.1	9.0	8.3	6.1	14.3	8.6	207	157
Belgique	5.0	5.8	6.0	5.8	7.4	5.4	8.8	5.1	176	147	1.9	2.2	3.2	3.2	4.3	3.2	5.2	3.1	274	162
Hollande	4.0	4.7	6.5	6.2	7.3	5.3	9.0	5.2	225	138	1.3	1.5	1.5	1.5	1.1	0.8	2.2	1.3	169	147
Italie	14.0	16.3	17.0	16.4	22.8	16.6	22.9	13.2	164	135	6.2	7.2	6.1	6.0	7.0	5.2	6.3	3.8	102	103
Autres pays d'Eur.	6.2	7.3	8.2	7.9	10.7	7.8	12.7	7.3	205	155	7.7	9.0	9.3	9.2	15.5	11.4	18.4	11.1	239	198
Europe	60.2	70.3	71.4	68.8	96.7	70.4	118.5	68.8	197	166	48.6	56.8	52.8	52.9	74.8	54.8	91.4	55.1	188	173
Etats-Unis	23.5	27.4	28.8	27.7	34.3	25.0	45.3	26.1	193	157	29.1	34.0	35.2	34.8	42.5	31.4	52.2	31.5	179	148
Canada	0.6	0.7	1.1	1.1	1.3	1.0	1.9	1.1	317	173	1.6	1.9	1.9	1.9	2.2	1.6	2.8	1.7	175	147
Autre pays d'Am.	—	—	—	—	0.2[1]	0.1	0.4[1]	0.2	—	—	1.0	1.1	1.1	1.1	1.6	1.2	1.9	1.1	190	173
Amérique	24.1	28.1	29.9	28.8	35.8	26.1	47.6	27.4	198	159	31.7	37.0	38.2	37.8	46.3	34.2	56.9	34.3	179	149
Japon	1.4	1.6	2.5	2.4	4.8	3.5	7.5	4.3	536	300	1.8	2.1	4.0	3.9	5.2	3.8	7.6	4.6	422	190
Inde britannique..	—	—	—	—	—	—	—	—	—	—	1.2	1.4	2.6	2.6	3.4	2.5	3.5	2.1	292	135
Chine	—	—	—	—	—	—	—	—	—	—	1.6	1.9	2.6	2.6	5.0	3.7	5.0	3.0	312	192
Asie	1.4	1.6	2.5	2.4	4.8	3.5	7.5	4.3	536	300	4.6	5.4	9.2	9.1	13.6	10.0	16.1	9.7	350	175
Afrique[2])	—	—	—	—	—	—	—	—	—	—	0.2	0.2	0.2	0.2	0.3	0.2	0.4	0.3	200	200
Australie[3])	—	—	—	—	—	—	—	—	—	—	0.5	0.6	0.6	0.6	1.0	0.8	1.0	0.6	200	167
Total mondial ...	85.7	100	103.8	100	137.3	100	173.6	100	203	167	85.6	100	101.0	100	135.5	100	165.8	100	194	164

1) Brésil.
2) Égypte.
3) Voir annotation 7, page 113.

Commerce international de la soie artificielle (en millions de kg et en % du total mondial)	1925					1926					1927					1928				
	Importation		Exportation		Solde	Importation		Exportation		Solde	Importation		Exportation		Solde	Importation		Exportation		Solde
	kg	%	kg	%	kg	kg	%	kg	%	kg	kg	%	kg	%	kg	kg	%	kg	%	kg
Allemagne	2.0	7.4	3.8	14.0	+ 1.8	4.5	14.5	3.7	10.9	− 0.8	9.4	21.0	4.4	9.5	− 5.0	8.6	19.4	6.3	12.1	− 2.3
Gr. Bretagne et Irld.	5.5	20.3	3.6	13.2	− 1.9	1.0	3.2	2.8	8.3	+ 1.8	1.2	2.7	3.9	8.4	+ 2.7	1.2	2.7	5.2	10.0	+ 4.0
France	1.1	4.1	0.7	2.6	− 0.4	1.1	3.6	1.1	3.2	± 0.0	0.5	1.1	4.9	10.5	+ 4.4	1.0	2.3	5.1	9.8	+ 4.1
Belgique............	0.2	0.7	3.3	12.1	+ 3.1	0.5	1.6	3.3	9.8	∓ 2.8	0.6	1.4	3.7	8.0	+ 3.1	0.4	0.9	4.0	7.7	+ 3.6
Hollande	0.3	1.1	3.0	11.0	+ 2.7	0.5	1.6	5.5	16.3	+ 5.0	1.0	2.2	7.2	15.5	+ 6.2	1.0	2.3	7.8	15.0	+ 6.8
Italie	0.7	2.6	8.5	31.3	+ 7.8	0.8	2.6	11.7	34.6	+10.9	0.5	1.1	16.3	35.0	+15.8	0.6	1.4	17.2	33.1	+16.6
Autres pays d'Europe	5.7	21.0	4.2	15.4	− 1.5	6.6	21.3	5.5	16.3	− 1.1	10.7	24.0	5.9	12.7	− 4.8	11.9	26.9	6.2	11.9	− 5.7
Europe	15.5	57.2	27.1	99.6	+11.6	15.0	48.4	33.6	99.4	+18.6	23.9	53.5	46.3	99.6	+22.4	24.7	55.9	51.8	99.6	+27.1
Etats-Unis	5.7	21.0	0.1	0.4	− 5.6	6.6	21.3	0.2	0.6	− 6.4	8.4	18.8	0.2	0.4	− 8.2	7.1	16.1	0.2	0.4	− 6.9
Canada[4])	1.0	3.7	—[1])	—	− 1.0	0.8	2.6	—[1])	—	− 0.8	0.9	2.0	—[1])	—	− 0.9	0.9	2.0	—[1])	—	− 0.9
Autres pays d'Amér.	1.0	3.7	—	—	− 1.0	1.1	3.5	—	—	− 1.1	1.4	3.1	—	—	− 1.4	1.5[2])	3.4	—	—	− 1.5
Amérique...........	7.7	28.4	0.1	0.4	− 7.6	8.5	27.4	0.2	0.6	− 8.3	10.7	23.9	0.2	0.4	−10.5	9.5	21.5	0.2	0.4	− 9.3
Japon	0.4	1.5	—	—	− 0.4	1.5	4.8	—	—	− 1.5	0.4	0.9	—	—	− 0.4	0.1	0.2	—[3])	—	− 0.1
Inde britannique[4]) ...	1.2	4.4	—	—	− 1.2	2.6	8.4	—	—	− 2.6	3.4	7.6	—	—	− 3.4	3.5	7.9	—	—	− 3.5
Chine	1.6	5.9	—	—	− 1.6	2.6	8.4	—	—	− 2.6	5.0	11.2	—	—	− 5.0	5.0[5])	11.3	—	—	− 5.0
Asie	3.2	11.8	—	—	− 3.2	6.7	21.6	—	—	− 6.7	8.8	19.7	—	—	− 8.8	8.6	19.4	—	—	− 8.6
Afrique[6])	0.2	0.7	—	—	− 0.2	0.2	0.7	—	—	− 0.2	0.3	0.7	—	—	− 0.3	0.4	0.9	—	—	− 0.4
Australie[7])	0.5	1.9	—	—	− 0.5	0.6	1.9	—	—	− 0.6	1.0	2.2	—	—	− 1.0	1.0[2])	2.3	—	—	− 1.0
Total mondial.......	27.1	100	27.2	100	—	31.0	100	33.8	100	—	44.7	100	46.5	100	—	44.2	100	52.0	100	—

1) Insignifiant. 2) Evaluation. 3) 31 000 kg. 4) Exercice clôturant le 31 mars.
5) Chiffre de 1927. 6) Egypte. 7) Commonwealth of Australia; basé sur les indications officielles. Exercice clôturant le 30 juin.

COTON

L'évènement le plus important survenu au cours des 4 dernières années sur le marché mondial du coton brut a été le recul soudain et très marqué de la récolte mondiale du coton en 1927/1928. La cause principale en était la diminution de la surface de culture aux Etats-Unis.

Le résultat de la récolte américaine étant le facteur déterminant pour le prix du coton sur le marché international, les consommateurs des autres parties du monde ont ressenti d'une façon toute particulière la dépendance dans laquelle ils se trouvent vis-à-vis des Etats-Unis. Les tentatives visant à créer de nouveaux champs de culture afin de s'affranchir de la suprématie des Etats-Unis ont reçu de ce fait une nouvelle et forte impulsion. La plus grande activité est déployée dans cette voie par la Grande Bretagne et la France. On doit toutefois constater que malgré les résultats relativement favorables de la culture du coton africain, ce facteur ne semble pas pour le moment appelé à exercer une influence sensible sur le marché international. Dans ces conditions, les projets tendant à acclimater en Europe une plante analogue au coton se multiplient de plus en plus. Les essais auxquels on a procédé dans cette direction sont encore à la période de début, mais, étant donné leur importance fondamentale, on ne doit toutefois pas les perdre de vue.

La situation de l'industrie mondiale cotonnière a beaucoup empiré au cours de ces dernières années. Après une amélioration passagère en 1927, les conditions sont devenues particulièrement difficiles en Europe. Les centres de production d'Extrême-Orient ont également à lutter depuis longtemps contre certains obstacles qui s'opposent à un développement normal. Même l'industrie cotonnière des Etats-Unis, dont l'expansion depuis la fin de la guerre a été continue, a été affectée par la crise. Ces signes de dépression, qui peuvent être observés partout à des degrés de gravité différents, ne sauraient être ramenés à une cause uniforme affectant également tous les centres de production. Il y a une différence radicale entre les causes provenant de la production et celles provenant de la consommation. L'augmentation de la capacité de production de l'industrie cotonnière en Europe s'est poursuivie, tandis que les débouchés de la période d'avant-guerre subissaient une forte compression. Au cours des deux dernières années, l'Allemagne a réussi a combler, — intégralement en ce qui concerne les broches, partiellement en ce qui concerne les métiers à tisser, — le déficit occasionné par la perte de l'outillage alsacien. La France a augmenté le nombre de ses broches et métiers à tisser considérablement au delà du chiffre correspondant au gain que lui avait procuré la réunion de l'Alsace-Lorraine. Parmi les autres pays européens, à l'exception de la Grande-Bretagne, il n'en est pas un seul qui n'ait développé son industrie cotonnière. D'autre part, on n'a pas pu enregistrer d'amélioration sensible dans les débouchés. Les essais tentés pour reprendre pied en Extrême-Orient n'ont pas donné de résultats dignes de remarque; on n'a pas réussi non plus à ouvrir de nouveaux débouchés. L'industrie cotonnière européenne en est donc presque exclusivement réduite au marché européen, beaucoup trop restreint pour pouvoir absorber la totalité de la production. Il en résulte une concurrence acharnée. Le marché allemand, en particulier, par suite de sa situation géographique, est inondé d'offres du marché international, de sorte que l'industrie cotonnière allemande a été le plus gravement affectée par la crise. Elle n'a joui que passagèrement du plein bénéfice de l'augmentation considérable de la capacité d'absorption du marché intérieur en 1927, où la conjoncture était favorable; en effet, bientôt les produits étrangers affluèrent plus que jamais sur le marché allemand et l'offre ne tarda pas à dépasser la demande. Cet évènement est fidèlement reflété dans les statistiques allemandes du commerce extérieur. La situation de l'industrie cotonnière britannique ne s'est pas améliorée non plus depuis 1925; au contraire, les exportations, qui sont un élément vital de sa prospérité, sont tombées en 1928 au chiffre le plus bas enregistré jusqu'ici; le recul des exportations par rapport à 1925 était de 10% pour les fils et de 14% pour les tissus.

Une autre cause des difficultés de débouchés de l'industrie cotonnière européenne — en plus de la surproduction relative — doit être cherchée dans les fluctuations de la consommation. On ne peut méconnaître que sous l'influence de la mode, les besoins en produits de coton ont diminué, d'autre part, on commence à ressentir les effets de la concurrence de la soie artificielle. Les marchés d'Extrême-Orient n'ont pas encore été sérieusement affectés par ces fluctuations, mais il est hors de doute qu'en Europe et aux Etats-Unis celles-ci constituent aujourd'hui déjà un important élément contributif à la crise des débouchés. La tendance croissante des Etats de l'Amérique du Sud d'assurer eux-mêmes l'approvisionnement de leur marché intérieur en produits de coton n'est pas non plus un facteur négligeable. En outre, les filatures japonaises ont inauguré avec succès la fabrication des fils de bonne qualité.

La thèse d'après laquelle les vieux pays industriels pourraient, grâce à la division du travail au point de vue qualitatif, maintenir, et même dans certaines conditions, augmenter leurs débouchés dans les pays neufs en cours d'industrialisation s'est donc pour le moment révélée très discutable — du moins en ce qui concerne l'industrie cotonnière. — Le tableau ci-dessous montre clairement combien l'industrie cotonnière européenne, comparée à l'industrie asiatique, est loin de pouvoir utiliser sa capacité de production, ce qui constitue pour elle une charge aditionnelle. Il y a d'ailleurs lieu d'observer que la production des fils fins, d'un poids relativement beaucoup moindre, est beaucoup plus considérable en Europe qu'en Extrême-Orient.

Production des filés de coton	1927		1928	
	total en tonnes	par broche kg	total en tonnes	par broche kg
Allemagne	329 458	30.5	281 600[3])	25.2
Grande-Bretagne	625 514[1])	10.9	—	—
France	229 000	23.9	244 500	25.0
Italie	181 638	35.7	202 266	39.0
Tchécoslovaquie	94 000	25.9	81 000	22.1
Belgique	65 000	33.6	74 330	35.9
Etats-Unis	1 414 196	38.5	—	—
Japon	459 070	77.1	444 836	70.9
Chine	350 000[2])	98.1	—	—
Inde britannique[4])	366 055	42.0	366 962	42.2

D'autre part, le rythme très rapide de la progression de l'industrie cotonnière en Extrême-Orient s'est sensiblement ralenti ces derniers temps. C'est en Chine et aux Indes Britanniques que cette réaction peut être observée le plus clairement. La consommation de coton brut en 1927/28 accuse un recul considérable par rapport à 1926. Au Japon, où la consommation a également décliné en 1928, les filatures ont à lutter avec des difficultés croissantes à l'exportation. L'exportation japonaise de fils est en régression constante depuis 1926. Elle était en 1928 de 77% inférieure à celle de 1925, sans qu'on ait eu à enregistrer, d'autre part, une augmentation correspondante des exportations de tissus. Les obstacles qui s'opposent aux progrès des trois pays ci-dessus mentionnés, doivent probablement être attribués, en partie du moins, à la désorganisation économique résultant des troubles politiques dont la Chine est le théâtre. Un autre facteur est par contre peut-être appelé à rétablir progressivement l'équilibre entre l'Europe et l'Extrême-Orient au point de vue des conditions de production. Ce facteur, qui est susceptible de permettre à cette dernière de lutter à armes égales, est l'augmentation du coût de la main d'oeuvre qui se manifeste aussi dans ces pays par suite des progrès de l'industrialisation. La grève qui a éclaté aux Indes Britanniques et qui a duré des mois, de même que l'interdiction du travail de nuit au Japon, constituent, à cet égard, des symptômes à retenir.

1) Chiffre pour 1924, dernière année pour laquelle on dispose d'un recensement industriel; la proportion sera vraisemblablement encore plus défavorable pour les années suivantes.
2) Evaluation.
3) Chiffre provisoire.
4) Année fiscale clôturant le 31 mars.

Coton	Superficie des cultures (en millions d'hectares et en % du total mondial)								Récolte (en milliers de tonnes et en % du total mondial)							
	1926/27		1927/28		1928/29				1926/27		1927/28		1928/29			
	ha	%	ha	%	ha	%	1925/26 = 100	Moyenne 1925/26-1928/29 = 100	tonnes	%	tonnes	%	tonnes	%	1925/26 = 100	Moyenne 1925/26-1928/29 = 100
Etats-Unis	19.1	56.7	16.2	51.9	18.3	53.7	98	102	3897.8	64.3	2809.0	54.1	3189.1	56.8	90	94
Autres pays d'Am.	0.9	2.6	1.0	3.2	1.1	3.2	100	110	271.1	4.5	241.8	4.7	261.9	4.7	98	101
Amérique	20.0	59.3	17.2	55.1	19.4	56.9	98	102	4168.9	68.8	3050.8	58.8	3401.0	61.5	90	95
Russie asiatique .	0.7	2.1	0.8	2.6	0.9	2.6	150	120	167.8	2.8	215.5	4.2	267.2	4.8	158	130
Inde britannique..	10.0	29.7	10.0	32.1	10.7	31.4	98	101	911.5	15.0	1081.9	20.9	1022.9	18.5	91	99
Chine	1.4	4.2	1.5	4.8	1.4	4.1	74	90	343.4	5.7	430.0	8.3	330.0	6.0	72	85
Asie[1]	12.4	36.8	12.9	41.3	13.4	39.3	94	102	1468.7	24.2	1784.9	34.4	1676.0	30.3	93	99.7
Egypte	0.8	2.4	0.6	1.9	0.7	2.0	87	87	343.8	5.7	273.5	5.3	352.6	6.4	99	106
Autr. pays d'Afr.	0.5	1.5	0.5	1.6	0.6	1.8	100	109	83.0	1.3	78.5	1.5	101.1	1.8	110	114
Afrique	1.3	3.9	1.1	3.5	1.3	3.8	93	102	426.8	7.0	352.0	6.8	453.7	8.2	101	108
Total mondial ...	33.7	100	31.2	100	34.1	100	97	102	6059.4	100	5187.7	100	5530.7	100	92	97

1) Y compris une petite quantité non répartie par pays.

Consommation de coton, nombre de broches et de métiers à tisser	Consommation[1]) (en milliers de tonnes et en % du total mondial)								Nombre de broches[3]) (en millions) et en % du total mondial					Nombre de métiers à tisser (en milliers) et en % du total mondial				
	1926		1927		1928				1926		1928			1926		1928		
	tonnes	%	tonnes	%	tonnes	%	1925 =100	Moyenne 1925-28 =100	nombre	%	nombre	%	1926 =100	nombre	%	nombre	%	1926 =100
Allemagne	291.9	5.0	446.8	7.3	335.6	5.9	91	93	10.5	6.4	11.2	6.8	107	241.0	7.5	250.0	7.6	104
Gr. Bretagne et Irld.	722.6	12.8	642.3	10.4	652.1	11.5	81	93	57.3	35.0	57.1	34.6	99.6	792.0	24.5	767.5	23.3	97
France	344.0	5.9	327.2	5.3	315.0	5.6	99	97	9.5	5.8	9.8	5.9	103	182.4	5.7	191.8	5.8	105
Italie	239.3	4.1	208.8	3.4	232.4	4.1	98	101	4.8	2.9	5.2	3.1	108	139.0	4.3	150.0	4.6	108
Tchécoslovaquie	102.6	1.8	151.4	2.5	128.0	2.3	91	98	3.6	2.2	3.7	2.2	103	110.0	3.4	110.0	3.3	100
Belgique............	76.8	1.3	88.1	1.4	82.4	1.4	115	103	1.9	1.2	2.1	1.3	111	49.0	1.5	54.0	1.6	110
Russie	280.3	4.8	325.9	5.3	359.7	6.4	168	122	7.2	4.4	7.3	4.4	101	270.7	8.4	312.0	9.5	115
Autres pays d'Europe	317.4	5.4	372.9	6.0	344.8	6.1	110	102	8.1	5.0	8.5	5.2	105	275.0	8.5	288.2	8.7	105
Europe	2374.9	40.6	2563.4	41.6	2450.0	43.3	98.5	98	102.9	62.9	104.9	63.5	102	2059.1	63.8	2123.5	64.4	103
Etats-Unis	1443.1	24.7	1765.1	28.7	500.0[4])	26.5	145	104	37.6	23.0	35.5	21.5	94	765.0	23.7	747.0	22.6	98
Canada	61.1	1.0	61.8	1.0	60.9	1.1	107	101	1.2	0.7	1.2	0.7	100	36.0	1.1	36.0	1.1	100
Brésil	113.7	1.9	95.2	1.6	102.3	1.8	102	99	2.5	1.5	2.6	1.6	104	75.6	2.4	78.0	2.4	103
Autres pays d'Amér.	31.4	0.5	70.7	1.1	39.3	0.7	80	82	0.8	0.5	0.8	0.5	100	38.9	1.2	40.8	1.2	105
Amérique...........	1649.3	28.1	1992.8	32.4	1702.5	30.1	137	103	42.1	25.7	40.1	24.2	95	915.5	28.4	901.8	27.3	98
Inde britannique	524.4	9.0	444.3	7.2	476.3	8.4	132	105	8.5	5.2	8.7	5.3	102	154.0	4.8	162.0	4.9	105
Chine	570.7	9.7	402.0	6.5	450.0	8.0	85	92	3.4	2.1	3.5	2.1	103	23.0	0.7	30.0	0.9	130
Japon	680.2	11.6	741.3	12.0	579.7	10.2	90	88	5.6	3.4	6.3	3.8	113	72.0	2.2	78.0	2.4	108
Asie	1775.3	30.3	1587.6	25.7	1506.0	26.6	98	94	17.5	10.7	18.5	11.2	106	249.0	7.7	270.0	8.2	108
Afrique	57.0	1.0	17.4	0.3	—	—	—	—	—	—	—	—	—	—	—	—	—	—
Total mondial.......	5856.5	100	6161.2	100	5658.5	100	107	98	163.7[2])	100	165.1[2])	100	101	3227.6[2])	100	3299.6[2])	100	102

1) Dans la statistique ci-dessus la consommation annuelle a été calculée sur la base de l'excédent des importations ou des exportations et de la production de l'année de récolte commençant avant l'année civile. Les divergences par rapport à d'autres statistiques doivent provenir de la différence des méthodes employées pour fixer la relation entre l'année de récolte et l'année civile. 2) Y compris une petite quantité non répartie par pays.
3) Seulement les broches pour le filage, non compris les broches pour le doublage ou le filage des déchets. 4) Evaluation.

Commerce international en filés de coton[1]) (en milliers de tonnes et en % des pays figurant sur ce tableau)	1925					1926					1927					1928				
	Importation		Exportation		Solde	Importation		Exportation		Solde	Importation		Exportation		Solde	Importation		Exportation		Solde
	tonnes	%	tonnes	%	tonnes	tonnes	%	tonnes	%	tonnes	tonnes	%	tonnes	%	tonnes	tonnes	%	tonnes	%	tonnes
Allemagne	61.5	31.9	6.3	2.2	−55.2	25.9	15.9	9.7	4.0	−16.2	64.9	32.6	7.3	2.5	−57.6	48.4	29.6	9.6	3.6	−38.8
Gr. Bretagne et Irl.	3.6	1.9	94.3	32.9	+90.7	3.7	2.3	85.1	35.3	+81.4	4.6	2.3	99.2	34.5	+94.6	5.5	3.4	85.2	32.4	+79.7
France	4.0	2.1	10.4	3.6	+ 6.4	9.2	5.7	7.1	2.9	− 2.1	2.4	1.2	30.5	10.6	+28.1	2.5	1.5	23.6	9.0	+21.1
Belgique[2])	3.5	1.8	11.8	4.1	+ 8.3	3.8	2.3	9.1	3.8	+ 5.3	7.0	3.5	8.6	3.0	+ 1.6	4.8	2.9	9.4	3.6	+ 4.6
Italie	1.9	1.0	16.7	5.8	+14.8	1.5	0.9	14.7	6.1	+13.2	1.3	0.7	21.8	7.6	+20.5	1.4	0.9	25.6	9.7	+24.2
Tchécoslovaquie ..	3.9	2.0	26.7	9.3	+22.8	3.9	2.4	18.2	7.6	+14.3	5.1	2.6	32.8	11.4	+27.7	5.1	3.1	26.6	10.1	+21.5
Autr. pays d'Eur.[3])	51.2	26.5	30.2	10.5	−21.0	47.8	29.4	25.4	10.6	−22.4	57.5	28.8	29.8	10.4	−27.7	52.9	32.3	26.2	9.9	−26.7
Etats-Unis[7])	1.6	0.8	10.4	3.6	+ 8.8	1.7	1.0	11.5	4.8	+ 9.8	1.5	0.8	13.6	4.7	+12.1	1.2	0.7	12.6	4.8	+11.4
Inde britannique[4]).	23.9	12.4	14.6	5.1	− 9.3	22.9	14.1	18.9	7.8	− 4.0	24.2	12.1	11.3	3.9	−12.9	20.6	12.6	11.1	4.2	− 9.5
Chine[5])[6])	34.1	17.7	9.5	3.3	−24.6	39.1	24.1	3.9	1.6	−35.2	27.2	13.6	11.6	4.0	−15.6	17.9	10.9	20.5	7.8	+ 2.6
Japon[7])	0.7	0.4	55.9	19.5	+55.2	0.5	0.3	37.0	15.4	+36.5	0.5	0.3	21.2	7.4	+20.7	0.7	0.4	12.9	4.9	+12.2
Egypte	3.0	1.5	0.2	0.1	− 2.8	2.6	1.6	0.3	0.1	− 2.3	3.1	1.5	0.1	—	− 3.0	2.7	1.7	0.1	—	− 2.6
Total	192.9	100	287.0	100	—	162.6	100	240.9	100	—	199.3	100	287.8	100	—	163.7	100	263.4	100	—

1) Coton filé et fils de coton (Cotton yarn and thread).
2) Y compris le Luxembourg.
3) Hollande, Autriche, Hongrie, Pologne, Suisse, Suède.
4) Année fiscale, clôturant le 30 mars.
5) 1924—1927.
6) Sans fils de coton retors.
7) Importation sans fils de coton retors.

Commerce international en tissus de coton[1]) (en milliers de tonnes et en % des pays figurant sur ce tableau)	1925					1926					1927					1928				
	Importation		Exportation		Balance	Importation		Exportation		Balance	Importation		Exportation		Balance	Importation		Exportation		Balance
	tonnes	%	tonnes	%	tonnes	tonnes	%	tonnes	%	tonnes	tonnes	%	tonnes	%	tonnes	tonnes	%	tonnes	%	tonnes
Allemagne	25.1	5.9	19.8	2.5	— 5.3	8.7	2.1	19.9	2.7	+ 11.2	25.0	5.2	21.1	2.6	— 8.9	15.9	3.7	20.6	2.6	+ 4.7
Gr. Bret. et Irlande	9.0	2.1	382.0	47.8	+373.0	9.5	2.3	325.7	44.0	+316.2	12.2	2.5	351.2	43.1	+339.0	12.2[2])	2.8	330.4	42.5	+318.2
France	2.1	0.5	49.2	6.2	+ 47.1	2.4	0.6	53.9	7.3	+ 51.5	1.1	0.2	71.8	8.8	+ 70.7	1.2	0.3	65.7	8.4	+ 64.5
Italie	2.6	0.6	64.9	8.1	+ 62.3	2.8	0.7	51.1	6.9	+ 48.3	1.5	0.3	50.7	6.2	+ 49.2	2.2	0.5	54.7	7.0	+ 52.5
Tchécoslovaquie	1.6	0.4	39.7	5.0	+ 38.1	1.3	0.3	33.9	4.6	+ 32.6	2.7	0.6	51.8	6.4	+ 49.1	2.3	0.5	36.8	4.7	+ 34.5
Autr. pays d'Europe[3])	14.3	3.4	65.5	8.2	+ 51.2	12.1	3.0	66.8	9.0	+ 54.7	15.2	3.2	73.7	9.0	+ 58.5	14.3	3.3	80.5	10.4	+ 66.2
Etats-Unis	9.4	2.2	46.7	5.8	+ 37.3	5.2	1.3	43.6	5.9	+ 38.4	5.4	1.1	48.0	5.9	+ 42.6	5.2	1.2	46.5	6.0	+ 41.3
Inde britannique[4])	131.4	30.9	14.2	1.8	—117.2	151.8	36.8	17.0	2.3	—134.8	166.8	34.8	14.5	1.8	—152.3	164.5	37.9	12.8	1.7	—151.7
Chine[5])	139.6	32.9	12.3	1.5	—127.3	138.6	33.7	10.8	1.5	—127.8	155.6	32.5	12.0	1.5	—143.6	123.6	28.5	18.5	2.4	—105.1
Japon	1.1	0.3	104.3	13.0	+103.2	0.8	0.2	116.1	15.7	+115.3	1.1	0.2	120.2	14.7	+119.1	1.1	0.3	111.3	14.3	+110.2
Indes néerlandaises	57.8	13.6	—	—	— 57.8	55.7	13.5	—	—	— 55.7	63.2	13.2	—	—	— 63.2	68.9	14.7	—	—	— 68.9
Egypte	30.4	7.2	0.5	0.1	— 29.9	22.6	5.5	0.4	0.1	— 22.2	29.8	6.2	0.3	—	— 29.5	27.4	6.3	0.2	—	— 27.2
Total	424.4	100	799.1	100	—	411.0	100	739.2	100	—	479.6	100	815.8	100	—	433.8	100	778.0	100	—

1) Principalement "Piece Goods".
2) Chiffre pour 1927.
3) Belgique, Hollande, Suisse.
4) Anneé fiscale clôturant le 31 mars.
5) 1924—1927.

LAINE

D'après les statistiques dont on dispose et qui, comme toujours, ne reposent que sur des estimations assez grossières, la production mondiale de laine a atteint en 1928 un chiffre record dépassant de 14% le résultat de la tonte de 1925 et de 10% même la production de 1913. Même en admettant que cette progression exceptionelle doive être attribuée à des causes accidentelles en liaison avec les conditions particulières de l'élevage des moutons, on ne peut méconnaître qu'il s'agit ici d'une tendance à l'augmentation de la production lainière mondiale. L'exportation de laine brute est depuis 1925 en progression constante pour les principaux territoires de tonte. Les faits les plus dignes de remarque sont que les expéditions en provenance de l'Argentine et de l'Uruguay se rapprochent déjà des chiffres d'avant-guerre et que la tonte sud-Africaine acquiert une importance toujours plus grande dans l'approvisionnement du marché international. Ces constatations ne changent rien au fait que l'Australie et la Nouvelle Zélande ont maintenu leur position prépondérante comme pays producteurs de laine brute.

L'offre croissante de laine brute a été pendant longtemps absorbée sans difficultés par le marché. Abstraction faite de brefs intervalles, les prix ont même été en hausse constante jusqu'au premier trimestre 1928. Depuis lors, ils ont baissé dans une proportion assez considérable par suite des fortes expéditions des pays de tonte et du fléchissement de la demande européenne.

Bien que plus de 40% de la production mondiale de laine brute proviennent de la Grande-Bretagne et des Dominions britanniques, l'évolution constatée dans les méthodes d'achat, c'est-à-dire la proportion croissante des achats directs dans les pays de tonte, n'est pas restée sans effet sur la position de Londres comme centre du commerce international de la laine. C'est ainsi qu'en 1927/28, les ventes de laine australienne effectuées à Londres ne s'élevaient plus qu'à 12.7%, contre plus de 20% dans la dernière année d'avant-guerre; la quote-part des ventes de Londres dans les ventes de laine Néo-Zélandaises est même passée de 52.8% dans la période d'avant-guerre à 21.8%, en 1927/28. Ces chiffres montrent suffisamment à quel point Londres a perdu son importance pour le commerce international de la laine.

Presque tous les centres de production de l'industrie internationale de la laine ont participé à la forte augmentation de la consommation mondiale de laine brute, sans qu'on puisse constater de modifications essentielles dans les quotes-parts respectives. Un fait digne de remarque doit toutefois être signalé: En 1927, du fait de la conjoncture économique favorable, les besoins du marché intérieur allemand ont accusé une forte progression, de sorte qu'au cours de cette année l'Allemagne put absorber presque les mêmes quantités de laine brute que dans la période d'avant-guerre; sa quote-part dans la consommation mondiale était en 1927 de 14.4%, contre 12.2% en 1925 et 16.6% en 1913. La dépression qui suivit en 1928 cette période de prospérité amena, il est vrai, une diminution de la consommation allemande de laine brute; néanmoins, elle dépassait encore de 20% celle de 1925. Les modifications survenues dans la structure de l'industrie internationale de la laine par rapport à la période d'avant-guerre semblent actuellement stabilisées. Bien qu'on puisse également constater dans cette branche de l'industrie textile certains indices d'un commencement de disproportion entre la capacité de production de l'industrie et les possibilités d'absorption du marché, — disproportion due principalement aux mesures prises par la plupart des pays pour assurer par eux-mêmes l'approvisionnement de leur marché intérieur — la situation est loin d'être aussi critique que dans l'industrie cotonnière. L'industrie lainière britannique, qui occupait le premier rang dans le monde avant la guerre, semble avoir été définitivement rejointe par l'industrie française, si l'on prend comme point de comparaison la quantité de laine brute traitée. L'industrie française a continué à augmenter sa consommation de laine brute; pour la période 1925-1927 la progression a été de 10%; en 1928 elle se trouvait presque à égalité avec les centres de production britannique. L'industrie britannique accuse bien depuis 1925 une amélioration sensible sous le rapport de son activité, mais sa consommation de laine brute est encore considérablement inférieure au chiffre d'avant-guerre. Un fait digne de remarque, c'est que la progression de la consommation de l'industrie française n'est pas la conséquence d'une extension correspondante des installations industrielles; avec un nombre de broches et de métiers à tisser considérablement inférieur, l'industrie française traite une plus grande quantité de laine brute que la Grande-Bretagne.

La spécialisation de l'industrie française dans les tissus plus légers, qui jouissent actuellement de la faveur du public, est le facteur principal qui lui a permis de réaliser cette intensification. Le tissage britannique, par contre, n'a pas su s'adapter suffisamment à cette évolution de la mode. C'est d'ailleurs toujours la Grande-Bretagne qui vient en tête des pays exportateurs.

Bien que les industries italienne et tchécoslovaque de la laine aient traversé de 1925 à 1928 quelques périodes de dépression, dues à une concurrence étrangère plus intense, elles n'en ont pas moins réussi à accroître leur importance dans l'industrie de la laine, et en particulier à élargir leurs débouchés internationaux.

La grande industrie japonaise, qui ne date que de la guerre et de la période d'après-guerre, a continué son ascension ininterrompue; sa consommation de laine brute en 1928 dépassait de plus de 60% celle de 1925. L'indice le plus caractéristique des progrès réalisés par l'industrie nationale japonaise est fourni par le recul des importations. Actuellement déjà, le marché japonais est pratiquement perdu pour les filatures européennes de laines peignées.

L'industrie lainière des Etats-Unis continuait en 1928 à être le plus grand consommateur de laine brute du monde entier, bien que, contrairement à la tendance générale, elle accusât depuis 1925 une certaine régression. Cette régression est d'autant moins explicable qu'elle s'est produite pendant une période de constante prospérité de l'économie nationale et simultanément à une reprise des affaires dans les centres européens de production.

Les progrès considérables réalisés par l'industrie lainière russe méritent une mention spéciale; le chiffre de production d'avant-guerre semble avoir été atteint dès 1927, et depuis lors il a été procédé à une extension considérable des ateliers de fabrication. Bien qu'on ne s'attende pas pour le moment à une répercussion sensible de ce côté sur les débouchés de l'industrie lainière des autres pays, il est certain que la progression croissante des besoins du marché russe ne pourra rester sans influence sur le marché international de la laine brute.

Laine	Moutons (en millions et en % du total mondial)					Production de laine brute (en milliers de tonnes et en % du total mondial)					Excédent des importations ou des exportations de laine brute[4]) (en milliers de tonnes et en % de la propre production)			
	1925		1927			1925		1927			1925		1927	
	Nombre	%	Nombre	%	1925 =100	tonnes	%	tonnes	%	1925 =100	tonnes	%	tonnes	%
Allemagne	4.7	0.7	3.8	0.5	81	22.8	1.6	17.5	1.1	77	−135.9	596.0	−201.1	1149.1
Gr. Bretagne et Irlande	26.4	4.1	28.3	4.1	107	49.8	3.5	53.8	3.4	108	−147.4	296.0	−180.8	336.1
France	10.5	1.6	10.7	1.6	102	20.4	1.5	21.5	1.3	105	−185.0	906.9	−225.8	1050.2
Italie	12.3	1.9	15.5	2.3	126	25.9	1.8	25.3	1.6	98	− 37.5	144.8	− 40.2	158.9
Russie	107.0	16.5	119.9	17.5	112	151.1	10.7	167.7	10.4	111	− 13.3	8.8	− 30.1	17.9
Autres pays d'Europe	74.5	11.5	76.7	11.2	103	128.9	9.2	141.4	8.8	110	− 75.0	58.2	−112.2	79.3
Europe	235.4	36.3	254.9	37.2	108	398.9	28.3	427.2	26.6	107	−594.1	148.9	−790.2	185.0
Etats-Unis	35.6	5.5	45.0	6.6	126	132.6	9.4	148.8	9.2	112	−150.5	113.5	−115.9	77.9
Argentine	36.2[2])	5.6	36.2[2])	5.3	100	141.7	10.1	150.1	9.3	106	+127.6	90.0	+168.4	—[5])
Uruguay	14.4	2.2	22.5	3.3	156	53.1	3.8	59.0	3.7	111	+ 42.1	79.3	+ 71.7	—[5])
Autres pays d'Amérique	34.2	5.3	36.1	5.2	106	42.6	3.0	51.2	3.2	120	+ 16.7	39.2	+ 17.7	34.6
Amérique	120.4	18.6	139.8	20.4	116	370.0	26.3	409.1	25.4	111	+ 35.9	9.7	+141.9	34.7
Chine	26.0[3])	4.0	26.0[3])	3.8	117	34.0	2.4	38.0	2.4	112	+ 25.4	74.7	+ 21.6	56.8
Inde britannique	36.9	5.7	35.0	5.1	95	27.2	1.9	24.9	1.5	92	+ 25.9	95.2	+ 24.9	100.0
Japon[1])	—	—	—	—	—	—	—	—	—	—	− 31.6	—	− 44.7	—
Autres pays d'Asie	20.3	3.2	19.3	2.8	95	28.8	2.1	30.5	1.9	106	+ 3.3	11.5	+ 5.2	17.0
Asie	83.2	12.9	80.3	11.7	101	90.0	6.4	93.4	5.8	104	+ 23.0	25.6	+ 7.0	7.5
Union Sud-Africaine	35.6	5.5	42.5	6.2	119	83.9	6.0	108.9	6.8	130	+ 94.6	—[5])	+117.8	—[5])
Autres pays d'Afrique	44.7	6.9	40.7	6.0	91	42.8	3.0	44.9	2.8	105	+ 19.1	44.6	+ 21.3	47.4
Afrique	80.3	12.4	83.2	12.2	104	126.7	9.0	153.8	9.6	121	+113.7	89.7	+139.1	90.4
Austral. et Nouv. Zélande	128.1	19.8	126.3	18.5	99	423.0	30.0	524.9	32.6	124	+452.9	—[5])	+506.2	96.4
Total mondial	647.4	100	684.5	100	106	1408.6	100	1608.4	100	114	—	...	—	—

1) Nombre des moutons insignifiant.
2) Voir annotation 3, page 29.
3) Voir annotation 4, page 29.
4) La laine ébronée est exprimée en laine en suint sur la base du coefficient moyen de 2,5.
5) Le fait que l'exportation est supérieure à la production provient de ce que des stocks de l'année précédente sont compris dans l'exportation.

Principaux pays consommateurs de laine du monde	Consommation (en milliers de tonnes et en % des pays indiqués)						Nombre[1]) de broches (en milliers et en % des pays indiqués)		métiers à tisser	
	1927		1928				1928			
	tonnes	%	tonnes	%	1925 = 100	Moyenne 1925-28 = 100	Nombre	%	Nombre	%
Allemagne	218.6	14.4	191.0	12.9	120	104	4 500	18.0	95.0	20.1
Grande-Bretagne et Irlande	234.6	15.5	227.8	15.4	116	102	6 700	26.7	118.0	24.9
France	247.3	16.3	226.3	15.3	110	98	3 300	13.2	65.0	13.7
Italie	65.5	4.3	74.2	5.0	117	108	1 080	4.3	21.0[3])	4.4
Belgique	32.3	2.1	33.8	2.3	148	112	690	2.8	5.0	1.1
Tchécoslovaquie	22.0	1.5	21.9	1.5	124	112	960	3.8	26.4	5.6
Russie	197.8	13.1	210.0[2])	14.2	128	112	415	1.6	21.2	4.5
Autres pays d'Europe	187.4	12.4	184.7	12.4	116	104	1 600	6.4	20.0	4.2
Europe	1 205.5	79.6	1 169.7	79.0	118	104	19 245	76.8	371.6	78.5
Etats-Unis	264.8	17.5	258.7	17.5	91	96	4 908	19.6	87.6	18.5
Japon	44.7	2.9	52.1	3.5	165	129	910	3.6	14.0[4])	3.0
Total	1 515.0	100	1 480.5	100	114	103	25 063	100	473.2	100

1) Les chiffres sont pour la plus grande partie des évaluations.
2) Evaluation.
3) Non-compris environ 2000 métiers à tisser à main.
4) Non-compris environ 6600 métiers à tisser à main.

Commerce international en filés de laine[1]) (en milliers de tonnes et en % des pays indiqués)	1925					1926					1927					1928				
	Importation		Exportation		Balance	Importation		Exportation		Balance	Importation		Exportation		Balance	Importation		Exportation		Balance
	tonnes	%	tonnes	%	tonnes	tonnes	%	tonnes	%	tonnes	tonnes	%	tonnes	%	tonnes	tonnes	%	tonnes	%	tonnes
Allemagne	23.4	40.2	7.3	10.2	−16.1	18.5	34.1	8.7	11.7	− 9.8	36.8	43.4	9.1	8.5	−27.7	27.6	39.5	10.9	11.1	−16.7
Gr. Bretagne et Irl.	6.8	11.7	26.0	36.3	+19.2	7.8	14.4	21.5	28.9	+13.7	8.1	9.5	31.4	29.4	+23.3	8.1	11.6	29.9	30.4	+21.8
France	1.0	1.7	14.8	20.6	+13.8	0.9	1.6	19.3	25.9	+18.4	0.8	0.9	34.8	32.6	+34.0	1.3	1.9	28.0	28.5	+26.7
Belgique[2])	3.3	5.7	9.3	13.0	+ 6.0	4.4	8.1	9.8	13.1	+ 5.4	5.6	6.6	10.4	9.7	+ 4.8	5.4	7.7	9.6	9.7	+ 4.2
Italie	0.7	1.2	0.8	1.1	+ 0.1	0.6	1.1	0.9	1.2	+ 0.3	0.5	0.6	2.1	2.0	+ 1.6	0.8	1.2	2.0	2.0	+ 1.2
Tchécoslovaquie ..	3.0	5.1	7.8	10.9	+ 4.8	3.0	5.5	8.4	11.3	+ 5.4	3.7	4.3	11.8	11.1	+ 8.1	3.5	5.0	11.1	11.3	+ 7.6
Autr. pays d'Eur.[3])	10.6	18.2	5.6	7.8	− 5.0	11.8	21.7	5.8	7.8	− 6.0	17.5	20.6	7.1	6.6	−10.4	16.1	23.0	6.8	6.9	− 9.3
Etats-Unis	0.5	0.9	—	—	− 0.5	0.3	0.6	—	—	− 0.3	0.1	0.1	—	—	− 0.1	0.1	0.1	—	—	− 0.1
Chine[4])	1.9	3.3	—	—	− 1.9	1.5	2.8	—	—	− 1.5	3.7	4.3	—	—	− 3.7	1.8	2.6	—	—	− 1.8
Japon	7.0	12.0	0.1	0.1	− 6.9	5.5	10.1	0.1	0.1	− 5.4	8.3	9.7	0.1	0.1	− 8.2	5.2	7.4	0.1	0.1	− 5.1
Total	58.2	100	71.7	100	—	54.3	100	74.5	100	—	85.1	100	106.8	100	—	69.9	100	98.4	100	—

1) Y compris les fils d'autres poils d'animaux. 2) Y compris le Luxembourg. 3) Hollande, Autriche, Hongrie, Pologne, Suisse. 4) 1924-1927.

Commerce international en tissus de laine (en milliers de tonnes et en % des pays indiqués)	1925					1926					1927					1928				
	Importation		Exportation		Balance	Importation		Exportation		Balance	Importation		Exportation		Balance	Importation		Exportation		Balance
	tonnes	%	tonnes	%	tonnes	tonnes	%	tonnes	%	tonnes	tonnes	%	tonnes	%	tonnes	tonnes	%	tonnes	%	tonnes
Allemagne	2.1	6.4	13.0	11.3	+10.9	1.1	4.2	16.4	14.5	+15.3	2.5	8.5	19.2	15.6	+16.7	3.3	10.3	19.7	15.4	+16.4
Gr. Bretagne et Irl.	9.9	30.3	50.9	44.3	+41.0	9.5	36.6	46.1	40.9	+36.6	10.1	34.5	48.8	39.7	+38.7	10.2[1])	32.0	47.9	37.6	+37.7
France	1.0	3.0	27.2	23.7	+26.2	0.7	2.7	26.9	23.9	+26.2	0.7	2.4	24.5	20.0	+23.8	1.2	3.8	26.3	20.6	+25.1
Belgique[2])	2.6	8.0	2.7	2.4	+ 0.1	2.1	8.1	3.1	2.7	+ 1.0	2.1	7.2	3.4	2.8	+ 1.3	2.6	8.2	3.8	3.0	+ 1.2
Italie	2.6	8.0	11.8	10.3	+ 9.2	2.3	8.8	11.7	10.4	+ 9.4	2.1	7.2	12.0	9.8	+ 9.9	3.0	9.4	14.6	11.5	+11.6
Tchécoslovaquie ..	0.5	1.5	8.8	7.7	+ 8.3	0.5	1.9	8.2	7.3	+ 7.7	1.0	3.4	14.6	11.9	+13.6	1.0	3.1	14.9	11.7	+13.9
Etats-Unis	4.9	15.0	0.4	0.3	− 4.5	4.7	18.1	0.3	0.3	− 4.4	5.1	17.4	0.3	0.2	− 4.8	4.5	14.1	0.3	0.2	− 4.2
Japon[3])[4])	9.1	27.8	—	—	− 9.1	5.1	19.6	—	—	− 5.1	5.7	19.4	—	—	− 5.7	6.1	19.1	—	—	− 6.1
Total	32.7	100	114.8	100	—	26.0	100	112.7	100	—	29.2	100	122.8	100	—	31.9	100	127.5	100	—

1) Les indications en yards sont converties en poids sur la base du poids moyen pour l'importation de 1925-1927. 2) Y compris le Luxembourg.
3) Les indications en yards sont converties en poids sur la base d'un poids moyen de 350 grammes par yard. 4) Exportation insignifiante, mais en progression.

SOIE NATURELLE

L'approvisionnement du marché international en soie naturelle est assuré dans une proportion toujours plus forte par l'Extrême-Orient. De 1925 à 1928 seulement la production japonaise a progressé d'un quart. En comparaison de ce développement, la progression minime de la sériciculture européenne n'entre pas en ligne de compte. La production de soie grège en Asie Mineure, au Caucase et en Asie Centrale, a pris une extension relativement importante depuis 1925, grâce à l'appui de l'Etat, plus spécialement au Caucase russe et en Turquie; mais elle ne joue malgré celà qu'un rôle insignifiant sur le marché international. Le facteur déterminant pour l'établissement des prix de la soie grège est et reste le Japon.

La progression constante et considérable de la production japonaise, ainsi que la concurrence de la soie artificielle, ont occasioné au cours de ces dernières années une forte baisse sur le marché de la soie grège. Le Gouvernement japonais s'est vu à plusieurs reprises dans l'obligation d'édicter des mesures de valorisation. Il sembla au début que la stabilisation des prix pourrait être réalisée par cette méthode; mais, quand on apprit que la production japonaise pour 1929 constituerait un nouveau record, une nouvelle baisse se déclencha. Les prix actuels ont atteint un niveau si bas qu'il semble douteux que les sériciculteurs puissent trouver leur compte à produire encore. Il ne serait donc pas impossible que l'extension de la sériciculture japonaise subisse un arrêt du fait de l'élimination des producteurs ne disposant pas de capitaux suffisants.

L'insécurité régnant sur le marché de la soie grège a naturellement affecté aussi les industries de transformation; celles-ci ont toutefois réussi à rétablir l'équilibre par l'emploi croissant de la soie artificielle comme matière première. C'est plus particulièrement le tissage qui, en Allemagne, en France et en Italie, emploie la soie artificielle sur une grande échelle. Les statistiques ci-dessous, relatives à la consommation de soie grège, ne donnent donc pas une image absolument exacte de la situation de l'industrie internationale de la soie.

Le développement de l'industrie depuis 1925 n'a pas été uniforme dans tous les pays. En Europe on constate une reprise à peu près générale, exception faite pour la Suisse, où l'importante industrie des rubans a particulièrement souffert des fluctuations de la mode. L'industrie italienne enregistre une prospérité toute spéciale. L'expansion du tissage de la soie dans les "autres pays d'Europe", où cette branche de l'industrie n'existait autrefois que sporadiquement ou pas du tout, mérite une mention spéciale; cette expansion est surtout marquée en Grèce. Les Etats-Unis, — le plus gros acheteur de soie grège, — accusent de 1925 à 1928 une augmentation importante (18%) de leur consommation; la prospérité de leur industrie de la soie est cependant menacée par une concurrence déchaînée, encore aggravée par les importations grandissantes de produits étrangers, dont la qualité est supérieure. Au cours de ces dernières années le Japon a appliqué tous ses efforts à développer le tissage de la soie, afin de créer de cette manière un débouché avantageux à sa production de soie grège. La forte progression des exportations japonaises de produits manufacturés de soie est la meilleure preuve du succès de ces mesures d'industrialisation. On constate des tendances analogues en Chine également.

Commerce internat. en products de soie[1]) (en millions de RM)	1925			1926			1927			1928		
	Exportation	Importation	Balance	Exportation	Importation	Balance	Exportation	Importation	Balance	Exportation	Importation	Balance
Allemagne	102.8	9.2	+ 93.6	98.9	6.1	+ 92.8	121.2	10.0	+111.2	111.3	12.3	+ 99.0
Gr. Bret. et Irld.	31.1	390.9	−359.8	30.6	297.8	−267.2	39.1	281.5	−242.4	39.1	251.8	−212.7
France........	778.4	15.8	+762.6	616.2	15.6	+600.6	554.9	12.4	+542.5	542.2	14.7	+527.5
Suisse	214.0	22.3	+191.7	182.9	23.0	+159.9	193.9	24.7	+169.2	181.6	28.2	+153.4
Italie	127.5	27.6	+ 99.9	188.8	24.5	+164.3	267.9	26.6	+241.3	223.0	25.5	+197.5
Etats-Unis	76.4	154.2	− 77.8	74.7	170.4	− 95.7	64.3	177.4	−113.1	78.3	173.5	− 95.2
Japon	201.2	—	+201.2	263.6	—	+263.6	278.8	—	+278.8	280.0[2])	—	+280.0

1) Tissus et filés, entièrement ou partiellement en soie. 2) Evaluation.

Soie naturelle (en millions de kg et en % du total mondial)	Production de cocons									Production de soie grège								
	1925		1926		1927		1928			1925		1926		1927		1928		
	kg	%	kg	%	kg	%	kg	%	1925 =100	kg	%	kg	%	kg	%	kg	%	1925 = 100
France	3.4	0.5	3.1	0.5	3.7	0.6	2.7	0.4	79	0.26	0.5	0.24	0.4	0.3	0.5	0.2	0.3	77
Italie	48.2	8.0	43.1	7.1	50.7	8.0	52.5	8.1	109	5.1	9.1	4.8	8.1	5.0	8.0	5.4	8.3	106
Autr.pays d'Europe	8.4	1.4	8.0	1.3	7.8	1.2	8.3	1.3	99	0.7	1.2	0.6	1.0	0.7	1.1	0.7[2]	1.1	100
Europe	60.0	9.9	54.2	8.9	62.2	9.8	63.5	9.8	106	6.06	10.8	5.64	9.5	6.0	9.6	6.3	9.7	104
Proche-Orient et Asie Centrale[1][2]	14.1	2.3	15.8	2.6	17.6	2.8	21.6	3.3	158	1.2	2.1	1.3	2.2	1.4	2.2	1.7	2.6	142
Chine[2]	180.0	29.8	180.0	29.7	180.0	28.4	180.0	27.6	100	15.0	26.8	15.0	25.4	15.0	23.8	15.0	23.2	100
Japon[3]	327.2	54.2	335.4	55.3	352.1	55.5	364.3	55.9	111	31.9	56.9	35.3	59.8	38.7	61.5	40.0[2]	61.7	125
Autres pays de l'Extrême Orient[2][4]	23.0	3.8	21.0	3.5	22.0	3.5	22.0	3.4	96	1.9	3.4	1.8	3.1	1.8	2.9	1.8	2.8	95
Extrême-Orient ..	530.2	87.8	536.4	88.5	554.1	87.4	566.3	86.9	107	48.8	87.1	52.1	88.3	55.5	88.2	56.8	87.7	116
Total mondial	604.3	100	606.4	100	633.9	100	651.4	100	108	56.06	100	59.04	100	62.9	100	64.8	100	116

1) Russie, Turquie, Syrie, Chypre et Perse.
2) Evaluation.
3) Y compris la Corée et l'île Formose.
4) Inde britannique et Indochine.

Consommation de soie grège et nombre de métiers à tisser	Consommation (en millions de kg et en % du total mondial)									Nombre de métiers à tisser (en milliers et en % du total mondial)		
										mécaniques		à main
	1925		1926		1927		1928		1925 = 100	1927		1927
	kg	%	kg	%	kg	%	kg	%		Nombre	%	Nombre
Allemagne	2.1	3.9	1.7	2.9	2.7	4.3	2.4	3.7	114	48.2	14.3	0.6
Grande-Bretagne et Irlande	0.4	0.8	0.5	0.9	0.6	1.0	0.8	1.2	200	7.0	2.1	—
France	5.2	9.7	5.5	9.4	4.1	6.5	6.5	9.9	125	60.0	17.8	16.0
Italie[1])	1.3	2.4	1.3	2.2	1.5	2.4	1.5	2.3	115	23.0	6.8	5.0
Suisse	1.3	2.4	1.3	2.2	1.5	2.4	1.3	2.0	100	16.0	4.8	4.2
Autres pays d'Europe	0.4	0.8	0.8	1.4	2.2	3.5	2.4	3.7	600	27.0	8.0	—
Europe	10.7	20.0	11.1	19.0	12.6	20.1	14.9	22.8	139	181.2	53.8	25.8
Etats-Unis	28.6	53.6	29.8	50.9	33.0	52.6	33.8	51.8	118	111.4	33.1	—
Canada	0.2	0.4	0.3	0.5	0.4	0.7	0.5	0.7	250	—	—	—
Brésil[3])	—	—	—	—	—	—	—	—	—	1.2	0.3	—
Amérique	28.8	54.0	30.1	51.4	33.4	53.3	34.3	52.5	119	112.6	33.4	—
Chine[1])	4.8	9.0	4.8	8.2	5.3	8.5	5.3	8.1	110	7.0[2])	2.1	—
Japon	5.7	10.7	8.8	15.1	7.6	12.1	7.3	11.2	128	36.0	10.7	4.0
Autres pays d'Asie	3.4	6.3	3.7	6.3	3.8	6.0	3.5	5.4	103	—	—	—
Asie	13.9	26.0	17.3	29.6	16.7	26.6	16.1	24.7	116	43.0	12.8	4.0
Total mondial	53.4	100	58.5	100	62.7	100	65.3	100	122	336.8	100	29.8

1) Consommation évaluée.
2) Les métiers à tisser dans les fabriques seulement.
3) Consommation impossible à déterminer.

LIN ET TOILE DE LIN

Pour des raisons climatériques, la culture et le travail du lin sont restés un monopole européen. Les principaux territoires de culture se trouvent en Europe orientale, tandis que l'industrie du lin a ses centres de production les plus importants en Europe occidentale; toutefois, les quantités employées par les cultivateurs de lin de l'Europe orientale pour leurs propres besoins ont également, une certaine importance. L'approvisionnement de l'industrie du lin en matières premières a passé par une grave crise au lendemain de la guerre. La cause principale en était l'énorme diminution de la production russe du lin, bien que la quotepart de celle-ci dans la récolte mondiale soit encore de 60% et reste le facteur décisif sur le marché du lin. Bien que la surface cultivée en Russie ait considérablement dépassé la surface cultivée en 1913, le rendement par hectare est tombé aujourd'hui à un niveau si bas que la récolte de lin russe en 1928 était de plus de 30% inférieure à la moyenne des années 1909-13. La production des autres pays de l'Europe orientale au cours des dernières années — exception faite de la Pologne et de la Lithuanie — a également beaucoup diminué par rapport au chiffre de la production d'avant-guerre. La pénurie des matières premières pour le consommateur de l'Europe occidentale est encore aggravée par le fait que les fournisseurs les plus importants, et en première ligne la Russie, poursuivent une politique d'industrialisation systématique et absorbent actuellement pour leur propres besoins une proportion beaucoup plus considérable qu'autrefois de la production annuelle de lin.

Les expéditions de lin brut en provenance de l'Europe orientale s'élevaient, en moyenne, pour la période 1909 à 1913, à plus de 280 000 tonnes; en 1927, elles étaient réduites à 105 000 tonnes. La progression relativement considérable de la production de lin en Europe occidentale, due principalement à l'extension des surfaces de culture en France, en Belgique et en Hollande, n'est pas arrivée à contrebalancer ce déficit de près de 65% dans les quantités de matières premières disponibles sur le Marché. La conséquence en est que les prix du lin sont beaucoup plus élevés que le niveau général des matières premières textiles. Le renchérissement disproportionné des produits manufacturés, qui en est la conséquence, a contribué dans une large mesure à détourner les consommateurs vers d'autres produits textiles, principalement vers la soie artificielle.

La transformation radicale de la situation du Marché a eu des conséquences très graves pour l'industrie du lin dans les cinq pays qui viennent en tête de cette industrie: la Grande-Bretagne et l'Irlande, la France, la Belgique, l'Allemagne et la Tchécoslovaquie. On n'y a traité, en moyenne, au cours de la période 1925-28 que la moitié environ de la quantité de matières premières traitées en 1913. C'est en Allemagne et en Tchécoslovaquie que la crise a eu les effets les plus graves. Par suite de la diminution du pouvoir d'achat du Marché allemand, l'industrie allemande du lin a eu à lutter avec des difficultés de débouchés tout particulièrement graves; elle est d'autre part exposée à une concurrence très vive des produits tchécoslovaques; l'importation allemande de fils de lin pour 1927 se rapprochait déjà du chiffre d'avant-guerre. L'industrie du lin en Tchécoslovaquie dont les territoires possèdent presque la totalité des broches et des métiers à tisser de l'ancienne monarchie austro-hongroise, doit exporter à tout prix, étant donné que la capacité d'absorption du marché intérieur est hors de toute proportion avec la capacité de production. L'industrie britannique et irlandaise n'a pas non plus été épargnée par la crise des matières premières. Même les centres de production français et belges en ont ressenti les effets.

Par suite du monopole pratiquement détenu par l'industrie européenne du lin, l'Europe exportait avant la guerre des quantités importantes de produits manufacturés du lin vers les autres continents. Cette exportation représentait dans la balance commerciale des pays intéressés un élément d'actif précieux. Ici, également, la crise du lin a eu des répercussions très graves. Les exportations allemande et britannique sont tombées à moins de 50% du chiffre d'avant-guerre. La diminution des exportations française et belge n'a pas été aussi considérable; on doit toutefois constater ici, également, un recul sensible par rapport à 1913. La progression des exportations tchécoslovaques n'est que la conséquence naturelle des nouvelles délimitations de frontières et ne peut donc être considérée comme une exception favorable. L'exportation constituant dans presque tous les pays intéressés un facteur vital de prospérité, la tendance à la diminution des exportations — dont le niveau est déjà très bas — apparaît d'autant plus grave.

1) La consommation d'avant-guerre de lin brut dans les limites du territoire actuel peut être estimée à 50 000 à 60 000 tonnes annuellement.

Lin[1])

Lin[1])	Superficie cultivée (en milliers d'hectares et en % du total mondial) — Moyenne 1909-13 hectares	%	1925 hectares	%	1926 hectares	%	1927 hectares	%	1928 hectares	%
Allemagne	15.3[2])[3])	0.9	37.7	1.7	22.2	1.0	15.5	0.7	14.5	0.6
Gr.-Bretagne et Irl.[4])	21.5	1.3	19.6	0.9	15.2	0.7	13.1	0.6	18.3	0.8
France	24.9[5])	1.4	24.6	1.1	26.8	1.2	24.4	1.1	31.7	1.4
Belgique	19.8	1.1	23.4	1.0	23.7	1.1	21.1	1.0	23.8	1.1
Hollande	13.4	0.8	15.2	0.7	13.9	0.7	10.8	0.5	15.8	0.7
Tchécoslovaquie	—	—	24.7	1.1	21.9	1.0	21.7	1.0	20.5	0.9
Autr. pays de l'Europe occidentale	18.4	1.1	14.9	0.7	14.4	0.7	14.3	0.7	15.2[6])	0.7
Europe occidentale	113.3	6.6	160.1	7.2	138.1	6.4	120.9	5.6	139.8	6.2
Pologne	81.8	4.7	107.6	4.8	108.5	5.0	109.1	5.1	114.1	5.1
Lettonie	69.6	4.0	78.1	3.5	63.8	2.9	63.2	2.9	68.7	3.0
Esthonie	42.2	2.5	45.7	2.1	33.8	1.6	35.6	1.7	36.8	1.6
Lithuanie[7])	55.2	3.2	81.0	3.6	81.1	3.8	84.0	3.9	95.0	4.2
Russie	1295.0[3])[8])	75.1	1682.0	75.6	1673.0	77.5	1687.0	78.6	1757.0	77.8
Autr. pays de l'Europe orientale	58.0	3.4	47.1	2.1	40.0	1.8	39.7	1.8	39.7	1.8
Europe orientale	1601.8	92.9	2041.5	91.7	2000.2	92.6	2018.6	94.0	2111.3	93.5
Europe	1715.1	99.5	2201.6	98.9	2138.3	99.0	2139.5	99.6	2251.1	99.7
Asie[10])	5.0	0.3	22.0	1.0	19.0	0.9	6.0	0.3	6.0	0.3
Afrique[9])	4.0	0.2	2.0	0.1	2.0	0.1	1.0	0.1	1.0	0.1
Total mondial	1724.1	100	2225.6	100	2159.3	100	2146.5	100	2258.1	100

Lin[1])	Récolte (en milliers de tonnes et en % du total mondial) — Moyenne 1909-13 tonnes	%	1925 tonnes	%	1926 tonnes	%	1927 tonnes	%	1928 tonnes	%
Allemagne	8.5[2])[3])	1.1	23.0	3.6	15.0	2.6	10.8	2.0	13.0	2.3
Gr.-Bretagne et Irl.[4])	10.8	1.5	7.5	1.2	7.3	1.3	6.1	1.2	7.2	1.2
France	18.4[5])	2.5	20.2	3.2	22.2	3.8	18.6	3.5	37.3	6.5
Belgique	23.5	3.2	23.3	3.6	34.9	6.1	33.0	6.2	21.5	3.7
Hollande	7.8	1.0	10.9	1.7	10.5	1.8	6.9	1.3	13.9	2.4
Tchécoslovaquie	—	—	13.7	2.1	11.0	1.9	11.5	2.2	10.6	1.8
Autr. pays de l'Europe occidentale	7.5	1.0	7.2	1.1	6.8	1.2	6.4	1.2	7.5[6])	1.3
Europe occidentale	76.5	10.3	105.8	16.5	107.7	18.7	93.3	17.6	111.0	19.2
Pologne	42.1	5.7	59.8	9.3	59.6	10.4	67.5	12.7	52.0	9.0
Lettonie	30.2	4.1	30.0	4.7	25.3	4.4	18.6	3.5	14.6	2.5
Esthonie	16.9	2.3	13.6	2.1	9.3	1.6	9.6	1.8	7.8	1.3
Lithuanie[7])	24.2	3.3	41.4	6.5	38.4	6.7	33.6	6.4	34.6	6.0
Russie	513.0[3])[8])	69.3	366.7	57.1	315.4	54.8	292.1	55.2	345.7	59.6
Autr. pays de l'Europe orientale	30.7	4.1	17.2	2.7	12.7	2.2	12.9	2.4	11.7	2.0
Europe orientale	657.1	88.8	528.7	82.4	460.7	80.1	434.3	82.0	466.4	80.4
Europe	733.6	99.1	634.5	98.9	568.4	98.8	527.6	99.6	577.4	99.6
Asie[10])	2.5	0.4	6.0	0.9	5.6	1.0	1.6	0.3	1.6	0.3
Afrique[9])	3.8	0.5	1.3	0.2	1.4	0.2	0.6	0.1	0.8	0.1
Total mondial	739.9	100	641.6	100	575.8	100	529.8	100	579.8	100

1) Seulement fibre de lin. 2) 1913. 3) Territoire actuel. 4) A partir de 1925 l'Irlande du Nord et l'Etat libre irlandais. 5) Ancien territoire. 6) Evaluation. 7) Y compris le chanvre qui couvre environ 7% de la superficie. 8) 1916. 9) Egypte et Kenya. 10) Japon et Chypre.

Consommation de lin, nombre de broches et de métiers à tisser	Consommation (en milliers de tonnes et en % du total mondial)										Nombre[1]) de broches | métiers à tisser (en milliers et en % du total mondial)							
	Moyenne 1909-13		1925		1926		1927		1928		1918		1928		1918		1928	
	tonnes	%	tonnes	%	tonnes	%	tonnes	%	tonnes	%	Nombre	%	Nombre	%	Nombre	%	Nombre	%
Allemagne............	57.9	7.5	38.0	5.8	25.0	4.3	39.5	7.3	26.8	4.4	271.0	8.9	279.3	9.1	50.1	22.8	50.6	23.4
Gr.-Bretagne et Irlande	98.3	12.8	35.0	5.3	47.6	8.3	51.1	9.4	37.0	6.1	1162.0	38.2	1160.0	37.8	58.9	26.8	58.0	26.9
France	88.4	11.5	47.0	7.2	61.9	10.7	41.7	7.7	45.1	7.4	567.1	18.6	560.0	18.3	42.0	19.1	38.0	17.6
Belgique	69.2	9.0	29.8	4.5	43.8	7.6	31.7	5.8	47.4	7.8	315.4	10.4	320.0	10.4	12.7	5.8	13.0	6.0
Tchécoslovaquie	—	—	33.1	5.1	32.7	5.7	28.9	5.2	31.7	5.2	288.0[2])	9.4	287.0	9.3	28.0[2])	12.8	28.0	13.0
Russie	344.3	44.8	324.7	49.5	242.8	42.1	250.7	46.2	308.3	50.8	367.2	12.1	373.0	12.2	13.5	6.2	14.0	6.5
Pologne	—	—	48.4	7.4	51.6	9.0	50.6	9.3	36.4	6.0	—	—	—	—	—	—	—	—
Autres pays d'Europe .	78.7	10.3	75.4	11.5	45.5	7.9	30.7	5.7	51.8	8.5	65.0	2.1	80.0	2.6	14.0	6.4	14.0	6.5
Europe...............	736.8	95.9	631.4	96.3	550.9	95.6	524.9	96.6	584.5	96.2	3035.7	99.7	3059.3	99.7	219.2	99.9	215.6	99.9
Amérique	16.3	2.1	5.8	0.9	7.7	1.3	5.9	1.1	6.8	1.1	8.6	0.3	8.0	0.3	0.3	0.1	0.3	0.1
Asie	5.1	0.7	18.0	2.7	17.4	3.0	12.0	2.2	15.9	2.6	—	—	—	—	—	—	—	—
Afrique	3.8	0.5	0.4	0.1	0.7	0.1	—	—	0.2	—	—	—	—	—	—	—	—	—
Australie	6.5	0.8	0.1	—	0.1	—	0.4	0.1	0.3	0.1	—	—	—	—	—	—	—	—
Total mondial.........	768.5	100	655.7	100	576.8	100	543.2	100	607.7	100	3044.3	100	3067.8	100	219.5	100	215.9	100

1) Les indications sont basées pour la plus grande partie sur des estimations.
2) Estimation pour le territoire actuel.

Commerce international en filés de lin[1])[2]) (en milliers de tonnes)	1913		1925		1926		1927		1928	
	Importation	Exportation	Importation	Exportation	Importation	Exportation	Importation	Exportation	Importation	Exportation
Allemagne	16.4	1.6	9.1	0.8	5.6	0.5	14.4	0.7	9.1	0.7
Gr.-Bretagne et Irlande	19.2	8.6	9.2	5.8	12.9	4.5	12.8	6.4	9.2[5])	5.7
Etat libre irlandais	—	—	0.6	0.1	0.4	—[4])	0.6	—[4])	0.6	—[4])
France	0.6	11.5	0.9	8.5	1.1	7.7	0.4	16.1	0.4	18.8
Belgique	12.9	38.7	9.2	19.8	8.4	18.7	12.9	17.4	11.7	15.0
Italie	4.1	—[4])	3.6	0.1	3.6	—[4])	2.8	0.1	3.1	0.1
Tchécoslovaquie	1.3[3])	9.7[3])	0.5	4.6	0.4	4.7	0.9	7.5	0.6	5.2

1) Partiellement y compris les fils d'autres fibres végétales.
2) Y compris les fils de lin retors.
3) Autriche-Hongrie.
4) Insignifiant.
5) Non compris les fils de lin retors.

Commerce international en produits de lin[1]) (en millions de Marks ou Reichsmarks)	1913		1925				1926				1927				1928			
	Importation	Exportation	Importation		Exportation		Importation		Exportation		Importation		Exportation		Importation		Exportation	
			valeur	valeur d'avant-guerre	valeur	valeur d'avant-guerre	valeur	valeur d'avant-guerre	valeur	valeur d'avant-guerre	valeur	valeur d'avant-guerre	valeur	valeur d'avant-guerre	valeur	valeur d'avant-guerre	valeur	valeur d'avant-guerre
Allemagne	6.9	24.6	3.7	2.0	15.8	7.9	2.2	1.3	17.4	9.8	3.7	2.7	16.5	9.5	3.4	2.4	11.7	6.0
Grande-Bretagne et Irlande	22.9	161.1	20.3	7.7	209.8	79.3	20.1	8.5	188.8	79.4	21.5	9.4	187.4	81.6	16.5	6.8	176.8	72.8
Etat libre irlandais	—	—	3.1	—	5.9	—	2.8	—	3.2	—	2.9	—	3.5	—	2.6	—	3.6	—
France	2.4	21.7	1.1	0.9	21.5	11.6	0.9	0.7	12.7	11.7	0.8	0.7	12.4	10.6	0.6	0.5	16.6	12.9
Belgique	1.6	18.9	0.3	0.2	17.2	9.0	0.3	0.1	19.3	14.1	0.8	0.1	22.9	14.2	0.3	0.1	18.0	11.4
Tchécoslovaquie	2.6[2])	19.6[2])	0.8	0.9	38.5	33.6	0.8	0.9	41.7	43.9	0.7	0.8	48.8	52.3	0.7	0.6	42.7	40.9

1) Principalement tissus, entièrement ou partiellement en lin.
2) Autriche-Hongrie.

L'économie internationale de lin dans l'année 1928[1]) (1913=100)	Superficie des cultures[3])	Récolte[3])	Con-sommation	Broches	Métiers à tisser	Importation de filés	Exportation de filés	Importation de produits de lin[2])	Exportation de produits de lin[2])
Allemagne	95	158	46	108	101	68	44	35	24
Grande-Bretagne et Irlande	85	67	88	100	98	48	66	30	45
France	127	208	51	99	90	67	120	21	59
Belgique	120	91	68	101	102	91	45	6	60
Hollande	118	178	—	—	—	—	—	—	—
Tchécoslovaquie	—	—	—	99	100	46	54	23	209
Russie	186	67	90	102	104	—	—	—	—
Pologne	189	124	—	—	—	—	—	—	—
Lettonie	99	48	—	—	—	—	—	—	—
Esthonie	87	46	—	—	—	—	—	—	—
Lithuanie	172	143	—	—	—	—	—	—	—
Autres pays d'Europe	72	50	66	128	100	—	—	—	—
Europe	131	79	79	101	98	—	—	—	—
Amérique	—	—	42	93	100	—	—	—	—
Asie	120	64	312	—	—	—	—	—	—
Afrique	25	21	5	—	—	—	—	—	—
Australie	—	—	5	—	—	—	—	—	—
Total mondial	131	78	79	101	98	—	—	—	—

1) La classification des pays correspond à celle des tableaux précédents.
2) Basé sur la valeur d'avant-guerre.
3) Moyenne 1909-13=100.

JUTE

L'approvisionnement des industries de transformation en matières premières est le principal problème de l'économie mondiale du jute, étant donné surtout que la superficie cultivée et la récolte aux Indes Britanniques — seul pays producteur de jute — ont diminué d'environ 10% depuis 1926. Si cette régression devait se poursuivre elle ne manquerait pas d'affecter sérieusement le marché, étant donné que la consommation du jute accuse plutôt une tendance à l'augmentation. Une pénurie de matières premières affecterait naturellement en première ligne les industries du jute des pays étrangers, étant donné que la préférence serait donnée à l'approvisionnement du marché des Indes Britanniques.

Mais même sans qu'il y ait pénurie absolue de matières premières, les conditions de production tout spécialement favorables des „Calcutta Mills“ leur confèrent, par rapport aux autres fabricants, une supériorité très marquée; ils semblent, du reste, avoir l'intention de tirer parti de cette situation privilégiée, pour compléter par un monopole de fabrication, le monopole naturel de la matière première. Si les statistiques de la consommation de jute des Indes Britanniques en 1927 et 1928 accusent un recul par rapport à 1926, la cause doit en être recherchée dans les approvisionnements anticipés effectués sur un grande échelle pendant cette dernière année. En réalité, l'industrie du jute aux Indes Britanniques a progressé sans interruption depuis 1925, comme le montre du reste l'augmentation du nombre des machines. Les Indes Britanniques possèdent actuellement plus de 50% de toutes les broches et métiers à tisser le jute existant dans le monde entier; dans la moyenne des 3 dernières années, près de 60% de la récolte mondiale du jute ont été travaillés aux Indes Britanniques. Parallèlement à cette progression, les „Calcutta Mills“ ont été à même de conquérir de nouveaux débouchés pour leurs produits et ont réalisé de ce fait de sérieux progrès dans les exportations de tissus et de sacs de jute. Les exportations des Indes Britanniques en sacs de jute représentent plus de 90% de l'exportation mondiale. L'approvisionnement des plus gros consommateurs de produits de jute, tels que l'Australie, la Chine et l'Union Sud-Africaine, est devenu pratiquement un monopole des Indes Britanniques. La progression de l'exportation Indo-Britannique en filés doit être considérée comme un indice d'amélioration dans la qualité; ce fait parait donc être appelé à jouer un rôle considérable dans le développement de l'industrie du jute en Grande-Bretagne, dont le principal atout était jusqu'à présent la qualité inégalable de ses filés.

Tandis que l'industrie Indo-Britannique du jute prend une extension continue, grâce à son exportation croissante, les centres de production en Allemagne et en Grande-Bretagne en sont de plus en plus réduits à la demande de leurs marchés intérieurs; un autre facteur de nature à restreindre encore les exportations est constitué par les efforts de la plupart des autres pays européens pour assurer l'approvisionnement de leur marché national par leur propre industrie. Les industries allemande et britannique du jute ont bien accusé en 1927, après la période de dépression des années 1925/26, une reprise sensible des affaires; cette amélioration n'a toutefois pas été de longue durée, malgré l'augmentation de la demande en sacs de jute, conséquence de l'énorme extension de l'industrie des engrais; la situation de l'industrie allemande du jute en particulier, a considérablement empiré en 1929. La suprématie des centres de production Indo-Britanniques est clairement démontrée par le fait que les principales entreprises participant aux „Calcutta Mills“ assurent depuis des années des dividendes allant de 30 à 100%, tandis que le capital investi dans les industries allemande et britannique doit se contenter d'une fraction de ce pourcentage.

Jute	Superficie cultivée (en milliers d'hectares et en % du total mondial)						Récolte (en milliers de tonnes et en % du total mondial)					
	1927		1928				1927		1928			
	hectares	%	hectares	%	1925 = 100	Moyenne 1925–28 = 100	tonnes	%	tonnes	%	1925 = 100	Moyenne 1925–28 = 100
Inde britannique .	1365	99.2	1267	99.2	101	93	1848	99.2	1790	99.2	110	96
Autres pays d'Asie	10	0.8	10	0.8	100	100	14	0.8	14	0.8	100	100
Asie	1375	100	1277	100	101	93	1862	100	1804	100	110	96

Consommation de jute nombre de broches et de métiers à tisser	Consommation (en milliers de tonnes et en % du total mondial)						Nombre[1]) des Broches (en milliers et en % du total mondial)					Nombre[1]) des Métiers à tisser (en milliers et en % du total mondial)				
	1927		1928				1925		1927			1925		1927		
	tonnes	%	tonnes	%	1925 = 100	Moyenne 1925—28 =100	Nombre	%	Nombre	%	1925 =100	Nombre	%	Nombre	%	1925 =100
Allemagne	139.7	8.8	138.9	8.1	104	111	190.2	9.3	195.7	9.3	103	9.2	9.8	11.0	11.2	120
Gr.-Bretagne et Irlande	240.6	13.4	200.9	11.7	106	107	285.0	13.9	285.0	13.5	100	12.2	13.0	12.2	12.4	100
France	106.0	5.9	119.1	6.9	134	110	170.0	8.3	170.0	8.1	100	7.0	7.4	7.5	7.6	107
Italie	49.6	2.8	57.0	3.3	114	114	75.0	3.7	80.0	3.8	107	4.5	4.8	4.9	5.0	109
Belgique	31.3	1.7	34.8	2.0	134	121	64.0	3.1	64.0	3.0	100	2.0	2.1	2.5	2.5	125
Tchécoslovaquie	35.6	2.0	31.0	1.8	93	99	30.0	1.5	36.0	1.7	120	1.6	1.7	1.7	1.7	106
Pologne	22.2	1.2	26.1	1.5	209	142	14.6	0.7	12.8	0.6	88	0.8	0.8	1.1	1.1	138
Russie	20.4	1.1	24.8	1.4	273	152	42.0	2.0	42.0	2.0	100	2.3	2.4	2.3	2.3	100
Autres pays d'Europe	91.0	5.1	92.2	5.4	138	118	44.5	2.2	44.5	2.1	100	2.6	2.8	2.6	2.6	100
Europe	786.4	41.0	724.8	42.1	119	118	915.3	44.7	930.6	44.1	102	42.2	44.8	45.8	46.4	109
Etats-Unis	81.7	4.5	59.4	3.5	92	88	55.0	2.7	55.0	2.6	100	—	—	—	—	—
Brésil	28.5	1.6	20.8	1.2	138	98	26.0	1.3	39.0	1.9	150	2.5	2.7	2.5	2.5	100
Autres pays d'Amérique	8.3	0.5	8.6	0.5	90	105		—	—	—	—	—	—	—	—	—
Amérique	118.5	6.6	88.8	5.2	99	92	81.0	4.0	94.0	4.5	116	2.5	2.7	2.5	2.5	100
Inde britannique	933.3	52.1	897.3	52.2	97	88	1048.0	51.3	1082.0	51.4	103	49.5	52.5	50.4	51.1	102
Autres pays d'Asie	4.3	0.2	7.0	0.4	180	126	—	—	—	—	—	—	—	—	—	—
Asie	937.6	52.3	904.3	52.6	97	88	1048.0	51.3	1082.0	51.4	103	49.5	52.5	50.4	51.1	102
Australie	0.5	0.1	0.8	0.1	138	133	—	—	—	—	—	—	—	—	—	—
Total mondial	1793.0	100	1718.7	100	105	94	2044.3	100	2106.0	100	103	94.2	100	98.7	100	105

1) Les chiffres sont basés, pour la plus grande partie, sur des estimations.

Commerce international en fils de jute (en milliers de tonnes)	1925			1926			1927			1928		
	Importation	Exportation	Balance	Importation	Exportation	Balance	Importation	Exportation	Balance	Importation	Exportation	Balance
Allemagne	1.2	1.6	+ 0.4	0.6	2.4	+ 1.8	4.6	2.4	— 2.2	2.8	2.9	+ 0.1
Gr.-Bretagne et Irl.	0.9	23.5	+22.6	1.2	20.5	+19.3	1.6	24.7	+23.1	1.6[4])	27.0	+25.4
France	0.4	3.0	+ 2.6	0.3	3.5	+ 3.2	0.1	7.3	+ 7.2	0.1	5.1	+ 5.0
Etats-Unis[1])	0.4	0.4	—	0.7	0.4	— 0.3	1.1	0.5	— 0.6	0.03	0.6	+0.57
Inde britannique[2])[3])	—	0.8	+ 0.8	—	1.4	+ 1.4	—	2.9	+ 2.9	—	2.2	+ 2.2

1) Exportation y compris les cordes et les ficelles.
2) Année fiscale clôturant le 31 mars.
3) Importation insignifiante.
4) Chiffre pour 1927.

Commerce international de sacs de jute (en milliers de tonnes)	1913			1925			1926			1927			1928		
	Importation	Exportation	Balance	Importation	Exportation	Balance	Importation	Exportation	Balance	Importation	Exportation	Balance	Importation	Exportation	Balance
Principaux pays exportateurs															
Allemagne	0.9	1.4	+ 0.5	0.4	8.7	+ 8.3	0.3	12.2	+ 11.9	0.4	7.7	+ 7.3	1.0	10.3	+ 9.3
Gr.-Bretagne et Irld.	—[1])	31.3	+ 31.3	24.7	14.5	— 10.2	21.1	11.9	— 9.2	25.7	11.2	— 14.5	25.7[2])	15.6	— 10.1
France[6])	—[3])	5.2	+ 5.2	1.0	6.3	+ 5.3	0.8	6.8	+ 6.0	0.6	8.9	+ 8.3	0.7	8.5	+ 7.8
Italie	0.1	4.6	+ 4.5	1.7	1.4	— 0.3	0.7	3.5	+ 2.8	0.5	4.2	+ 3.7	0.3	4.1	+ 3.8
Inde britannique[4])	5.3	358.4	+353.1	5.5	412.8	+407.3	5.3	435.0	+429.7	5.0	451.7	+446.7	5.0[2])	484.2	+479.2
Principaux pays importateurs															
Etats-Unis	23.0[9]	—[1])	— 23.0	21.8	14.8	— 7.0	21.5	11.3	— 10.2	17.6	13.2	— 4.4	19.1	13.7	— 5.4
Argentine[5])	8.2	1.9	— 6.3	6.9	0.9	— 6.0	8.1	1.4	— 6.7	5.6	1.6	— 4.0	7.6	1.3	— 6.3
Chili[5])	28.0	—	— 28.0	11.4	0.2	— 11.2	39.8	0.2	— 39.6	32.9	0.2	— 32.7	36.3	0.2	— 36.1
Chine[6])	—[1])	—[1])	—	40.4	0.4	— 40.0	51.2	0.5	— 50.7	61.6	1.7	— 59.9	60.4	0.4	— 60.0
Afrique du Sud brit.[10])	28.4	—	— 28.4	41.3	—	— 41.3	30.4	—	— 30.4	33.8	—	— 33.8	39.2	—	— 39.2
Egypte[7])	10.6	1.1	— 9.5	12.6	2.2	— 10.4	13.4	2.9	— 10.5	15.4	1.6	— 13.8	14.5	1.4	— 13.1
Australie et Nouvelle-Zélande[11])	67.2	—[8])	— 67.2	88.6	—[3])	— 88.6	85.0	—[8])	— 85.0	97.6	—[8])	— 97.6	86.2	—[8])	— 86.2

1) Les chiffres s'y rapportant ne sont pas connus. 2) Chiffre pour 1927. 3) Insignifiant. 4) Année fiscale clôturant le 31 mars. 5) 1913 et 1923-1926. 6) 1913 et 1924-27. 7) Exportation—Réexportation. 8) Les sacs non-utilisés seulement. 9) Année fiscale clôturant le 30 juin 1914. 10) Le nombre de sacs de la statistique officielle du commerce extérieur est converti en tonnes sur la base du poids moyen pour l'exportation de la Grande-Bretagne et des Indes britanniques = 0.773 kg par sac. 11) Le nombre de sacs de la statistique officielle du commerce extérieur du Commonwealth of Australia est converti en tonnes sur la base du poids moyen pour l'exportation des Indes britanniques = 0.973 kg par sac.

INDUSTRIE ELECTROTECHNIQUE

La rationalisation continuelle de l'économie mondiale, l'intensification et l'extension de la consommation d'électricité dans l'économie nationale et dans la vie privée ont donné une forte impulsion à l'industrie électrotechnique et augmenté considérablement les débouchés pour les produits destinés à la production, à la distribution et aux applications de l'énergie électrique.

Vu le manque de statistiques, il n'est pas possible de donner des chiffres précis sur la production totale de l'industrie électrotechnique mondiale. Il existe, cependant, pour les pays les plus importants, des indications qui — bien que reposant, en partie, sur les évaluations — font ressortir l'essor extraordinaire de cette industrie pendant les dernières années.

Industrie Electrotechnique	Production (en millions de RM)		
	1925	1927	1925 = 100
Europe			
Allemagne[1])	2 100.0	2 700.0	129
Grande-Bretagne et Irlande[1])	1 400.0	1 700.0	121
France[1])	450.0	650.0	144
Russie[2])	168.3	308.9	184
Italie[1])	150.0	165.0	110
Hollande	86.1	94.6	110
Suède	99.2	131.8	133
Danemark	44.8[3])	43.7	99
Finlande	6.8	9.5[3])	140
Amérique			
Etats-Unis	6 506.0	6 877.0	106
Canada	252.7	329.9	131
Asie			
Japon	380.3	465.0[3])	122
Afrique			
Union Sud-Africaine[4])	4.7	6.0	128
Australie et Nouvelle-Zélande	29.4	50.3	171

En Europe, abstraction faite de quelques petits pays, tels que la Finlande, dont la production est encore relativement minime, ce sont les industries électrotechniques allemande, française, suédoise et russe qui accusent le plus fort développement depuis 1925. La production électrotechnique de la Grande-Bretagne a aussi considérablement augmenté; il y a lieu de mentionner, en outre, plus spécialement, la Hollande où on peut s'attendre en 1929 à un fort accroissement de la fabrication de matériel électrotechnique. La production électrotechnique des Etats-Unis n'accuse qu'une augmentation relativement modérée — env. 6% — depuis 1925; il y a, toutefois, lieu de remarquer à ce sujet que les principaux progrès ont été réalisés aux Etats-Unis au cours de la période 1918—1925 et que ce n'est que parallèlement à la consolidation de sa situation économique que l'Europe peut, graduellement, regagner le terrain perdu. Néanmoins, sous le rapport de la valeur de production, les Etats-Unis restent encore actuellement — sans contestation possible — au premier rang, même si l'on tient compte du niveau élevé de leurs prix.

Contrairement à ce qui est le cas pour la production, on dispose pour l'étude du commerce international en produits de l'industrie électrotechnique de statistiques officielles très complètes.

1) Evalué. 2) Années économiques clôturant le 30 septembre. 3) 1926. 4) 1924/25 et 1925/26.

On remarque, tout d'abord, que l'exportation totale de produits électrotechniques a augmenté de 80% de 1925 à 1928, c'est-à-dire à une cadence beaucoup plus accélérée que le commerce mondial en général. Ce fait est dû aux remarquables progrès de l'électrification dans le monde entier. En ce qui concerne la position respective des différents pays producteurs sur le marché mondial, les transformations causées par la guerre — dont il a été question dans la première édition de cette brochure — loin de s'atténuer se sont, au contraire, accentuées. L'Allemagne participait en 1913 pour près de 50% au commerce international des produits électrotechniques; ce pourcentage ne s'élevait plus qu'à 25% environ en 1925. Ses exportations ont augmenté depuis de plus de 45%, mais, néanmoins, sa quote-part dans l'approvisionnement du marché mondial n'est encore que de 29% environ. La quote-part britannique dans les exportations totales a diminué depuis 1925; en France, les exportations accusent même une diminution absolue pour la même période. Ce fait démontre que la situation d'avant-guerre a été à peu près rétablie dans ces deux pays. Si l'on tient compte des progrès considérables réalisés dans l'industrie électrotechnique tant en Grande-Bretagne qu'en France, et du fait que l'électrification nationale a absorbé au cours de ces dernières années la majeure partie de la production, il est douteux que cet état de choses dure. Certains autres pays européens, notamment la Hollande et la Suède ont, d'autre part, poursuivi leur expansion sur le marché international. Leur exportation de spécialités (articles de radio, lampes à incandescence, aspirateurs de poussière) s'est accrue de façon tout-à-fait extraordinaire. Les Etats-Unis ont intégralement maintenu la position conquise dans le commerce mondial; à l'heure actuelle, contrairement à ce qui existait avant la guerre, l'exportation mondiale se trouve répartie entre quatre groupes de forces à peu près égales: Allemagne, Grande-Bretagne, Etats-Unis et le groupe des autres pays exportateurs européens. L'industrie électrotechnique des Etats-Unis possède des débouchés naturels et très avantageux en Amérique Centrale et en Amérique du Sud, où elle jouit d'une prépondérance incontestée. L'exportation de la Grande-Bretagne, d'autre part, est dirigée principalement sur ses colonies et Dominions. L'exportation allemande de produits électrotechniques a ses débouchés en Europe jusqu'à concurrence de 75% environ. Elle a à soutenir ici une lutte intense contre la concurrence du quatrième groupe.

La puissance financière des producteurs joue un rôle important dans le commerce international électrotechnique. Il est évident que l'industrie électrotechnique est fortement intéressée à une augmentation rapide de la consommation d'énergie électrique. Elle est donc amenée logiquement à s'assurer autant que possible le contrôle de la distribution du courant électrique et de la politique des tarifs en acquérant des intérêts dans l'industrie productrice d'électricité; dans le même ordre d'idées, elle s'efforce de stimuler la consommation d'électricité par le financement d'usines électriques dans les pays non encore électrifiés créant ainsi de nouveaux débouchés. En effet, les usines électriques non seulement constituent par elles-mêmes un placement très attrayant mais elles absorbent régulièrement des quantités très importantes de matériel électrotechnique et, en leur qualité d'installations permanentes, sont les meilleurs agents de propagande pour les bailleurs de fonds. Presque toutes les grandes entreprises électrotechniques du monde ont adopté depuis longtemps déjà ce moyen d'augmenter la consommation et l'exportation, mais c'est seulement après la guerre que les Etats-Unis ont inauguré sur une vaste échelle leur politique de pénétration méthodique sur les marchés internationaux. L'approvisionnement en électricité de l'Amérique Centrale et de l'Amérique du Sud est à présent déjà presque entièrement entre les mains des Etats-Unis; le capital américain a même absorbé des entreprises électriques chinoises, indiennes et anglaises. Quoiqu'il s'agisse ici d'une politique de longue haleine, il n'en est pas moins vrai que l'industrie électrotechnique des Etats-Unis s'est déjà assuré de cette manière une avance sur les autres pays exportateurs ne disposant pas d'aussi forts capitaux. Ce facteur jouera sans doute dans l'avenir un rôle important dans la lutte pour les marchés internationaux.

Quant au côté importation, on constate en 1928, par rapport à 1925, une tendance nettement caractérisée au rétablissement des conditions d'avant-guerre; les ventes aux pays européens qui, jusqu'en 1925 avaient relativement fortement diminué, ont regagné en 1928 les chiffres d'avant-guerre. Par contre, l'importation de produits électrotechniques dans les autres continents ainsi que dans l'Amérique Centrale et l'Amérique du Sud a relativement beaucoup diminué depuis cette époque. Toutefois, étant donné l'électrification méthodique de ces régions, on peut prévoir qu'elles recouvreront leur importance passée en tant que débouchés pour le matériel électrotechnique.

Commerce international de produits électrotechniques (en millions de RM et en % du total mondial)	Exportation[1])								Importation[2])								Excédent des exportations ou des importations			
	1925		1926		1927		1928		1925		1926		1927		1928		1925	1926	1927	1928
	RM	%	RM	%	RM	%	RM	%	RM	%	RM	%	RM	%	RM	%	RM	RM	RM	RM
Allemagne[3]) ...	366.5	25.8	406.2	25.6	441.2	26.7	586.1	28.8	22.4	1.8	23.0	1.7	35.8	2.4	49.2	2.9	+344.1	+383.2	+405.4	+486.9
Gr.Bretagne et Irl.	356.5	25.1	395.3	24.9	383.8	23.2	377.6	20.2	104.5	8.4	97.5	7.4	116.0	7.8	126.9	7.4	+252.0	+297.8	+267.8	+250.7
France	78.3	5.5	96.4	6.1	61.9	3.8	69.1	3.7	38.9	3.1	33.3	2.5	37.6	2.5	64.5	3.8	+ 39.4	+ 63.1	+ 24.3	+ 4.6
Russie[4])	—	—	—	—	—	—	—	—	23.6	1.9	36.2	2.7	53.8	3.6	102.7	6.0	— 23.6	— 36.2	— 53.8	—102.7
Italie	12.3	0.9	16.4	1.0	16.4	1.0	16.3	0.9	43.0	3.4	53.4	4.0	54.2	3.7	65.7	3.8	— 30.7	— 37.0	— 37.8	— 49.4
Autr.pays d'Eur.	225.4	15.9	242.3	15.3	299.2	18.1	378.5	20.3	325.9	26.1	357.6	26.8	423.2	28.5	505.7	29.6	—100.5	—115.3	—124.0	—127.2
Europe	1039.0	73.2	1156.6	72.9	1202.5	72.8	1377.6	73.9	558.3	44.7	601.0	45.1	720.6	48.5	914.7	53.5	+480.7	+555.6	+481.9	+462.9
Etats-Unis	354.6	25.0	399.1	25.2	417.5	25.2	448.4	24.0	10.2	0.8	10.6	0.8	12.7	0.9	11.7	0.7	+344.4	+388.5	+404.8	+436.7
Canada[5])[6])	14.5	1.0	16.9	1.0	17.4	1.1	20.2	1.1	76.6	6.1	81.1	6.1	86.0	5.8	106.7	6.2	— 62.1	— 64.2	— 68.6	— 86.5
Autr.pays d'Am.	—	—	—	—	—	—	—	—	178.6	14.3	204.9	15.3	202.5	13.6	218.7	12.5	—178.6	—204.9	— 202.5	—218.7
Amérique	369.1	26.0	416.0	26.2	434.9	26.3	468.6	25.1	265.4	21.2	296.6	22.2	301.2	20.3	332.1	19.4	+103.7	+119.4	+133.7	+136.5
Japon	11.1	0.8	14.2	0.9	15.4	0.9	18.5	1.0	60.8	4.9	49.5	3.7	34.9	2.3	29.2	1.7	— 49.7	— 35.3	— 19.5	— 10.7
Autr.pays d'Asie	—	—	—	—	—	—	—	—	123.6	9.9	140.4	10.5	149.7	10.1	163.5	9.6	—123.6	—140.4	—149.7	—163.5
Asie	11.1	0.8	14.2	0.8	15.4	0.9	18.5	1.0	184.4	14.8	189.9	14.2	184.6	12.4	192.7	11.3	—173.3	—175.7	—169.2	—174.2
Australie et Nouv.-Zélande	—	—	—	—	—	—	—	—	174.7	14.0	176.6	13.2	204.1	13.8	197.5	11.5	—174.7	—176.6	—204.1	—197.5
Afrique[7])	—	—	—	—	—	—	—	—	66.4	5.3	70.9	5.3	74.3	5.0	74.1	4.3	— 66.4	— 70.9	— 74.3	— 74.1
Total mondial .	1419.2	100	1586.8	100	1652.8	100	1864.7	100	1249.2	100	1335.0	100	1484.8	100	1711.1	100	—	—	—	—

1) Les chiffres indiqués englobent plus de 95% de l'exportation électrotechnique mondiale.
2) Les chiffres indiqués englobent plus de 90% de l'importation électrotechnique mondiale.
3) Exportation y compris les livraisons au titre des réparations; celles-ci étaient de 1925: 2.8%, 1926: 3.6%, 1927: 3.1%, 1928: 4.1% de l'exportation totale.
4) Années économiques clôturant le 30 septembre.
5) Années fiscales clôturant le 31 mars.
6) Exportation y compris réexportation.
7) Egypte et Union Sud-Africaine.

INDUSTRIE DES MACHINES

De même que l'industrie électrotechnique, la construction des machines, sous l'influence des tendances à la rationalisation et à l'industrialisation constatées dans l'économie mondiale, a réalisé de grands progrès au cours de la période 1925—1928. Il n'est pas exagéré d'estimer à 15% environ l'augmentation de la production mondiale de machines; des améliorations considérables sous le rapport de la qualité du matériel, de la précision et du rendement ont été apportées simultanément.

Le sérieux accroissement de la production constaté depuis 1925 est principalement imputable à l'Allemagne et aux Etats-Unis. En Allemagne, la production de machines en 1928, dépassait de près de 40% celle de 1925; aux Etats-Unis, le coefficient était de 15% environ. Par contre, la production de l'industrie britannique des machines n'a augmenté que très légèrement par rapport à 1925. Dans les autres pays possédant une industrie des machines, on constate partout, en 1928, une progression par rapport à 1925; toutefois, comparée à la production de l'Allemagne, de la Grande-Bretagne et des Etats-Unis, leur production ne joue, comme précédemment, qu'un rôle relativement insignifiant. Etant donné l'importance qu'il faut attribuer à ce symptôme, il y a lieu d'observer que les nouveaux progrès réalisés par l'industrie, de création récente, du Japon, de l'Australie et de la Nouvelle-Zélande n'ont pas été suffisamment marqués pour que leur concurrence puisse constituer une menace pour l'Europe et les Etats-Unis.

Le développement de la production mondiale de machines, depuis l'époque d'avant-guerre jusqu'en 1925, a été provoqué d'un côté par le déplacement du centre de gravité vers les Etats-Unis et, de l'autre, par l'affaiblissement extraordinaire de la situation de l'Allemagne. Au cours de la période 1925—1928, l'industrie américaine des machines a poursuivi sa progression tandis qu'on constatait en Europe d'importants regroupements de forces dans les pays respectifs: l'industrie allemande des machines a surpassé de beaucoup l'industrie britannique et reconquis son rang de deuxième puissance mondiale qu'elle occupait en 1913.

Parallèlement à l'augmentation de la production, le commerce international des machines a pris un vigoureux essor. Son volume, en 1928, dépassait de 30% celui de 1925. Les Etats-Unis ont réussi à développer encore la position dominante conquise pendant la période d'après-guerre comme exportateurs de machines. A l'heure actuelle, plus d'un tiers de toutes les machines exportées sont de provenance américaine. L'industrie allemande des machines, avant la guerre le plus grand exportateur du monde, était en 1925, reléguée à un rang bien inférieur. Mais, au cours des années 1927 et 1928, elle réussit à reconquérir le second rang, réduisant simultanément dans une large mesure l'écart qui la séparait des Etats-Unis. Près d'un quart de l'exportation mondiale de machines, en 1928, provenait d'Allemagne; à la même époque, l'exportation britannique, bien qu'en augmentation sur 1925, représentait une quote-part légèrement inférieure des exportations mondiales. Les autres pays ont presque tous réussi à augmenter leurs exportations. Leurs progrès sur le marché mondial, réalisés au détriment des trois grandes puissances industrielles et qui étaient devenus très marqués en 1925, par rapport à 1913 ont, toutefois, subi un temps d'arrêt. Il est même probable que les machines allemandes et américaines gagneront encore du terrain sur le marché mondial; en effet, au cours des trois dernières années aux Etats-Unis, et en 1927/28 en Allemagne, les demandes du marché intérieur ont absorbé, dans une mesure exceptionelle, la capacité de production de l'industrie, de sorte que l'exportation a été nécessairement un peu négligée. D'autre part, il est permis de supposer que l'exportation britannique, qui souffre depuis longtemps des effets d'une certaine saturation, s'améliorera progressivement. En résumé, on peut constater qu'au cours des trois dernières années, la structure de l'industrie mondiale des machines s'est rapprochée d'un nouvel état d'équilibre.

Lorsqu'on étudie la question de l'exportation, l'important problème de la fourniture des pièces détachées demande un examen spécial d'autant qu'une portion considérable du commerce international des machines est constituée par les "pièces détachées". L'importance du problème résulte de la liaison étroite qui existe entre les ventes de machines et les débouchés des pièces détachées. L'exportation de machines entraîne toujours à sa suite l'exportation de pièces détachées; d'autre part, une bonne organisation de l'approvisionnement en pièces détachées contribue à l'extension de l'utilisation des machines et constitue, par conséquent, le meilleur moyen de développer l'exportation.

Etant donné que l'organisation d'un approvisionnement des marchés étrangers en pièces détachées est très coûteuse il en résulte pour les pays disposant de gros capitaux une situation privilégiée qu'il est difficile de battre en brèche; ce facteur ne doit pas être négligé dans l'étude des conditions régissant la concurrence entre les divers pays producteurs de machines.

L'importation mondiale de machines en 1928 se distingue de celle de 1925 en ce que la quote-part de l'Europe et des Etats-Unis a augmenté aux dépens des autres continents y compris l'Amérique latine. Ceci ne signifie nullement que l'industrie des machines pourrait se passer de ces débouchés; au contraire, la progression constante de leurs importations de machines de 1925 à 1928 justifie l'espoir d'une augmentation continue, surtout en ce qui concerne les marchés asiatiques. Malgré l'avance énorme de l'Europe et des Etats-Unis sur les pays industriels neufs dans le domaine de l'utilisation des machines, leur consommation de machines progresse selon un rythme plus accéléré que celui de ces derniers. Ce fait confère au problème de l'industrialisation un aspect nouveau. La question se pose de savoir dans quelle mesure la machine gagne encore du terrain en Europe et en Amérique et contribue à la création de nouvelles branches d'industries et dans quelle mesure il s'agit, à l'importation, de machines modernes de substitution destinées à remplacer celles démodées ne correspondant plus aux exigences techniques actuelles. Une grande partie des importations de machines des pays neufs a son origine dans l'intensification de la production des matières premières et ne constitue par conséquent pas un facteur appelé à révolutionner la structure de l'économie mondiale. La plus grande prudence s'impose donc dans l'évaluation de la capacité d'absorption de ces débouchés dans l'avenir, tant sous le rapport de la quantité que sous le rapport du rythme. Le Japon seul fait peut-être exception; actuellement déjà l'économie nationale s'y est machinisée dans une large mesure, et le progrès régulier qu'entraîne l'utilisation des machines laisse prévoir une augmentation relativement rapide des demandes de machines.

Industrie des machines	Production (en millions de RM)		
	1925	1928	1925=100
Europe			
Allemagne[1])	2900	4000	138
Grande-Bretagne et Irlande	3010[2])	3100[3])	103
France	520[2])	620[4])	119
Italie	260[2])	260[3])	100
Suisse	285[2])	330[3])	116
Suède[5])	193	215[6])	111
Amérique			
Etats-Unis	14 892[7])	17 126[3])	115
Asie			
Japon	215[2])	240[3])	112
Australie et Nouvelle-Zélande	152[2])	167[8])	110

1) "Statistisches Handbuch für die Deutsche Maschinenindustrie".
2) "Die Maschinenindustrie der Welt" 1926, édité par la "Verein Deutscher Maschinenbauanstalten".
3) Evalué.
4) Indice de production selon l'"Industrie Mécanique".
5) "Sveriges Officiella Statistik".
6) 1927.
7) Recensement qui indique pour 1927 une production de RM 16 milliards.
8) Evaluation d'après le "Official Yearbook of the Commonwealth of Australia" et le "New Zealand Official Yearbook".

Commerce international des machines (en millions de RM et en % du total mondial)	Exportation								Importation								Excédent des Importations ou des Exportations			
	1925		1926		1927		1928		1925		1926		1927		1928		1925	1926	1927	1928
	RM	%	RM	%	RM	%	RM	%	RM	%	RM	%	RM	%	RM	%	RM	RM	RM	RM
Allemagne[1]) ...	758.1	20.6	841.3	22.3	959.8	23.0	1168.8	24.1	100.2	3.1	94.5	2.8	178.3	4.6	196.8	4.5	+ 657.9	+ 746.8	+ 786.5	+ 972.0
Gr.-Bret. et Irl.	949.8	25.8	879.6	23.3	919.1	22.0	1025.0	21.1	222.9	6.8	243.3	7.1	291.4	7.7	303.8	6.9	+ 726.9	+ 636.3	+ 627.7	+ 721.2
France	176.2	4.8	174.8	4.6	232.4	5.5	249.7	5.2	211.6	6.5	208.3	6.1	176.3	4.7	234.0	5.3	− 35.4	− 33.5	+ 56.1	+ 15.7
Italie	26.3	0.7	31.8	0.8	36.8	0.9	35.1	0.7	154.0	4.7	152.0	4.4	120.7	3.2	143.6	3.3	− 127.7	− 120.2	− 83.9	− 108.5
Russie	—	—	—	—	—	—	—	—	152.7	4.7	226.5	6.6	231.5	6.1	298.9	6.8	− 152.7	− 226.5	− 231.5	− 298.9
Autr.pays d'Eur.	470.6	12.8	453.5	12.0	481.8	11.5	584.2	12.0	787.4	22.7	712.6	20.9	876.6	23.2	1093.5[2])	25.0	− 266.8	− 259.1	− 394.8	− 509.2
Europe	2381.0	64.7	2381.0	63.0	2629.3	62.9	3062.9	63.1	1578.8	48.5	1637.2	47.9	1869.8	49.5	2270.6	51.8	+ 802.2	+ 743.8	+ 760.1	+ 792.3
Etats-Unis	1206.5	32.8	1295.2	34.3	1446.0	34.6	1687.8	34.8	58.6	1.8	85.7	2.5	88.2	2.3	94.5	2.2	+1147.9	+1209.5	+1357.8	+1593.3
Canada	76.7	2.1	85.6	2.3	84.4	2.0	85.1	1.7	217.6	6.7	292.7	8.5	398.6	10.6	501.7	11.4	− 140.9	− 207.1	− 314.2	− 416.6
Autr.pays d'Am.	—	—	—	—	—	—	—	—	593.0	18.2	555.9	16.3	526.7	13.9	526.7[2])	12.0	− 593.0	− 555.9	− 526.7	− 526.7
Amérique	1283.2	34.9	1380.8	36.6	1530.4	36.6	1772.9	36.5	869.2	26.7	934.2	27.3	1013.5	26.8	1122.9	25.6	+ 414.0	+ 446.5	+ 516.9	+ 650.0
Japon	12.1	0.3	12.2	0.3	17.0	0.4	17.0	0.3	121.4	3.8	148.4	4.3	137.7	3.7	156.1	3.5	− 109.3	− 136.2	− 120.7	− 139.1
Autr.pays d'Asie	—	—	—	—	—	—	—	—	352.0	10.8	347.5	10.2	393.3	10.4	438.2	10.0	− 352.0	− 347.5	− 393.3	− 438.2
Asie	12.1	0.3	12.2	0.3	17.0	0.4	17.0	0.3	473.4	14.6	495.9	14.5	531.0	14.1	594.3	13.5	− 461.3	− 483.7	− 514.0	− 577.3
Afrique	—	—	—	—	—	—	—	—	140.1	4.3	142.0	4.2	143.9	3.8	169.2	3.9	− 140.1	− 142.0	− 143.9	− 169.2
Australie et Nouv.-Zélande	5.5	0.1	3.2	0.1	3.9	0.1	3.9	0.1	193.0	5.9	207.4	6.1	220.7	5.8	229.3	5.2	− 187.5	− 204.2	− 216.8	− 225.4
Total mondial .	3681.8	100	3777.2	100	4181.2	100	4856.7	100	3254.5	100	3416.8	100	3778.9	100	4386.3	100	—	—	—	—

1) Exportation y compris les livraisons au titre des réparations; celles-ci étaient de 1925: 3.2%, 1926: 5.4%, 1927: 4.1%, 1928: 3.9% de l'exportation totale.

2) Partiellement estimé.

Participation des différentes sortes de machines au commerce extérieur des machines (en millions de RM et en % de l'exportation des machines du pays respectif)	Allemagne				Grande-Bretagne				France				Italie			
	1925		1928		1925		1928		1925		1928		1925		1928	
	RM	%	RM	%	RM	%	RM	%	RM	%	RM	%	RM	%	RM	%
Machines-outils	101.7	13.4	164.5	14.1	37.7	4.0	41.6	4.0	16.3	9.2	16.2	6.5	0.8	3.0	0.6	1.7
Machines textiles et machines à coudre	148.4	19.6	223.5	19.1	306.5	32.3	298.5	29.1	17.3	9.8	21.6	8.6	1.1	4.2	1.9	5.4
Machines agricoles	62.1	8.2	69.7	6.0	36.6	3.9	35.5	3.5	12.1	6.9	16.9	6.8	0.5	1.9	0.7	2.0
Locomotives et machines motrices	119.2	15.7	173.8	14.8	227.5	23.9	220.0	21.5	23.1	13.1	36.7	14.7	2.8	10.7	2.7	7.7
Autres machines	326.7	43.1	537.3	46.0	341.5	35.9	429.4	41.9	107.4	61.0	158.3	63.4	21.1	80.2	29.2	83.2
Total	758.1	100	1168.8	100	949.8	100	1025.0	100	176.2	100	249.7	100	26.3	100	35.1	100

Participation des différentes sortes de machines au commerce extérieur des machines (en millions de RM et en % de l'exportation des machines du pays respectif)	Suisse				Etats-Unis				Canada				Total des 7 pays			
	1925		1928		1925		1928		1925		1928		1925		1928	
	RM	%	RM	%	RM	%	RM	%	RM	%	RM	%	RM	%	RM	%
Machines-outils	9.8	8.1	13.3	8.6	102.9	8.5	156.8	9.3	1.6	2.1	0.5	0.6	270.8	8.2	393.5	8.9
Machines textiles et machines à coudre	34.0	27.9	45.5	29.6	102.9	8.5	118.5	7.0	12.7	16.5	18.2	21.4	622.9	18.8	727.7	16.5
Machines agricoles	1.1	0.9	0.6	0.4	307.6	25.5	469.7	27.8	56.3	73.4	65.4	76.8	476.3	14.4	658.5	15.0
Locomotives et machines motrices	45.8	37.6	51.6	33.6	135.9	11.3	133.6	7.9	1.3	1.7	1.0	1.2	555.6	16.7	619.4	14.1
Autres machines	31.0	25.5	42.7	27.8	557.2	46.2	809.2	48.0	4.8	6.3	—	—	1389.7	41.9	2006.1	45.5
Total	121.7	100	153.7	100	1206.5	100	1687.8	100	76.7	100	85.1	100	3315.3	100	4405.2	100

INDUSTRIE DE L'AUTOMOBILE

Le développement de l'industrie mondiale de l'automobile est caractérisé par deux tendances distinctes. D'un côté, l'influence croissante sur le marché mondial de l'industrie automobile américaine; d'autre part, les efforts des producteurs européens pour lutter efficacement contre cette influence.

La production croissante qui, par moment, atteint presque la limite de capacité, permet à l'industrie américaine de l'automobile de travailler avec des frais fixes extrêment minimes par unité, de sorte qu'elle est à même de trouver des débouchés de plus en plus étendus à l'étranger grâce au bas prix de ses produits. La pénétration des marchés étrangers est grandement facilitée par la construction d'ateliers de montage et d'usines ainsi que par des prises de participation ou par l'absorption d'entreprises déjà existantes. Outre l'intensification de l'exportation, on constate, tant sur le marché intérieur que sur le marché étranger, une forte tendance à la concentration dans le but de renforcer encore les moyens d'action dont on dispose. A la fin de l'année 1928, déjà, 3 entreprises entraient à elles seules pour 80% dans la production totale.

L'intensification de l'exportation américaine a provoqué une réaction chez les producteurs européens qui cherchent à combattre la concurrence américaine par l'introduction de perfectionnements mécaniques et le développement des méthodes d'organisation.

Les mesures de rationalisation imposées par cette situation rencontrent de sérieux obstacles en Allemagne par suite du manque de capitaux. On constate, en outre, que malgré l'augmentation du chiffre des ventes la quote-part de l'industrie nationale dans les ventes du marché intérieur est en diminution au bénéfice de l'importation et du montage américains dont la progression est très rapide. Bien que l'augmentation de la production par rapport à 1925 soit digne de mention, elle n'est pas très considérable par elle-même, de sorte que les effets de la réorganisation ne sauraient être très marqués. La situation de l'industrie des camions est légèrement plus favorable du fait que la concurrence étrangère ne se fait sentir que dans l'industrie des véhicules commerciaux et camions légers, tandis que l'Allemagne a su garder sa suprématie dans la construction des camions lourds.

La production automobile en Angleterre, en progression régulière pendant plusieurs années, a subi une réaction en 1928 par suite de la mauvaise situation économique générale; par contre, la production de la France a continué d'augmenter parallèlement à l'amélioration de la conjoncture dans ce pays.

Par suite des progrès ininterrompus de l'automobile américaine, le commerce mondial, au cours des dernières années, a progressé plus rapidement que la production. Cette progression plus rapide est due presque uniquement aux Etats-Unis dont les exportations sont passées de 312 400 voitures en 1925 à 515 800 voitures en 1928. En tenant compte des voitures montées à l'étranger, il est probable que l'exportation totale des Etats-Unis en 1928 dépassera de beaucoup la production totale de l'Europe.

L'exportation allemande d'automobiles, bien qu'ayant augmenté pendant ces dernières années n'a pas grande importance; c'est donc sur le marché intérieur allemand que l'exportation croissante de l'Amérique fait sentir ses effets. D'autre part, l'Amérique rivalise avec succès sur le marché mondial avec les grands pays exportateurs européens tels que l'Angleterre, la France et l'Italie, de sorte que l'exportation totale de l'Europe a diminué pendant ces dernières années. C'est en France que l'exportation a diminué dans la plus forte proportion; elle se trouve réduite d'environ un tiers depuis 1925. Il reste à voir quelle influence aura la fusion Opel - General Motors sur l'exportation française qui consiste, principalement, en petites voitures. L'industrie italienne de l'automobile étant basée en première ligne sur l'exportation, le recul de l'exportation a des répercussions particulièrement marquées; l'exportation de l'Italie, qui représentait en 1925 environ 75%, se trouvait réduite en 1928 a environ 50% de la production nationale, laquelle a, il est vrai, augmenté au cours de cette période.

En ce qui concerne l'augmentation du nombre des automobiles dans le monde entier, on constate en 1927 un ralentissement sensible par rapport aux deux années précédentes; 1928 accuse de nouveau une certaine amélioration. Ce fait est sans doute dû principalement au déficit de la production Ford. L'augmentation du nombre des automobiles aux Etats-Unis — qui possèdent plus de 75% des automobiles du monde — était en 1925 de 2,4 millions de voitures environ; en 1927, seulement de 1 million de voitures environ; en 1928, ce chiffre passait de nouveau à 1.4 millions de voitures environ. L'évolution future sera sans doute influencée par la modification de la proportion entre les automobiles nouvellement acquises et celles destinées à remplacer des voitures utilisées; cette seconde catégorie représente une proportion de plus en plus forte. La proportion des automobiles acquises en échange des voitures utilisées qui ne représentait, en 1925, qu'environ 38% de la vente totale, s'élevait en 1928 à plus de 55%. Pour estimer le chiffre des ventes futures, on doit, néanmoins, tenir compte du fait que par suite de l'influence de la mode, la voiture moderne ne reste, en général, que relativement peu de temps dans la possession du premier acheteur.

Une comparaison du nombre des voitures de tourisme et des motocyclettes aux Etats-Unis et en Europe permet de se rendre compte du rapport qui existe entre le degré de bien-être d'un pays et la motorisation des moyens de transport. Le nombre des motocyclettes aux Etats-Unis représentait au 1 er Janvier 1928 environ ½% de celui des automobiles, en France environ 25%, en Angleterre 80% et en Allemagne plus de 125%. On constate donc qu'en Europe, où la puissance d'achat est moins forte, la motocyclette tient dans une large mesure la place de l'automobile. On fonde actuellement de grandes espérances sur la vente des petites voitures. On ne doit, néanmoins, pas oublier que le degré actuel du bien-être général en Europe ne permet qu'en partie le remplacement de la motocyclette par la petite automobile et que seule une forte diminution du coût d'entretien de l'automobile pourrait accélérer la motorisation en Europe.

Production d'automobiles[1]) (en milliers et en % du total mondial)	1926		1927		1928		
	Nombre	%	Nombre	%	Nombre	%	1925 = 100
Allemagne	45.5	0.9	115.1	2.8	137.2	2.6	218
Grande-Bretagne et Irlande	208.7	4.1	231.9	5.5	212.0	4.0	120
France	190.0	3.8	190.0	4.5	210.0	4.0	119
Italie	64.8	1.3	54.6	1.3	55.0	1.1	139
Autres pays d'Europe	21.8	0.4	29.9	0.7	33.7	0.6	196
Europe	530.8	10.5	621.5	14.8	647.9	12.3	137
Etats-Unis	4300.9	85.4	3401.3	80.9	4358.7	83.0	102
Canada	204.7	4.1	179.1	4.3	242.4	4.7	150
Amérique	4505.6	89.5	3580.4	85.2	4601.1	87.7	104
Asie (Japon)	—	—	0.3	—	0.5	—	—
Australie	—	—	—	—	—	—	—
Afrique	—	—	—	—	—	—	—
Total mondial	5035.9	100	4202.2	100	5249.5	100	107

1) Voitures de tourisme, camions, omnibus et, pour tant que les chiffres sont disponibles, chassis.

Nombre d'automobiles[1]) au 1er janvier (en milliers et en % du total mondial)	1925		1928		1929		Nombre de personnes par automobile		
	Nombre	%	Nombre	%	Nombre	%	1925	1928	1929
Allemagne[2])	255	1.2	473	1.6	577	1.8	244	134	111
Gr.-Bretagne et Irlande	804	3.8	1261	4.3	1358	4.2	60	38	36
France	574	2.7	956	3.2	1098[3])	3.4	70	43	37
Italie	90	0.4	159	0.5	177	0.6	441	257	233
Autres pays d'Europe	438	2.1	821	2.8	976	3.1	708	396	333
Europe	2161	10.2	3670	12.4	4186	13.1	232	141	125
Etats-Unis	17594	82.6	23127	78.3	24493	76.8	6.5	5.1	4.9
Canada	636	3.0	939	3.2	1062	3.3	14	10	9.2
Autres pays d'Amér.	312	1.5	629	2.1	751	2.4	323	171	148
Amérique	18542	87.1	24695	83.6	26306	82.5	12	9.6	8.1
Asie	182	0.9	348	1.2	429	1.3	5515	2890	2371
Australie (Océanie)	289	1.3	596	2.0	708	2.2	31	16	13
Afrique	111	0.5	231	0.8	283	0.9	1291	634	524
Total mondial	21285	100	29540	100	31912	100	88	65	61

1) Voitures de tourisme, camions et omnibus.
2) Au 1er juillet.
3) Selon les informations du ministère des finances français, le nombre n'est que de 1 088 000.

Commerce international des automobiles[1] (en milliers)	Exportation									Importation								
	1926			1927			1928			1926			1927			1928		
	Nombre	en % du total mondial	en % de la production propre	Nombre	en % du total mondial	en % de la production propre	Nombre	en % du total mondial	en % de la production propre	Nombre	en % du total mondial	en % de la production propre	Nombre	en % du total mondial	en % de la production propre	Nombre	en % du total mondial	en % de la production propre
Allemagne	2.1	0.4	4.6	4.1	0.7	3.6	7.9	1.1	5.8	11.4	2.2	25.1	12.0	2.1	10.4	18.0	2.9	13.1
Gr.-Bretagne et Irl.	32.4	6.2	15.5	35.7	6.1	15.4	32.8	4.6	15.5	21.5	4.1	10.3	31.4	5.4	13.5	32.9	5.3	15.5
France	59.8	11.5	31.5	52.0	9.0	27.4	44.1	6.2	21.0	5.4	1.0	2.8	5.2	0.9	2.7	9.6	1.5	4.6
Italie	34.2	6.6	52.8	33.3	5.7	61.0	28.3	4.0	51.5	5.8	1.1	8.9	3.8	0.7	7.0	5.7	0.9	10.4
Autres pays d'Eur.	5.0	0.9	28.5	5.1	0.9	17.1	5.8	0.8	17.2	103.2	19.7	484.0	108.5	18.7	363.0	119.1	19.1	353.0
Europe	133.5	25.6	25.2	130.2	22.4	20.9	118.9	16.7	13.4	147.3	28.1	27.8	160.9	27.8	25.9	185.3	29.7	28.6
Etats-Unis	313.6[2]	60.1	7.3	393.1[2]	67.7	11.6	515.8[2]	72.2	11.8	0.8	0.2	0.02	0.6	0.1	0.02	0.6	0.1	0.01
Canada	74.3	14.3	36.3	57.4	9.9	82.0	79.4	11.1	82.8	16.1	3.1	7.9	31.6	5.5	17.6	40.2	6.4	16.6
Autres pays d'Am.	—	—	—	—	—	—	—	—	—	126.0	24.0	—	114.0	19.7	—	152.0	24.4	—
Amérique	387.9	74.4	8.6	450.5	77.6	12.6	595.2	83.3	12.9	142.9	27.3	8.2	146.2	25.3	4.1	192.8	30.9	4.2
Asie	—	—	—	—	—	—	—	—	—	62.0	11.8	—	65.0	11.2	—	81.0	13.0	—
Australie (Océan.)	—	—	—	—	—	—	—	—	—	128.9	24.6	—	150.8	26.1	—	102.5	16.4	—
Afrique	—	—	—	—	—	—	—	—	—	42.7	8.2	—	55.6	9.6	—	62.4	10.0	—
Total mondial ...	521.4	100	10.4	580.7	100	13.8	714.1	100	13.6	523.8	100	10.4	578.5	100	13.8	624.0	100	11.9

1) Voitures de tourisme, camions, omnibus et chassis en tant qu'il existe des statistiques pour ces derniers.
2) Non compris les voitures exportées en pièces démontées.
3) La différence entre le total des importations et des exportations provient principalement des divergences entre la classification et la nomenclature des différentes statistiques.

Commerce international des automobiles[1]) (en millions de RM et en % du total mondial)	Exportation						Importation						Excédent des importations ou des exportations		
	1926		1927		1928		1926		1927		1928		1926	1927	1928
	RM	%	RM	%	RM	%	RM	%	RM	%	RM	%	RM	RM	RM
Allemagne	17.8	1.0	26.9	1.4	45.0	2.0	47.4	2.9	58.3	3.2	71.5	3.5	— 29.6	— 31.4	— 26.5
Gr.-Bretagne et Irl.	146.1	8.3	172.8	8.8	145.8	6.6	64.3	4.0	100.3	5.4	95.1	4.7	+ 81.8	+ 72.5	+ 50.7
France	350.0	19.9	285.4	14.5	249.0	11.2	19.5	1.2	19.5	1.1	35.1	1.7	+330.5	+ 265.9	+ 213.9
Italie	116.0	6.6	131.0	6.7	90.3	4.1	12.0	0.8	10.5	0.6	19.5	1.0	+104.0	+ 120.5	+ 70.8
Autr. pays d'Eur. .	24.5	1.4	25.0	1.3	26.8	1.2	378.0	23.0	422.0	22.9	486.0	24.0	—348.5	— 397.0	— 459.2
Europe	654.4	37.2	641.1	32.7	556.9	25.1	516.2	31.9	610.6	33.2	707.2	34.9	+138.2	+ 30.5	— 150.3
Etats-Unis	968.8[2])	55.0	1201.6[2])	61.2	1523.0[2])	68.5	5.7	0.3	5.1	0.3	5.0	0.3	+963.1	+1196.5	+1518.0
Canada	137.5	7.8	119.4	6.1	142.3	6.4	66.3	4.1	113.8	6.2	136.6	6.7	+ 71.2	+ 5.6	+ 5.7
Autr. pays d'Amér.	—	—	—	—	—	—	329.0	20.3	331.0	17.9	430.0	21.2	—329.0	— 331.0	— 430.0
Amérique	1106.3	62.8	1321.0	67.3	1665.3	74.9	401.0	24.7	449.3	24.4	571.6	28.2	+705.3	+ 871.1	+1093.7
Asie	—	—	—	—	—	—	212.0	13.1	221.0	12.0	258.0	12.7	—212.0	— 221.0	— 258.0
Australie (Océan.)	—	—	—	—	—	—	327.0	20.2	341.9	18.6	240.0	11.9	—327.0	— 341.9	— 240.0
Afrique	—	—	—	—	—	—	164.0	10.1	218.0	11.8	248.0	12.3	—164.0	— 218.0	— 248.0
Total mondial ...	1760.7	100	1962.1	100	2222.2	100	1620.2	100	1841.4	100	2024.8	100	—	—	—

1) Voitures de tourisme, camions, omnibus et chassis, en tant qu'il existe des statistiques pour ces derniers.
2) Non compris les voitures exportées en pièces démontées.

COMMERCE INTERNATIONAL[1)]

Le commerce international a pris depuis 1925 une extension assez considérable. L'augmentation réelle apparaît encore plus forte si, au lieu de se borner à une simple comparaison des chiffres absolus du commerce international — dont les prix ne sont pas déterminés sur une base uniforme — on tient compte de la tendance à la baisse qu'accusent les prix du marché mondial depuis quelques années. Sur la base de la valeur d'avant-guerre, l'augmentation du commerce international de 1925 à 1928 est de plus de 10% et, par rapport à 1913, de plus de 20%. Les répercussions des modifications de frontières d'après-guerre sur les chiffres du commerce international n'ont qu'une influence relativement insignifiante sur la statistique, du fait qu'elles n'affectent qu'un faible pourcentage du mouvement total et que, d'autre part, l'échange des marchandises qui passait autrefois les frontières douanières figure, actuellement, pour une certaine part dans le chiffre du commerce intérieur des pays respectifs. Etant donné cette évolution, il est remarquable que la quote-part de l'Europe dans le commerce international n'ait pas diminué mais accuse même une légère augmentation à 53.3% en 1928 contre 52.2% en 1925. L'extension du commerce européen est due, principalement, à l'augmentation considérable de l'importation et de l'exportation allemandes. Le commerce total de l'Allemagne est passé de 21.7 milliards de RM (8.1% du commerce international) en 1925 à 26.3 milliards de RM (9.6% du commerce international) en 1928. Ces chiffres expriment clairement le raffermissement graduel de l'économie européenne en général et de l'économie nationale allemande en particulier. Abstraction faite de la détente politique, c'est la stabilisation des différentes monnaies réalisée au cours de ces dernières années, ainsi que la conclusion de nombreux traités de commerce qui ont stimulé le développement du commerce extérieur de l'Europe. La passivité du bilan commercial européen dans son ensemble a légèrement augmenté depuis 1925 et s'élevait, en 1928, à environ 16.6 milliards de RM. La Grande-Bretagne y participe, à elle seule, pour 45%; l'excédent des importations sur les exportations en 1928, s'élevait dans ce pays à environ 7.5 milliards de RM.

Le commerce extérieur de l'Amérique ne s'est développé que dans la même mesure que le commerce mondial, sans dépasser nulle part la moyenne. Ceci s'explique par le fait que le volume du commerce extérieur des Etats-Unis, qui représente plus de 50% du commerce extérieur de toute l'Amérique, n'accuse qu'une augmentation moyenne. L'importation y est restée stationnaire tandis que l'exportation augmentait plus rapidement que le volume total du commerce extérieur. La production aux Etats-Unis est principalement orientée vers le marché intérieur; la quote-part exportée est donc relativement minime, ce qui, dans une période de dépression économique ou de saturation du marché intérieur, laisse entrevoir la possibilité d'intensifier l'exportation.

Le chiffre total du commerce extérieur de l'Asie a diminué par suite du recul relativement considérable de l'exportation, recul plus particulièrement marqué dans l'Inde Britannique et les Etats de Malaisie.

1) Concerne uniquement le trafic des marchandises.

Exportation de produits finies (en milliards de RM[1])	1913		1925		1928	
	RM	%	RM	%	RM	%
Allemagne	6.4	21.3	6.8	13.9	8.7	16.4
Grande-Bretagne et Irlande	8.4	28.0	12.6	25.7	11.8	22.3
France	3.3	11.0	6.0	12.2	5.3	10.0
Belgique	1.2	4.0	1.6	3.3	2.0	3.8
Etats-Unis	3.3	11.0	7.7	15.7	9.5	18.0
Canada	0.5	1.7	1.8	3.7	2.3	4.4
Japon	0.4	1.3	1.5	3.1	1.6	3.0
Autres pays	6.5	21.7	11.0	22.4	11.7[2])	22.1
Total mondial	30.0	100	49.0	100	52.9	100

Production et Commerce international en 1927 (1913 = 100)	Europe[3])	Amérique du Nord	Amérique Centrale	Amérique du Sud	Asie[4])	Afrique	Australie (Océanie)	Total mondial
Production[5])	110	128	148	141	123	148	121	121
Importation[6])[7])	108	161	130	115	141	136	152	121
Exportation[6])[7])	101	153	149	126	158	107	144	121
Commerce total[6])[7])	105	157	140	121	150	120	148	121

Quote-part en % des différentes parties du monde à la production et au commerce international du monde en 1925 et en 1927		Europe[3])	Amérique du Nord	Amérique Centrale	Amérique du Sud	Asie[4])	Afrique	Australie (Océanie)	Total mondial
Production[5])	1925	37.3	28.1	2.3	5.6	21.7	3.1	1.9	100
	1927	38.3	27.6	2.0	5.9	21.3	3.0	1.9	100
Importation	1925	57.3	15.8	2.0	5.3	13.1	3.6	2.9	100
	1927	57.1	16.1	1.6	5.3	13.3	3.5	3.1	100
Exportation	1925	46.9	20.1	2.8	6.2	17.0	3.7	3.3	100
	1927	48.4	19.9	2.6	6.8	15.8	3.5	3.0	100
Commerce total	1925	52.2	17.9	2.4	5.8	15.0	3.6	3.1	100
	1927	53.0	17.9	2.1	6.0	14.5	3.5	3.0	100

1) Valeur des années respectives. 2) 1927. 3) Y compris la Russie asiatique. 4) Non-compris la Russie asiatique.
5) L'index de la production est établi par la Société des Nations et se rapporte aux produits alimentaires et aux matières premières industrielles.
6) Chiffres basés sur les valeurs converties en prix d'avant-guerre en tenant compte d'un indice des prix de gros de 138.9 pour 1927. Les indices correspondants pour les années 1925, 1926 et 1928 qui ont servi à calculer les valeurs d'avant-guerre se montent à 148.7, 141.7 et 139.6.
7) Non-compris la Hollande, où une comparaison entre la période d'avant-guerre et d'après-guerre n'est pas possible à cause de la transformation radicale de la statistique du commerce extérieur.

Dans les tableaux suivants on essaie de montrer la direction du commerce mondial, c'est-à-dire du commerce entre les différents continents. Du fait que les calculs se basent en partie sur des évaluations, les indications ci-dessous ne sont données qu'à titre d'orientation générale.

Participation à l'importation totale à destination de:	Europe[1])		Amérique		Asie[2])		Afrique		Australie (Océanie)	
en %	1925	1927	1925	1927	1925	1927	1925	1927	1925	1927
Europe	55.6	59.0	36.7	36.5	28.4	33.8	75.6	76.2	58.4	56.7
Amérique	28.9	26.0	46.5	45.7	13.5	18.6	12.9	14.4	28.0	28.5
Asie	8.0	7.9	14.9	16.3	55.7	44.6	7.0	7.0	6.7	10.4
Afrique	2.6	3.2	0.7	0.6	0.2	0.6	3.0	—	2.7	0.6
Australie (Océanie)	4.9	3.9	1.2	0.9	2.2	2.4	1.5	2.4	4.2	3.8
Total mondial ...	100	100	100	100	100	100	100	100	100	100
Proportion des importations totales touchée par la statistique environ %	87.2	92.5	92.9	93.8	100	85.9	80.9	67.1	93.2	94.5

Participation à l'exportation totale de:	Europe[1])		Amérique		Asie[2])		Afrique		Australie (Océanie)	
en %	1925	1927	1925	1927	1925	1927	1925	1927	1925	1927
Europe	63.4	68.9	51.5	49.3	25.4	29.9	78.1	85.4	76.6	71.1
Amérique	18.8	18.6	37.4	40.6	21.4	27.0	9.8	6.8	8.4	13.3
Asie	9.2	8.4	6.8	6.4	50.7	39.5	2.6	4.2	9.7	8.1
Afrique	4.5	5.7	1.2	1.0	1.2	1.3	4.5	3.5	1.2	3.1
Australie (Océanie)	4.1	3.4	3.1	2.7	1.3	2.3	5.0	0.1	4.1	4.4
Total mondial ...	100	100	100	100	100	100	100	100	100	100
Proportion des exportations totales touchée par la statistique environ %	99.5	93.3	96.7	91.2	92.1	88.8	50.6	73.2	96.1	95.5

1) Y compris la Russie asiatique.
2) Non-compris la Russie asiatique.

Développement du commerce extérieur des principaux pays du 1. 1. 1928 au 30 6. 1929[1])

A: 24 pays d'Europe[2]) B: 20 pays hors d'Eur.[3]) C: 44 pays au total[4])		Importation			Exportation			Commerce total		
		Janv.-Juin 1928	Juill.-Déc. 1928	Janv.-Juin 1929	Janv.-Juin 1928	Juill.-Déc. 1928	Janv.-Juin 1929	Janv.-Juin 1928	Juill.-Déc. 1928	Janv.-Juin 1929
en milliards de RM (valeur actuelle)	A	39.0	39.1	39.6	29.6	32.7	30.9	68.6	71.8	70.5
	B	23.6	23.7	25.4	25.9	27.9	27.3	49.5	51.6	52.7
	C	62.6	62.8	65.0	55.5	60.6	58.2	118.1	123.4	123.2
en milliards de RM (valeur d'avant-guerre[5]))	A	27.9	28.0	28.7	21.2	23.4	22.4	49.1	51.4	51.1
	B	16.9	17.0	18.4	18.6	19.9	19.8	35.5	36.9	38.2
	C	44.8	45.0	47.1	39.8	43.3	42.2	84.6	88.3	89.3
en % du premier Semestre 1928 (valeur d'avant-guerre)	A	100	100	103	100	110	106	100	105	104
	B	100	100	109	100	107	106	100	104	108
	C	100	100	105	100	109	106	100	104	106

1) D'après "Wirtschaft und Statistik".

2) Allemagne, Grande-Bretagne et Irlande, France, Belgique-Luxembourg, Hollande, Danemark, Norvège, Suède, Finlande, Esthonie, Lettonie, Lithuanie, Russie, Pologne, Tchécoslovaquie, Autriche, Hongrie, Yougoslavie, Roumanie, Bulgarie, Grèce, Suisse, Italie.

3) Egypte, Algérie, Maroc, Union Sud-Africaine, Palestine, Inde britannique, Malaisie britannique, Siam, Japon, Philippines, Canada, Etats-Unis, Haïti, Pérou, Brésil, Argentine, Uruguay, Chili, Conféd. Australienne, Nouvelle Zélande.

4) Le commerce total de ces pays s'élevait en 1928 à environ 88% du commerce total mondial.

5) La conversion en valeurs d'avant-guerre s'effectuait sur la base de 139.6 pour 1928 et sur la base de 138.1 pour le premier semestre 1929.

L'extension du commerce international s'est continuée pendant le premier semestre 1929. Etant donné que le prix de la plupart des marchandises a continué à baisser, l'augmentation du trafic des marchandises est en réalité encore plus grande qu'elle ne résulterait d'une simple comparaison des valeurs indiquées dans la statistique. Le mouvement du commerce international pour le premier semestre de 1929 est de 6% supérieur à celui de la même période de 1928. Il y a lieu d'observer que l'augmentation pour les pays européens n'est que de 4% tandis qu'elle attient le double pour les autres continents.

Il est intéressant de noter que l'importation et l'exportation en Europe et dans les autres continents se sont développées en sens inverse. En effet, tandis qu'en Europe l'exportation a augmenté d'environ 6% et l'importation d'environ 3%, les pourcentages respectifs sont pour les autres continents de 6% pour l'exportation et de 9% pour l'importation. Ce contraste est sans doute dû, pour la plus grande part, à la diversité de la conjoncture dans les différents pays et au développement inégal des prix des divers groupes de marchandises. La situation économique s'est aggravée dans plusieurs pays européens, tels que l'Allemagne, la Grande-Bretagne, l'Italie, etc. et a provoqué, d'un côté, un recul des importations de matières premières, et de l'autre, une augmentation des exportations de produits finis. Par contre, dans la plupart des pays des autres continents, tels que les Etats-Unis, l'Argentine, l'Union Sud-Africaine, etc., on constate pendant le premier semestre 1929 une amélioration continue de la situation économique, dont les répercussions sur les exportations et les importations ont agi dans un sens inverse à ce qui a été le cas en Europe. On ne doit pas non plus perdre de vue que les prix des principaux produits d'exportation des pays d'outre-mer (produits alimentaires et matières premières) se sont développés d'une façon plus défavorable que ceux des produits fabriqués qui constituent la plus grande partie de leurs importations.

L'évolution future du commerce international dépendra de la conjoncture en Europe, et surtout en Amérique du Nord, ainsi que de la rapidité de la mise en valeur économique et de l'augmentation de la puissance d'achat qui en résultera dans les grands pays agraires et producteurs de matières premières.

Importation et Exportation (en millions de RM et en % du total mondial)	Importation							Exportation						
	1927			1928				1927			1928			
	RM	Ramené à la valeur d'avant-guerre	%	RM	Ramené à la valeur d'avant-guerre	%	Moyenne 1925-28 = 100	RM	Ramené à la valeur d'avant-guerre	%	RM	Ramené à la valeur d'avant-guerre	%	Moyenne 1925-28 = 100
Allemagne	14 228.1	10 248.4	10.3	13 995.0	10 017.9	9.9	118	10 801.1	7 776.2	8.3	12 298.9	8 808.8	9.2	117
Gr.-Bretagne et Irl.	23 648.0	17 025.2	17.0	23 143.9	16 566.8	16.4	99	15 420.7	11 102.0	11.9	15 680.2	11 224.2	11.7	103
France	8 760.1	6 306.8	6.3	9 125.1	6 531.9	6.5	106	9 069.7	6 529.7	7.0	8 994.6	6 438.5	6.7	103
Italie	4 416.5	3 179.6	3.2	4 856.5	3 476.4	3.4	111	3 385.7	2 437.5	2.6	3 200.9	2 291.3	2.4	103
Hollande	4 301.6	3 096.9	3.1	4 524.2	3 238.5	3.2	108	3 206.1	2 308.2	2.5	3 348.1	2 396.6	2.5	109
Belgique	3 405.3	2 451.6	2.5	3 670.9	2 627.7	2.6	108	3 118.6	2 245.2	2.4	3 510.5	2 512.9	2.6	116
Tchécoslovaquie	2 237.2	1 610.7	1.6	2 378.0	1 702.2	1.7	111	2 508.3	1 805.8	1.9	2 628.9	1 881.8	2.0	110
Suisse	2 030.3	1 461.7	1.5	2 141.7	1 533.1	1.5	108	1 623.9	1 169.1	1.3	1 706.8	1 221.4	1.3	108
Danemark	1 866.7	1 343.9	1.3	1 944.1	1 391.6	1.4	110	1 744.6	1 256.0	1.4	1 852.8	1 326.3	1.4	112
Suède	1 787.5	1 286.9	1.3	1 920.4	1 374.7	1.3	111	1 823.8	1 313.0	1.4	1 759.6	1 259.6	1.3	107
Espagne	2 086.6	1 502.2	1.5	2 434.1	1 742.4	1.7	122	1 528.6	1 100.5	1.2	1 768.2	1 265.7	1.3	122
Autriche	1 827.0	1 315.3	1.3	1 877.2	1 343.7	1.3	109	1 206.8	868.8	0.9	1 285.2	920.0	1.0	113
Russie	1 415.4	1 019.0	1.0	1 782.5	1 276.0	1.3	119	1 376.9	991.3	1.1	1 402.7	1 004.1	1.1	107
Pologne	1 359.3	978.6	1.0	1 579.6	1 130.7	1.1	131	1 182.0	851.0	0.9	1 178.3	843.4	0.9	108
Norvège	1 070.2	770.5	0.8	1 132.5	810.7	0.8	109	750.4	540.2	0.6	762.8	546.0	0.6	102
Yougoslavie	538.8	387.9	0.4	583.0	417.3	0.4	103	473.8	341.1	0.4	475.0	340.0	0.4	99
Hongrie	842.8	606.8	0.6	866.8	620.5	0.6	116	588.3	423.5	0.4	598.9	428.7	0.4	101
Roumanie	853.1	614.2	0.6	832.6	596.0	0.6	114	963.4	693.6	0.7	712.4	509.9	0.5	96
Finlande	675.8	486.5	0.5	844.9	604.8	0.6	127	670.0	482.4	0.5	658.4	471.3	0.5	107
Grèce	701.6	505.1	0.5	683.0	488.9	0.5	107	336.1	242.0	0.3	343.6	246.0	0.3	110
Portugal	559.8	403.0	0.4	559.8[1])	400.7	0.4	107	152.0	109.4	0.1	152.0[1])	108.8	0.1	97
Bulgarie	186.4	134.2	0.1	212.9	152.4	0.1	107	201.5	145.1	0.2	189.7	135.8	0.1	105
Lettonie	202.6	145.9	0.1	249.2	178.4	0.2	114	179.3	129.1	0.1	209.3	149.8	0.2	124
Esthonie	108.2	77.9	0.1	147.5	105.6	0.1	127	118.7	85.5	0.1	142.7	102.1	0.1	121
Lithuanie	110.5	79.6	0.1	121.0	86.6	0.1	118	102.8	73.7	0.1	106.8	76.5	0.1	105
Europe	79 219.4	57 033.4	57.1	81 606.4	58 415.5	57.7	107	62 582.6	45 019.9	48.6	64 966.8	46 504.5	48.7	108

Etats-Unis	17 603.7	12 673.7	12.7	17 145.9	12 273.4	12.1	99	20 466.2	14 734.5	15.8	21 525.7	15 408.5	16.1	107
Canada	4 565.9	3 287.2	3.3	5 116.6	3 662.6	3.6	117	5 209.1	3 750.3	4.0	5 752.1	4 117.5	4.3	108
Argentine	3 473.5	2 500.7	2.5	3 667.9	2 625.5	2.6	109	4 091.8	2 945.9	3.2	4 100.6	2 935.3	3.1	114
Brésil	1 628.9	1 172.7	1.2	1 855.1	1 327.9	1.3	110	1 814.0	1 306.0	1.4	1 993.6	1 427.1	1.5	104
Cuba	1 081.3	778.5	0.8	888.1	635.7	0.6	84	1 350.7	972.4	1.0	1 165.4	834.2	0.9	90
Mexique	660.9	475.8	0.5	660.9[1])	473.1	0.5	91	1 407.8	1 013.5	1.1	1 407.8[1])	1 007.7	1.0	100
Chili	553.1	398.2	0.4	603.3	431.9	0.4	101	847.6	610.2	0.6	1 014.1	725.9	0.7	118
Colombie	501.4	361.0	0.4	517.4	370.4	0.4	114	511.7	368.4	0.4	478.0	342.2	0.4	108
Pérou	308.4	222.0	0.2	287.2	205.6	0.2	96	494.8	356.2	0.4	531.3	380.3	0.4	121
Uruguay	356.0	256.3	0.2	401.7	287.5	0.3	112	409.7	295.0	0.3	433.0	309.9	0.3	107
Vénézuéla	290.5	209.1	0.2	290.5[1])	207.9	0.2	104	354.8	255.4	0.3	354.8[1])	254.0	0.3	112
Autres pays d'Am.	841.7	606.0	0.6	871.6[2])	623.9	0.6	101	1 042.7	750.7	0.8	1 066.4[2])	763.3	0.8	105
Amérique	31 865.3	22 941.2	23.0	32 806.2	23 125.4	22.8	103	38 000.9	27 358.5	20.3	39 822.8	28 505.9	29.8	107
Inde britannique ..	3 777.7	2 719.7	2.7	3 791.9	2 714.3	2.7	108	4 997.2	3 597.7	3.9	5 172.2	3 702.4	3.9	103
Japon	4 351.8	3 133.0	3.1	4 276.2	3 061.0	3.0	100	3 978.7	2 864.4	3.1	3 839.4	2 748.3	2.9	100
Chine	2 988.3	2 151.4	2.2	2 988.3[1])	2 139.1	2.1	94	2 654.8	1 911.3	2.0	2 654.8[1])	1 900.4	2.0	100
Etats de Malaisie..	2 378.2	1 712.2	1.7	2 055.4	1 471.3	1.5	91	2 515.9	1 811.3	1.9	2 006.6	1 436.4	1.5	78
Indes Néerland...	1 448.0	1 042.5	1.0	1 662.3	1 189.9	1.2	114	2 737.9	1 971.2	2.1	2 661.6	1 905.2	2.0	98
Turquie	458.1	329.8	0.3	458.1[1])	327.9	0.3	94	343.3	247.2	0.3	343.3[1])	245.7	0.3	91
Philippines	485.0	349.2	0.4	561.3	401.8	0.4	112	651.2	468.8	0.5	625.8	448.0	0.4	103
Autres pays d'Asie.	2 593.4	1 867.1	1.9	2 625.7[2])	1 879.5	1.8	108	2 753.6	1 982.4	2.1	2 734.4[2])	1 957.3	2.0	103
Asie	18 480.5	13 304.9	13.3	18 418.2	13 184.8	13.0	102	20 632.6	14 854.3	15.9	20 038.1	14 343.7	15.0	98
Union Sud-Afric...	1 570.9	1 130.9	1.1	1 665.1	1 191.9	1.2	113	1 519.2	1 093.7	1.2	1 480.7	1 059.9	1.1	97
Egypte	1 009.5	726.8	0.7	1 088.5	779.1	0.8	102	1 029.8	741.4	0.8	1 203.9	861.8	0.9	113
Algérie	727.3	523.6	0.5	816.4	584.4	0.6	118	581.6	418.7	0.4	656.6	470.0	0.5	116
Autres pays d'Afriq.	1 718.6	1 233.7	1.2	1 755.7[2])	1 256.8	1.2	109	1 400.2	1 008.1	1.1	1 455.2[2])	1 041.7	1.1	107
Afrique	5 021.3	3 615.0	3.5	5 325.7	3 812.2	3.8	110	4 530.8	3 261.9	3.5	4 796.4	3 433.4	3.6	106
Conféd. Austral...	3 300.2	2 376.0	2.4	2 841.3	2 033.9	2.0	96	2 873.5	2 068.7	2.2	2 769.7	1 982.6	2.0	98
Nouvelle-Zélande .	915.9	659.4	0.7	915.1	655.0	0.7	96	980.2	705.7	0.8	1 142.9	818.1	0.9	112
Australie	4 216.1	3 035.4	3.1	3 756.4	2 688.9	2.7	96	3 853.7	2 774.4	3.0	3 912.6	2 800.7	2.9	101
Total mondial ...	138 802.6	99 929.9	100	141 413.3	101 226.8	100	105	129 550.6	93 269.0	100	133 526.7	95 586.2	100	106

1) 1927. 2) Pour les états dont les chiffres du commerce extérieur pour 1928 ne sont pas encore disponibles, on a inséré les chiffres pour 1927.

Commerce total (en millions de RM et en % du total mondial; solde du bilan commercial en millions de RM)	Commerce total							Solde du bilan commercial			
	1927			1928				1927		1928	
	RM	Ramené à la valeur d'avant-guerre	%	RM	Ramené à la valeur d'avant-guerre	%	Moyenne 1925-28 = 100	RM	Ramené à la valeur d'avant-guerre	RM	Ramené à la valeur d'avant-guerre
Allemagne	25 029.2	18 019.6	9.3	26 293.9	18 821.7	9.6	114	− 3 427.0	− 2 467.2	− 1 696.1	− 1 214.1
Gr. Bretagne et Irl.	39 068.7	28 127.2	14.6	38 824.1	27 791.0	14.1	100	− 8 227.3	− 5 923.2	− 7 463.7	− 5 342.6
France	17 829.8	12 836.5	6.6	18 119.7	12 970.4	6.6	105	+ 309.6	+ 222.9	− 130.5	− 93.4
Italie	7 802.2	5 617.1	2.9	8 057.4	5 767.7	2.9	107	− 1 030.8	− 742.1	− 1 655.6	− 1 185.1
Hollande	7 507.7	5 405.1	2.8	7 872.3	5 635.1	2.9	108	− 1 095.5	− 788.7	− 1 176.1	− 841.9
Belgique	6 523.9	4 696.8	2.4	7 181.4	5 140.6	2.6	112	− 286.7	− 206.4	− 160.4	− 114.8
Tchécoslovaquie ..	4 745.5	3 416.5	1.8	5 006.9	3 584.0	1.8	111	+ 271.1	+ 195.1	+ 250.9	+ 179.6
Suisse	3 654.2	2 630.8	1.4	3 848.0	2 754.5	1.4	108	− 406.4	− 292.6	− 435.4	− 311.7
Danemark	3 611.3	2 599.9	1.3	3 796.9	2 717.9	1.4	111	− 122.1	− 87.9	− 91.3	− 65.3
Suède	3 611.3	2 599.9	1.3	3 680.0	2 634.3	1.3	109	+ 36.3	+ 26.1	− 160.8	− 115.1
Espagne	3 615.2	2 602.7	1.3	4 202.3	3 008.1	1.5	122	− 558.0	− 401.7	− 665.9	− 476.7
Autriche	3 033.8	2 184.1	1.1	3 162.4	2 263.7	1.1	111	− 620.2	− 446.5	− 592.0	− 423.7
Russie...........	2 792.3	2 010.3	1.0	3 185.2	2 280.1	1.2	118	− 38.5	− 27.7	− 379.8	− 271.9
Pologne	2 541.3	1 829.6	0.9	2 757.9	1 974.1	1.0	120	− 177.3	− 127.6	− 401.3	− 287.3
Norvège	1 820.6	1 310.7	0.7	1 895.3	1 356.7	0.7	106	− 319.8	− 230.3	− 369.7	− 264.7
Yougoslavie	1 012.6	729.0	0.4	1 058.0	757.3	0.4	96	− 65.0	− 46.8	− 108.0	− 77.3
Hongrie	1 431.1	1 030.3	0.5	1 465.7	1 049.2	0.5	109	− 254.5	− 183.3	− 267.9	− 191.8
Roumanie	1 816.5	1 307.8	0.7	1 545.0	1 106.9	0.6	105	+ 110.3	+ 79.4	− 120.2	− 86.1
Finlande	1 345.8	967.9	0.5	1 503.3	1 076.1	0.5	117	− 5.8	− 4.1	− 186.5	− 133.5
Grèce	1 037.7	747.1	0.4	1 026.6	734.9	0.4	108	− 365.5	− 263.1	− 339.4	− 242.9
Portugal	711.8	512.4	0.3	711.8[1])	509.5	0.3	105	− 407.8	− 293.6	− 407.8[1])	− 291.9
Bulgarie	387.9	279.3	0.2	402.6	288.2	0.1	106	+ 15.1	+ 10.9	− 23.2	− 16.6
Lettonie	381.9	275.0	0.2	458.5	328.2	0.2	118	− 23.3	− 16.8	− 39.9	− 28.6
Esthonie	226.9	163.4	0.1	290.2	207.7	0.1	124	+ 10.5	+ 7.6	− 4.8	− 3.5
Lithuanie	212.8	153.3	0.1	227.8	163.1	0.1	109	− 8.2	− 5.9	− 14.2	− 10.1
Europe	141 752.0	102 058.8	52.8	146 578.2	104 920.0	53.3	108	−16 686.8	−12 013.5	−16 639.6	−11 911.0

Etats-Unis	38 069.9	27 408.2	14.2	38 671.6	27 681.9	14.1	108	+ 2 862.5	+ 2 060.8	+ 4 879.8	+ 3 135.1
Canada	9 775.0	7 037.5	3.6	10 868.7	7 780.1	4.0	112	+ 643.2	+ 463.1	+ 635.5	+ 454.9
Argentine	7 565.3	5 446.6	2.8	7 768.5	5 560.8	2.8	112	+ 618.3	+ 445.2	+ 482.7	+ 309.8
Brésil	3 442.9	2 478.7	1.3	3 848.7	2 755.0	1.4	107	+ 185.1	+ 133.3	+ 138.5	+ 99.2
Cuba	2 432.0	1 750.9	0.9	2 053.5	1 469.9	0.7	87	+ 269.4	+ 193.9	+ 277.3	+ 198.5
Mexique	2 068.7	1 489.3	0.8	2 068.7[1]	1 480.8	0.8	97	+ 746.9	+ 537.7	+ 746.9[1]	+ 534.6
Chili	1 400.7	1 008.4	0.5	1 617.4	1 157.8	0.6	108	+ 294.5	+ 212.0	+ 410.8	+ 294.0
Colombie	1 013.1	729.4	0.4	995.4	712.6	0.4	111	+ 10.3	+ 7.4	— 39.4	— 28.2
Pérou	803.2	578.2	0.3	815.5	585.9	0.3	111	+ 186.4	+ 134.2	+ 244.1	+ 174.7
Uruguay	765.7	551.3	0.3	834.7	597.4	0.3	109	+ 53.7	+ 38.7	+ 31.3	+ 22.4
Vénézuéla	645.3	464.5	0.2	645.3[1]	461.9	0.2	108	+ 64.3	+ 46.3	+ 64.3[1]	+ 46.1
Autr. pays d'Amér.	1 884.4	1 356.7	0.7	1 938.0[2]	1 387.2	0.7	103	+ 201.0	+ 144.7	+ 194.8[2]	+ 139.4
Amérique	69 866.2	50 298.7	26.0	72 129.0	51 631.8	26.3	105	+ 6 135.6	+ 4 417.8	+ 7 516.6	+ 5 380.5
Inde britannique ..	8 774.9	6 317.4	3.3	8 964.1	6 416.7	3.3	105	+ 1 219.5	+ 878.0	+ 1 380.3	+ 988.1
Japon	8 330.5	5 997.4	3.1	8 115.6	5 809.3	3.0	100	— 373.1	— 268.6	— 436.8	— 312.7
Chine	5 643.1	4 062.7	2.1	5 643.1[1]	4 039.5	2.0	97	— 333.5	— 240.1	— 333.5[1]	— 238.7
Etats de Malaisie..	4 894.1	3 523.5	1.8	4 062.0	2 907.7	1.5	84	+ 137.7	+ 99.1	— 48.8	— 34.9
Indes Néerland. ..	4 185.9	3 013.7	1.6	4 323.9	3 095.1	1.6	103	+ 1 289.9	+ 928.7	+ 999.3	+ 715.3
Turquie	801.4	577.0	0.3	801.4[1]	573.6	0.3	93	— 114.8	— 82.6	— 114.8[1]	— 82.2
Philippines	1 136.2	818.0	0.4	1 187.1	849.8	0.4	107	+ 166.2	+ 119.6	+ 64.5	+ 46.2
Autres pays d'Asie.	5 347.0	3 849.5	2.0	5 360.1[2]	3 836.8	1.9	106	+ 160.2	+ 115.3	+ 108.7[2]	+ 77.8
Asie	39 113.1	28 159.2	14.6	38 457.8	27 528.5	14.0	100	+ 2 152.1	+ 1 549.4	+ 1 618.9	+ 1 158.9
Union Sud-Afric...	3 090.1	2 224.6	1.2	3 145.8	2 251.8	1.1	105	— 51.7	— 37.2	— 184.4	— 132.0
Egypte	2 039.3	1 468.2	0.7	2 292.4	1 640.9	0.8	107	+ 20.3	+ 14.6	+ 115.4	+ 82.7
Algérie	1 308.9	942.3	0.5	1 473.0	1 054.4	0.5	117	— 145.7	— 104.9	— 159.8	— 114.4
Autres pays d'Afr..	3 113.8	2 241.8	1.2	3 210.9[2]	2 298.5	1.2	108	— 313.4	— 225.6	— 300.5[2]	— 215.1
Afrique	9 552.1	6 876.9	3.6	10 122.1	7 245.6	3.6	108	— 493.5	— 353.1	— 529.3	— 378.8
Conféd. Austral...	6 178.7	4 444.7	2.3	5 611.0	4 016.5	2.0	97	— 426.7	— 307.3	— 71.6	— 51.3
Nouvelle-Zélande .	1 890.1	1 365.1	0.7	2 058.0	1 473.1	0.8	104	+ 64.3	+ 46.3	+ 227.8	+ 163.1
Australie	8 068.8	5 809.8	3.0	7 669.0	5 489.6	2.8	99	— 362.4	— 261.0	+ 156.2	+ 111.8
Total mondial	268 858.2	193 198.9	100	274 950.6	196 815.0	100	106	—	—	—	—

1) 1927.

2) Pour les états dont les chiffres du commerce extérieur pour 1928 ne sont pas encore disponibles, on a inséré les chiffres pour 1927.

I. Pourcentage de participation des principaux

Importation en:	Allemagne		Gr.-Bret. et Irlande		France		Italie		Belgique		Russie		Etats-Unis	
Quote-part en %:	1925	1927	1925	1927	1925	1927	1925	1927	1925	1927	1925	1927	1925	1927
Allemagne	—	—	4.0	4.9	5.3	8.0	8.8	9.7	9.2	12.3	14.3	22.7	3.9	4.8
Gr.-Bretagne et Irld.	7.6	6.6	—	—	12.8	12.2	10.4	8.9	12.5	11.6	15.4	14.2	9.8	8.5
France	4.6	5.5	5.1	5.2	—	—	9.0	8.8	20.7	20.3	1.3	3.1	3.7	4.0
Italie	4.0	3.7	1.6	1.4	3.9	2.8	—	—	1.6	1.4	0.7	0.5	2.4	2.6
Belgique	3.0	3.2	3.0	3.8	7.5	7.1	2.2	2.2[2]	—	—	0.5	—	1.6	1.7
Espagne	1.6	1.7	1.6	1.5	2.0	2.7	1.1	0.9	0.7	0.7[2]	0.3	0.2[2]	0.8	0.8
Russie	1.7	3.1	1.7	1.7	1.0	1.3[2]	0.6	1.3[2]	0.8	1.0[2]	—	—	0.3	0.3
Etats-Unis	17.7	14.7	19.6	16.4	14.3	13.3	23.6	19.4	12.3	11.0	26.4	20.4	—	—
Canada	1.2	2.7	5.8	4.5	0.8	1.4	1.6	3.6	2.3	2.4[2]	0.3	0.1[2]	10.8	11.3
Argentine	5.1	7.6	5.5	6.3	4.0	4.4	5.2	5.1	8.0	8.0	1.5	1.4[2]	1.9	2.3
Brésil	1.4	1.4	0.4	0.4	3.2	2.0	1.9	1.8	1.3	1.2[2]	0.2	0.1[2]	5.2	4.8
Chili	0.5	0.7	0.9	0.6	1.3	1.0[2]	0.6	0.8[2]	1.1	1.1[2]			2.1	1.5
Inde britannique	5.2	3.7	5.5	5.4	5.7	5.6[2]	6.6	5.5	3.8	3.3[2]	1.2	1.8[2]	3.4	3.1
Japon	0.2	0.2	0.6	0.7	0.7	0.7	0.6	0.5[2]	0.2	0.1[2]	0.2	0.5	9.1	9.6
Chine	1.9	1.9	0.8	1.0	3.0	3.1[2]	0.8	1.0[2]	0.2	0.1[2]	2.8	5.3	4.0	3.6
Union Sud-Africaine	0.9	1.0	1.1	1.8	1.6	1.8[2]	0.2	0.5	0.4	0.2[2]			0.2	0.2
Conféd. Australienne	2.4	2.3	4.8	4.3	4.6	4.1[3]	4.8	2.6[2]	2.2	2.5[2]	4.2	2.2[2]	1.3	0.9
Nouvelle Zélande	0.2	0.2	3.8	3.8	—	—			—	—			0.5	0.3
Autres pays	40.8	39.8	34.2	36.3	28.3	28.5	22.5	28.0	22.7	22.8	30.7	27.5	39.0	39.7
	100	100	100	100	100	100	100	100	100	100	100	100	100	100

II. Pourcentage de participation des principaux

Exportation de:	Allemagne		Gr.-Bret. et Irlande		France		Italie		Belgique		Russie		Etats-Unis	
Quote-part en %:	1925	1927	1925	1927	1925	1927	1925	1927	1925	1927	1925	1927	1925	1927
Allemagne	—	—	5.7	5.9	8.2	11.7	11.1	14.3	12.4	16.9	15.3	22.0	9.6	9.9
Gr.-Bretagne et Irld.	10.7	10.9	—	—	19.9	18.4	10.2	9.8	19.7	18.8	32.7	25.8	21.1	17.3
France	2.2	5.2	4.0	3.3	—	—	11.1	8.2	14.7	11.5	3.9	7.0	5.7	4.7
Italie	4.2	4.2	2.4	1.9	4.8	3.7	—	—	2.8	2.0	2.7	4.9	4.2	2.7
Belgique	2.4	3.4	2.4	2.3	16.6	13.7	2.0	1.9[2]	—	—	3.4	1.8	2.5	2.4
Espagne	1.8	1.7	1.3	1.4	3.1	3.1	1.7	1.6	0.9	0.7[2]	—		1.6	1.5
Russie	2.8	3.1	0.8	0.6	0.1	0.2[2]	0.4	0.2[2]	0.6		—	—	1.4	1.3
Etats-Unis	6.9	7.2	6.7	6.4	6.6	6.5	10.4	10.5	9.5	9.1	5.0	3.0	—	—
Canada	0.4	0.6	3.6	4.1	0.8	1.3	0.2	0.3	1.0	1.0[2]	—		13.2	17.2
Argentine	3.1	2.8	3.8	3.8	1.8	2.2	6.3	5.8	2.9	2.9	—		3.0	3.4
Brésil	2.3	1.5	2.1	2.0	1.0	1.0	1.8	1.4	1.9	1.5[2]	—		1.8	1.8
Chili	0.7	0.6	0.8	0.7	0.5	0.6[2]	0.6	0.7[2]	0.5	0.4[2]			0.8	0.8
Inde britannique	2.2	2.2	11.1	12.0	0.8	1.0[2]	1.8	3.2	2.1	2.3[2]	—		0.8	1.3
Japon	2.0	1.7	2.1	2.1	0.5	0.6	0.2	0.5[2]	0.9	1.1[2]	1.9	1.5	4.6	5.3
Chine	1.3	1.1	1.9	1.4	0.5	0.6[2]	0.3	0.8[2]	0.9	1.0[2]	2.1	3.0	1.9	1.7
Union Sud-Africaine	0.7	0.9	4.0	4.3	0.4	0.5[2]	0.4	0.6	0.4	0.6[2]			0.9	1.1
Conféd. Australienne	0.4	0.7	7.8	8.6	0.4	0.5[2]	0.7	0.8[2]	0.3	0.5[2]	—		3.0	3.3
Nouvelle Zélande	0.1	0.1	3.0	2.8	—	—			—	0.1[2]	—		0.8	0.7
Autres pays	55.8	52.1	36.5	36.4	34.0	34.4	40.8	39.4	28.5	30.1	33.0	31.0	23.1	23.6
	100	100	100	100	100	160	100	100	100	100	100	100	100	160

1) Les vides dans le tableau signifient: "chiffres non-indiqués séparément dans la statistique"; un trait (—) signifie: "moins de 0.1%".
2) 1926.
3) Y compris la Nouvelle Zélande. 4) 1925.

pays à l'importation dans certains pays[1])

Canada		Argentine		Brésil		Chili		Inde britannique		Japon		Chine		Conféd. Austral.		
25	1927	1924	1926	1925	1927	1924	1926	1925	1927	1925	1927	1925	1927	1925	1927	
.1	1.5	12.5	11.4	13.9	10.6	14.1	12.1	5.9	6.4	4.8	6.0	3.4	3.8	1.4	2.7	Allemagne
.7	16.8	23.4	19.3	22.5	21.2	20.9	17.2	52.3	47.2	8.8	7.0	9.7	7.3	44.0	41.2	Gr.-Bret. et Irld.
.1	2.4	6.7	7.4	5.8	6.3	5.2	4.2	1.3	1.7	1.3	1.3	1.3	1.4	2.7	2.9	France
.3	0.4	8.5	9.0	3.6	3.5	4.1	3.5	1.8	2.8	0.1	0.3	0.6	1.1	1.0	1.0	Italie
.8	0.9	5.3	4.8	3.4	4.1	10.0	5.1	2.6	3.0	0.5	0.7	1.1	1.2	0.6	0.6	Belgique
.2	0.2	2.8	2.3	1.1	0.9	1.5	1.2	0.1	0.1	—	0.1	—	—	0.1	0.1	Espagne
—	—	—	—	—	—	—		0.1	0.4	0.6	1.2	1.4	2.2	—	—	Russie
.8	64.9	22.0	24.7	24.6	28.7	23.5	32.6	6.1	9.1	25.9	30.9	14.8	16.1	24.6	25.1	Etats-Unis
—	—	0.7	1.0	1.3	0.1	—		0.5	0.7	1.4	2.6	0.7	1.3	2.1	2.6	Canada
.4	0.9	—	—	11.6	11.9	2.0	5.4	—		0.1	0.1	—	—	—	—	Argentine
.2	0.2	4.5	5.1	—	—	1.0		—		—	—	—	—	—	0.1	Brésil
.1	—	0.6	0.4	0.1	0.1	—	—	—		0.2	0.4	—	—	0.1	—	Chili
.0	0.8			1.2	1.0	5.7	5.3	—	—	22.3	12.4	5.1	4.1	4.1	4.0	Inde britannique
.0	1.1	0.7	0.5	0.2	0.1	0.7		7.9	7.3	—	—	31.1	28.4	2.6	3.2	Japon
.3	0.2	—	0.1	0.2	0.1	0.2		1.1	1.7	8.3	10.4	—	—	0.5	0.5	Chine
—	—	—	—	—	0.1	—		0.3	0.2	0.1	0.1	—	—	3.3	0.6	Union Sud-Afric.
.3	0.5	—	0.1	—	—	0.3		0.4	0.8	5.8	5.6	0.2[3])	0.1[3])	—	—	Conféd. Austral.
.3	0.7	—	—	—	—	—		—	—	—	—			1.4	1.9	Nouvelle-Zélande
.4	8.5	12.3	13.9	10.5	11.3	10.8	13.4	19.6	18.6	19.8	20.9	30.6	33.0	11.5	13.5	Autres pays
00	100	100	100	100	100	100	100	100	100	100	100	100	100	100	100	

pays à l'exportation de certains pays[1])

Canada		Argentine		Brésil		Chili		Inde britannique		Japon		Chine		Conféd. Austral.		
25	1927	1924	1926	1925	1927	1924	1926	1925	1927	1925	1927	1925	1927	1925	1927	
.3	3.4	10.0	10.4	6.7	10.4	6.2	6.0	7.9	8.6	0.5	0.5	2.1	2.2	4.6	6.8	Allemagne
.6	33.4	23.2	25.1	5.0	3.4	31.4	26.1	22.1	24.1	2.6	3.3	6.1	6.3	43.1	33.5	Gr.-Bret. et Irld.
.1	0.8	6.8	5.8	12.6	9.6	4.8	3.8	5.5	4.4	2.6	2.7	8.3	5.5	12.3	12.2	France
.0	1.5	3.9	4.3	6.4	4.6	2.4	2.0	5.6	3.8	0.4	0.2	1.3	1.0	6.2	3.8	Italie
.7	1.7	7.1	7.5	2.6	2.8	1.1	1.6	3.9	3.0	0.1	0.1	0.5	0.6	4.4	5.7	Belgique
.1	—	1.4	1.1	0.1	0.8	0.8	0.7[4])	1.3	0.9	—	—	0.4	0.1	0.3	0.1	Espagne
.3	0.2	—	0.1	—	0.3	—	—[4])	—	0.1	0.2	0.4	6.2	8.4	—	—	Russie
.1	38.9	7.1	9.1	45.2	46.2	41.7	48.6	9.8	11.0	43.6	41.9	18.5	13.2	5.7	12.8	Etats-Unis
—	—	0.1	0.1	0.1	0.1	—	—[4])	0.6	0.7	0.9	1.4	0.2	0.1	0.4	0.8	Canada
.0	0.9	—	—	5.4	6.0	1.6	1.5[4])	1.5	2.2[2])	0.4	0.5	—	—	—	0.1	Argentine
.4	0.4	3.2	3.8	—	—	—		0.4	0.2[2])	0.1	0.1	—	—	—	—	Brésil
.1	0.1	0.5	0.8	0.5	0.4	—	—	0.6	0.5[2])	0.1	0.1	—	—	—	—	Chili
.6	0.9	—	—	—	—	—		—	—	7.5	8.4	1.6	2.4	1.2	2.4	Inde britannique
.6	2.7	0.1	0.2	—	—	1.1	1.7	15.8	11.6	—	—	23.9	22.8	7.2	7.2	Japon
.9	1.1	—	—	—	—	—		2.9	2.3	20.3	16.8	—	—	0.3	0.3	Chine
.7	0.7	0.1	0.1	0.9	0.8	0.6	0.5[4])	0.7	0.8	0.4	0.6	—	—	1.6	1.2	Union Sud-Afric.
.2	1.2	—	—	—	—	0.2	0.2[4])	2.0	2.1	2.1	2.5	0.1[3])	0.1[3])	—	—	Conféd. Austral.
.3	0.9	—	—	—	—	—	—[4])	0.2	0.3	0.1	0.2			3.6	2.9	Nouvelle-Zélande
.0	11.2	36.5	31.6	14.5	14.6	8.1	7.3	19.2	23.4	18.1	20.3	30.8	37.3	9.1	10.2	Autres pays
00	100	100	100	100	100	100	100	100	100	100	100	100	100	100	100	

TRANSPORTS

NAVIGATION MARITIME

Le tonnage du monde entier a passé de 65.2 millions de tonnes de jauge brute en 1927 à 68.1 millions en 1929. La quote-part de la Grande-Bretagne, qui est de 29.6% du total mondial, est restée inchangée; celle des Etats-Unis a légèrement diminué, de 22.5% à 21.1%; l'Allemagne a agrandi sa flotte de 3.4 millions de tonnes de jauge brute à 4.1 millions, c'est-à-dire de 5.2% à 5.9% du total mondial. L'Allemagne est ainsi passée au quatrième rang des puissances maritimes et se classe de nouveau devant la France et l'Italie; les constructions navales de ces deux derniers pays sont entrées dans une phase de stagnation relative. On peut estimer que la capacité de la flotte allemande s'est améliorée dans une mesure encore plus grande par suite de l'augmentation de la vitesse et du tonnage de ses nombreuses constructions d'après-guerre.

Aux Etats-Unis, contrairement à ce qu'on constate dans tous les autres pays, le gouvernement a une très forte participation dans la flotte commerciale. Bien qu'au cours de ces dernières années l'Etat ait réussi à vendre à des compagnies de navigation privées une grande partie de sa flotte — qui, d'ailleurs, lui avait occasionné de 1920 à 1927 une perte de 228.8 millions de dollars — il possède actuellement encore plus d'un tiers du tonnage américain.

Le tonnage moyen des bateaux a continuellement augmenté. Etant donné que l'Allemagne, la France, la Grande-Bretagne, l'Amérique et l'Italie vont procéder à la mise en service d'autres grands bateaux, un ralentissement ne paraît pas être à prévoir au cours des prochaines années.

Développement du tonnage de la flotte marchande mondiale[1])	Nombre des bateaux à vapeur et à moteur	Tonnage en tonnes brutes	Tonnage moyen par unité en tonnes brutes
1926	29 092	62 671 937	2 154
1927	28 967	63 267 302	2 184
1928	29 387	65 159 418	2 217
1929	29 612	66 407 398	2 245

En ce qui concerne le combustible et la somme d'énergie employée dans la navigation on constate que la tendance signalée dans la première édition de cette brochure n'a fait que s'accentuer: la proportion des vapeurs avec chauffage à l'huile lourde (mazout) et des bateaux à moteurs, par rapport au tonnage total, a encore augmenté.

Répartition du tonnage de commerce mondial	au 1er Juill. 1926		au 1er Juill. 1927		au 1er Juill. 1928		au 1er Juill. 1929	
	en millions de tonnes brutes	en % du total mondial	en millions de tonnes brutes	en % du total mondial	en millions de tonnes brutes	en % du total mondial	en millions de tonnes brutes	en % du total mondial
Vapeurs avec chauffage au charbon	40.9	63.19	40.5	62.15	40.7	60.71	40.4	59.29
Vapeurs avec chauffage à l'huile lourde	18.2	28.16	18.5	28.35	19.1	28.49	19.4	28.53
Bateaux à moteurs	3.5	5.39	4.3	6.55	5.4	8.12	6.6	9.73
Bateaux à voiles	2.1	3.26	1.9	2.95	1.8	2.68	1.7	2.45

Les lignes régulières de navigation luttent avec succès contre la navigation des "tramp steamers". On constate une tendance croissante à transformer les matières premières au lieu même de production en produits demi-manufacturés, de sorte que le transport des marchandises augmente aux dépens du transport des matières premières. De ce fait la navigation des "tramp steamers" qui s'occupe surtout du transport des matières premières en vrac recule de plus en plus au profit des lignes régulières.

1) Recensement au premier juillet de chaque année.

Les **constructions navales** souffrent toujours du fait de la disproportion entre l'offre et la demande de tonnage; cette disproportion est occasionnée d'une part par le fait que le commerce d'outre-mer n'a pas augmenté dans les mêmes proportions que le tonnage disponible et que d'autre part le rendement de la marine marchande mondiale s'est considérablement amélioré par suite de perfectionnements de technique et d'organisation. Par ailleurs, l'agrandissement de nombreux ports et la modernisation de leur équipement entraîne forcément l'utilisation plus intense du tonnage, ce qui revient à dire qu'un tonnage relativement inférieur peut suffir à la même demande. Une enquête de la Société des Nations, qui n'affectait toutefois que la navigation transocéanique proprement dite et se basait en conséquence sur un tonnage de 37 millions de tonnes de jauge brute pour 1914 et de 49 millions de tonnes de jauge brute pour 1927, fait ressortir les modifications suivantes de la capacité de tonnage et de transport effectués.

Groupe[1])	Tonnage (en millions de tonnes brutes)		Capacité de transport (poids en millions de tonnes)		Transport effectué (tonnes par heure)	
	1914	1927	1914	1927	1914	1927
A	3.3	4.2	2.2	2.8	3.8	4.9
B	10.6	12.8	14.1	17.1	18.3	23.1
C	23.1	31.8	36.9	50.9	29.5	48.3
Total	37.0	48.8	53.2	70.8	51.6	76.3

Ce sont les constructions navales de la **Grande-Bretagne** qui accusent relativement le recul le plus considérable. Pendant l'année 1928, qu'on peut considérer comme relativement favorable pour les constructions navales, le total des lancements y a été inférieur à celui de 1913 de presque 500 000 tonnes de jauge brute; ce déficit dépasse le total réuni des constructions navales de l'Allemagne et de la Suède pour 1928. La cause principale de ce mouvement rétrograde doit être cherchée dans la forte diminution des commandes venues de l'étranger, qui avant la guerre représentaient environ 30% du total des ordres passés à la Grande-Bretagne. La participation de l'étranger au total du tonnage commandé en Grande-Bretagne se trouvait en 1928 réduite à 11.7%.

Les plus importantes Compagnies de Navigation et leur tonnage[2])

(en milliers de tonnes de jauge brute et en % du pays respectif[3]))

Pays	Compagnie	tonnes de jauge brute	%
Allemagne	Hamburg-Amerika-Linie (Hapag)[4])	992.1	26.3
„	Norddeutscher Lloyd Bremen	788.8	20.9
Grande-Bretagne	The P. & O. Steam Navigation Co.[5])	2 424.4	12.2
„ „	The Royal Mail Steam Packet Co.[6])	2 387.5	12.0
„ „	Ellerman Lines Ltd.	1 026.6	5.2
„ „	The Cunard Steam Ship Co. Ltd...	985.7	5.0
France	Cie. Générale Transatlantique.....	559.8	16.7
„	Cie. des Messageries Maritimes....	444.4	13.3
Italie	Lloyd Triestino	211.0	6.1
„	Navigazione Generale Italiana	204.0	5.9

1) Groupe A: Bateaux d'une vitesse de 16 noeuds et plus à l'heure.
Groupe B: Bateaux d'une vitesse de 12–15½ noeuds à l'heure.
Groupe C: Bateaux d'une vitesse de moins de 12 noeuds à l'heure.
2) 1928.
3) Se rapporte au tonnage du pays respectif au 1. 7. 1928.
4) Y compris 66 400 tonnes brutes des "Hugo Stinnes-Linien".
5) Y compris 759 900 tonnes brutes de la "British India Steam Navigation Co. Ltd.".
6) Y compris 444 100 tonnes brutes de la "Oceanic Steam Navigation Co. Ltd." (White Star Line).

Flottes marchandes et Constructions de navires (en milliers de tonnes de jauge brute et en % du total mondial)	Tonnage[1])					Lancements					Commandes au 30 septembre 1929	
	1927		1929			Moyenne 1925-28		1928				
	tonnes de jauge brute	%	tonnes de jauge brute	%	1927=100	tonnes de jauge brute	%	tonnes de jauge brute	%	Moyenne 1925-28 = 100	tonnes de jauge brute	%
Allemagne	**3 363**	**5.2**	**4 093**	**5.9**	**122**	**291**	**14.2**	**376**	**13.9**	**129**	**285**	**8.8**
Empire Britannique	**22 174**	**34.0**	**23 116**	**34.0**	**104**	**1 020**	**49.7**	**1 470**	**54.5**	**144**	**1 482**	**52.6**
dont:												
Grande-Bretagne et Irlande	*19 309*	*29.6*	*20 166*	*29.6*	*104*	*983*	*47.9*	*1 446*	*53.6*	*147*	*1 448*	*51.4*
Canada	*935*	*1.4*	*1 021*	*1.5*	*109*	—	—	—	—	—	—	—
Australie	*783*	*1.2*	*678*	*1.0*	*87*	—	—	—	—	—	—	—
Etats-Unis	**14 670[2])**	**22.5**	**14 377[2])**	**21.1**	**98**	**153**	**7.4**	**91**	**3.4**	**59**	**112**	**4.0**
Danemark	**1 080**	**1.6**	**1 056**	**1.6**	**100**	**72**	**3.5**	**139**	**5.1**	**193**	**81**	**2.9**
France	**3 470**	**5.3**	**3 379**	**5.0**	**97**	**80**	**3.9**	**81**	**3.0**	**101**	**136**	**4.8**
Grèce	**1 028**	**1.6**	**1 266**	**1.9**	**123**	—	—	—	—	—	—	—
Hollande	**2 654**	**4.1**	**2 939**	**4.3**	**111**	**98**	**4.8**	**167**	**6.1**	**170**	**224**	**8.0**
Italie	**3 483**	**5.3**	**3 285**	**4.8**	**94**	**154**	**7.5**	**59**	**2.2**	**38**	**70**	**2.5**
Japon	**4 033**	**6.2**	**4 187**	**6.2**	**104**	**50**	**2.4**	**104**	**3.9**	**208**	**157**	**5.6**
Norvège	**2 824**	**4.3**	**3 224**	**4.7**	**114**	**14**	**0.7**	**10**	**0.4**	**71**	**32**	**1.1**
Russie	**309**	**0.5**	**441**	**0.7**	**143**	—	—	—[3])	—	—	**112**	**4.0**
Suède	**1 365**	**2.1**	**1 510**	**2.2**	**111**	**59**	**2.9**	**107**	**4.0**	**181**	**111**	**3.9**
Espagne	**1 161**	**1.8**	**1 162**	**1.7**	**100**	**24**	**1.2**	**12**	**0.4**	**50**	**45**	**1.6**
Autres pays	**3 598**	**5.5**	**4 039**	**5.9**	**112**	**36**	**1.8**	**83**	**3.1**	**230**	**20**	**0.7**
Total mondial	65 192	100	68 074	100	104	2 051	100	2 693	100	132	2 817	100

1) Jour de recensement: 1er juillet.
2) Y compris les bateaux des Philippines et des Grands Lacs (le tonnage de ces derniers s'élevait à 2.5 millions de tonnes de jauge brute).
3) Les constructions de navires en Russie se sont élevées en 1928 à 34 200 tonnes de jauge brute.

Trafic maritime de pays importants

(Trafic avec l'étranger — moyenne des entrées et sorties)

en milliers de tonnes de jauge nette	1926	1927	1928	
				Moyenne 1925-28 = 100
Allemagne	29 940[1])	30 847[1])	33 392[1])	111
Grande-Bretagne et Irlande	60 701[2])	67 659[2])	68 257[2])	105
France	40 944[2])	45 494[2])	49 891[2])	112
Russie	4 480	4 430[5])	4 430[5])	
Hollande	26 075[2])	25 727[2])	24 264[2])	100
Belgique	22 904	23 653	23 901	106
Italie	68 598[4])	67 676[4])	70 891[4])	108
Suède	13 683	16 244	15 942	108
Espagne	23 117[6])	23 117[6])	23 117[6])	
Etats-Unis	77 987	74 875	80 486	106
Canada	23 007[6])	23 007[6])	23 007[6])	
Brésil	36 497[4])	36 497[4])[5])	36 497[4])[5])	
Inde britannique	7 588[2])	7 388[2])	7 736[2])	102
Chine	67 330[4])	58 105[4])	58 105[4])[7])	
Japon	49 308	49 562	52 046	107
Egypte	5 676[2])	5 766[2])	6 109[2])	105
Algérie	6 638[2])	7 485[2])	8 021[2])	112
Union Sud-Africaine	4 941	5 259	5 202	101
Confédération Australienne	5 334	5 582	5 468	99
Nouvelle-Zélande	2 249	2 249[5])	2 249[5])	

1) Avec cargaison 1926: 24 114, 1927: 25 442, 1928: 28 019.
2) Avec cargaison.
3) 1912.
4) Cabotage et trafic avec l'étranger.
5) 1926.
6) 1925.
7) 1927.

Trafic maritime de ports importants

(Trafic avec l'étranger — moyenne des entrées et sorties)

en milliers de tonnes de jauge nette	1926 (resp.1925/26)	1927 (resp.1926/27)	1928 (resp.1927/28)	
				Moyenne 1925-28 = 100
Hambourg et Cuxhaven	16 545	18 591	20 054	113
Brême et Bremerhaven	5 298	5 956	6 616	119
Danzig	3 268	3 850	3 941	122
Liverpool	9 880[1])	9 929[1])	9 960[1])	100
Londres	13 987[1])	13 982[1])	14 657[1])	106
Southampton	5 881[1])	5 950[1])	6 960[1])	114
Amsterdam	3 636[1])	3 895[1])	4 524[1])	119
Rotterdam	15 457[1])	16 220[1])	16 355[1])	108
Anvers	19 506	20 193	20 302	105
Cherbourg	10 500[1])	10 681[1])	11 236[1])	104
Le Hâvre	5 150[1])	6 077[1])	6 204[1])	114
Marseille	9 905[1])	10 243[1])	11 487[1])	112
Gênes	8 654	9 090	10 008	111
Trieste	4 086	4 170	4 813	113
Nouvelle-Orléans	5 132	4 734	4 365	90
New York	20 501	20 956	23 170	109
Buenos Aires	12 219	14 650	15 394	113
Shanghaï	16 662	15 075	17 293	108

1) Avec cargaison.

CHEMINS DE FER

Bien que le réseau des chemins de fer ne se soit étendu que de peu de 1925 à 1927, certaines modifications se sont produites pendant cette période dans le trafic des voyageurs et des marchandises. Contrairement au trafic des voyageurs, qui accuse en partie une diminution et en partie une augmentation, le trafic des marchandises a augmenté dans tous les pays compris dans la statistique, sauf en Grande-Bretagne. L'augmentation la plus marquée est constatée en Russie, où le chiffre de tonnes-kilomètres s'est redressé de 47 438 millions à 81 650 millions. Cette augmentation trouve sa cause dans la réaction naturelle qui s'est produite dans ce pays à la suite des secousses des premières années de la révolution.

Le plus grand concurrent actuel du chemin de fer est l'automobile: la Direction des chemins de fer de l'Etat allemand évalue à environ 250 millions de RM le manque annuel à gagner provenant de la concurrence de l'automobile; cette somme se répartit à raison de RM 100 millions pour le trafic des personnes et RM 150 millions pour le trafic des marchandises. On ne peut prévoir de quelle façon se développeront les rapports entre le chemin de fer et l'automobile; cependant il ne semble pas impossible que par une adaptation et des compromis mutuels on arrive à établir une liaison pratique entre les deux moyens de transport.

Longueur des lignes de chemin de fer	1913			1927					
	en milliers de Kilomètres	Nombre de km par		en milliers de Kilomètres	1913 = 100	Nombre de km par			
		100 km²	10 000 habitants			100 km²	1913 = 100	10 000 habitants	1913 = 100
Allemagne	63.7	11.8	9.5	58.3[2]	92	12.4	105	9.2	97
Gr.-Bretagne et Irlande	38.1	12.2	8.3	39.3[3]	103	12.5	103	8.1	98
France	51.2	9.6	12.9	53.6	105	9.7	102	12.0	93
Russie (d'Europe)	58.4	1.1	4.1	57.5	98	1.4	127	5.0	122
Belgique	8.8	30.3	11.5	11.1	126	36.5	120	14.2	123
Hollande	3.3	9.7	5.3	3.6	109	10.7	110	5.3	100
Italie	17.6	6.1	4.9	21.0	119	6.8	111	5.4	110
Autres pays d'Europe	105.6	3.8	8.6	139.4	132	3.7	97	8.1	94
Europe	346.7	3.6	7.5	383.8	111	3.8	106	7.5	100
Etats-Unis	407.9	5.2	42.3	492.4	99	5.2	100	37.9	90
Canada	47.2	0.5	63.7	64.9	138	0.7	138	69.3	109
Autres pays d'Amér.	111.9	0.5	13.0	132.9	119	0.6	119	13.6	105
Amérique	567.0	1.4	29.8	600.2	106	1.5	106	26 9	90
Inde britannique	55.8	1.2	1.8	62.1	111	1.3	111	1.9	106
Chine	9.8	0.1	0.2	12.0	122	0.1	122	0.3	150
Japon	11.0[1]	1.8	1.5	22.6[4]	205	3.2	180	2.7	180
Autres pays d'Asie	31.4	0.1	2.0	41.1	131	0.1	131	2.0	100
Asie	108.0	0.3	1.1	137.8	128	0.3	128	1.3	118
Afrique	44.3	0.2	3.3	61.2	138	0.2	138	4.1	124
Australie	35.6	0.5	46.5	49.2	138	0.6	138	54.9	118
Total mondial	1 101.6	0.8	6.1	1 232.2	112	0.9	112	6.5	107

1) Y compris la Corée. 2) Y compris la Sarre.
3) La Grande-Bretagne seule 32 656 km. 4) Y compris Formose, la Corée et la Presqu'île de Kouan-Toung.

Trafic des voyageurs et des marchandises	1925				1927							
	Distance couverte		Rendement par kilomètre exploité		Distance couverte				Rendement par kilomètre exploité			
	kilo-mètres-voyageurs en millions	tonnes-kilo-mètres en millions	kilo-mètres-voyageurs en milliers	tonnes-kilo-mètres en milliers	kilo-mètres-voyageurs en millions	1925 =100	tonnes-kilo-mètres en millions	1925 =100	kilo-mètres-voyageurs en milliers	1925 =100	tonnes-kilo-mètres en milliers	1925 =100
Allemagne	48 950	59 629	850.1	1 035.6	45 548	93	72 614	122	786.3	92	1 253.4	121
Grande-Bretagne et Irl.[1]	32 160[2]	29 968	980.0	913.2	31 264	97	28 879	96	952.3	97	879.7	96
France	29 823	40 406	556.8	754.4	26 281	88	41 070	102	490.7	88	766.8	102
Russie (europ. et asiat.)	19 404	47 438	262.7	642.4	21 979	113	81 650	172	290.2	110	1 078.1	168
Belgique	6 155	7 075	554.9	637.8	8 272	134	7 870	111	745.7	134	709.5	111
Italie	—	12 210	—	590.9	—	—	13 183	108	—	—	627.8	106
Etats-Unis	58 196	609 402	144.1	1 508.8	54 161	93	626 375	103	134.6	93	1 556.7	103
Canada	4 683	46 649	72,6	723.0	4 911	105	50 985	109	75.6	104	784.5	109
Inde britannique	32 721	32 531	534.1	531.0	34 981	107	35 813	110	562.4	105	576.6	109
Japon	20 873	12 200	1 191.7	696.5	20 604[3]	99	12 840	105	1 098.8	92	684.5	98
Conféd. Australienne	5 536	5 259	134.6	127.8	5 786	105	5 401	103	140.6	104	131.8	103

1) Non compris l'Etat libre d'Irlande.
2) 1924.
3) 1926.

AUTOMOBILES[1)]

L'importance de la demande d'automobiles d'un pays donné dépend non seulement du nombre d'habitants, mais aussi de plusieurs autres facteurs, parmi lesquels la densité du réseau des voies ferrées, le développement de la technique des transports et voies de communication, la structure sociale et le degré de richesse de la population sont les plus importants. Le rôle de l'automobile comme moyen de transport varie donc sensiblement dans les différents pays. C'est aux Etats-Unis — où l'on compte une voiture pour moins de 5 personnes — que son usage est le plus répandu. Il est curieux de constater que dans l'économie de certains pays d'outre-mer, tels que le Canada, l'Argentine, l'Australie et la Nouvelle-Zélande, l'automobile constitue un facteur plus important qu'en Europe, bien que le nombre des automobiles dans les pays européens ait continué d'augmenter, surtout pendant les trois dernières années, dans une mesure parfois considérable.

Pays	Nombre d'automobiles[2)] (en milliers)					Nombre de personnes par automobile			
	1926	1927	1928	1929	1926 =100	1926	1927	1928	1929
Allemagne	297[3)]	369[3)]	473[3)]	577[3)]	194	211	171	134	111
Grande-Bretagne et Irlande	945	1 079	1 261	1 358	144	50	40	37	35
France	735	891	956	1 098	149	54	44	43	37
Russie	15	15	16	17	113	9 580	9 806	9 406	9 059
Hollande	56	69	74	91	163	121	106	103	85
Belgique	93	97	100	113	121	82	80	79	70
Italie	115	129	159	177	154	346	290	256	230
Suisse	38	52	54	66	174	102	75	74	60
Espagne	76	135	176	146	192	286	161	125	151
Suède	82	99	109	128	156	74	61	56	47
Danemark	60	81	84	99	165	56	42	42	35
Roumanie	13	17	22	31	238	1 306	1 012	775	566
Etats-Unis	19 954	22 137	23 127	24 493	123	6	5.3	5.1	4.9
Canada	720	820	939	1 062	148	12	11	10	9
Argentine	178	223	241	311	175	54	46	42	34
Brésil	64	81	136	165	258	481	378	264	223
Inde britannique	69	82	117	125	181	4 625	3 890	2 726	2 548
Chine	14	19	22	26	186	32 016	22 800	19 700	17 000
Japon	33	46	55	74	224	1 789	1 300	1 107	858
Conféd. Austral.	291	375	424	517	178	20	16	15	12
Nouvelle-Zélande	96	123	134	151	157	13	11	10	9

1) Voir en outre page 144—148.
2) Voitures de tourisme, camions et omnibus; nombre au 1er janvier de l'année respective.
3) Au 1er juillet de l'année respective.

NAVIGATION AERIENNE

L'Allemagne, qui occupait le premier rang sous le rapport du développement du réseau de navigation aérienne, a été dépassée pour la première fois en 1928 par les Etats-Unis. Abstraction faite du service postal, la navigation aérienne aux Etats-Unis avait été insignifiante jusqu'en 1925. La Colombie, où la navigation aérienne atteint un développement relativement énorme, mérite une mention spéciale.

Tandis que dans la plupart des pays l'Etat cherche à s'assurer la haute main dans l'organisation de la navigation aérienne, le gouvernement des Etats-Unis laisse dans une large mesure à des entreprises privées l'initiative du développement du réseau de navigation aérienne.

Dans les pays à transports peu développés la création et l'exploitation de lignes automobiles ou aériennes sont fréquemment réalisables plus rapidement et à moins de frais que des voies ferrées. Tenant compte de cette particularité ainsi que des progrès réalisés dans la construction des avions — qui ont comme conséquence une amélioration continue des performances des moteurs — on peut s'attendre à une extension considérable de la navigation aérienne au cours des prochaines années.

Navigation aérienne	Longueur des Lignes[1])	1927			1928					
		Nombre des kilomètres parcourus	Nombre des passagers	Marchandises et courrier transportés	Nombre des kilomètres parcourus	1927 = 100	Nombre des passagers	1927 = 100	Marchandises et courrier transportés	1927 = 100
	1000 km	1000 km		tonnes	1000 km				tonnes	
Allemagne	32.0	9970	107620	3153	11450	115	120711	112	2514	80
Grande-Bretagne	4.6	1287	19935	603	2135	166	29500	148	608[3])	—
France	17.4	6044	21555	1642	7297	121	19698	91	1287	78
Belgique	3.7	118	1543	18	108[2])	—	879[2])	—	12[2])	—
Hollande	3.2	1310	12916	437	1623	124	17007	132	733	168
Italie	6.3	1300	12182	139	1992	153	15629	128	249	179
Autriche	3.6	390	4274	18	643	165	5477	128	39	217
Pologne	2.5	1134	7469	303	1189	105	6843	92	279	92
Russie	18.0	1818	7079	170	2388	131	8966	111	229	135
Tchécoslovaquie	2.1	415	4233	38	752	181	8496	201	111	292
Etats-Unis	25.8	8437	12597	1546	16858	200	52934	420	2622	170
Argentine	0.7	75	1507	4.4	—	—	—	—	—	—
Brésil	5.7	129	1219	6.8	956	741	6754	554	80	1176
Colombie	4.0	527	3905	382	929	176	6056	155	476	125
Japon	2.1	878	270	—	—	—	—	—	—	—
Perse	1.8	193	3000	38	337	175	4033	134	93	245
Conféd. Australienne	5.6	1519	28962	64	1028[2])	—	23896[2])	—	29[2])	—

1) Au 15 juillet 1928.
2) Premier semestre 1928.
3) 1927.

Télégraphie	1925				1926			
	Longueur des Lignes en milliers de kilomètres	Longueur des fils en milliers de kilomètres	Nombre des appareils (en milliers)	Nombre des télégrammes (en milliers)	Longueur des Lignes en milliers de kilomètres	Longueur des fils en milliers de kilomètres	Nombre des appareils (en milliers)	Nombre des télégrammes (en milliers)
Allemagne	223.4[1])	3 541.9[1])	48.4	50 978	223.2[1])	4 060.6[1])	46.8	47 945
Grande-Bretagne et Irlande	188.5	488.7	25.9	80 588	202.8	502.3	26.0	78 301
France et Algérie	224.2	845.2	31.2	54 705	226.6	881.8	28.4	48 800
Belgique	9.4	41.4	3.0	14 660	9.5	41.7	3.1	14 202
Italie	70.1	364.6	14.6	34 084	70.5	362.3	14.1	35 564
Espagne	51.4[3])	113.5[3])	4.8[2])	15 100[3])	53.7	120.6	4.7	15 734
Russie	136.7	623.0	8.6	30 395	142.1	630.7	7.2	29 695
Pologne	33.9	96.6	4.4	8 871	32.9	87.6	4.6	7 938
Roumanie	15.9	81.7	3.7	9 716	14.3	75.5	4.0	9 960
Argentine	92.7	322.8	14.2	35 432	94.8	327.7	17.3	36 250
Inde britannique	150.5	764.5	13.7[2])	19 840	158.3	819.0	11.6	19 641
Chine	88.5[3])	126.2[3])	2.2[2])	6 600	97.7	149.0	2.4	7 120
Japon	64.0	334.2	11.0	80 178	66.5	354.6	11.1	78 872
Union Sud-Africaine	8.5	45.9	2.6	6 056	8.4	45.7	2.6	6 268
Conféd. Australienne	97.5	313.4	8.7	19 553	100.6	350.9	9.9	20 184
Nouvelle-Zélande	21.6	96.4	3.0	7 516	21.9	100.0	3.0	7 337

1) Y compris les lignes téléphoniques à longue distance.
2) 1923.
3) 1924.

LES FORTUNES NATIONALES[1]

Etant donné l'absence de statistiques exactes, c'est un fait bien connu qu'il n'est pas possible de déterminer le chiffre exact des fortunes nationales. On en est donc réduit à des estimations plus ou moins approximatives. Les résultats auxquels arrivent dans ce domaine différents économistes présentent fréquemment des écarts assez considérables et ne peuvent être comparés entre eux que d'une façon toute relative.

Le tableau ci-dessous réunit les résultats des investigations présentant le plus de garanties d'exactitude. Nonobstant le fait qu'il ne s'agit que de chiffres approximatifs, on peut en tirer certaines conclusions quant aux changements dans la répartition des fortunes nationales en Europe, en tant qu'ils sont dus aux modifications de frontières d'après-guerre; on peut également en déduire les tendances générales de l'évolution de la fortune nationale dans le monde entier pendant la période d'après-guerre. Le fait le plus saillant est que depuis la guerre environ $^1/_8$ de la fortune totale de l'Europe (environ 200 milliards de RM sur un total approximatif de 1600 milliards de RM) a changé de souveraineté politique. Abstraction faite de l'empire Austro-Hongrois, dont la fortune nationale d'avant-guerre d'environ 120 milliards de RM se trouve répartie entre non moins de 6 Etats différents, savoir: Tchécoslovaquie 45—47, République d'Autriche 20—22, Pologne environ 14, Yougoslavie 14—15, Hongrie environ 13, Roumanie 10—11 et Italie 3—3½ milliards de RM, c'est la Russie et l'Allemagne qui accusent les plus grandes pertes. Par cession de territoires la Russie n'a pas perdu moins de 50 milliards de RM de sa fortune nationale, dont environ 36 milliards ont passé à la Pologne, 10 milliards aux Etats Baltes limitrophes et environ 4 milliards de RM à la Roumanie. D'après des évaluations circonspectes l'Allemagne a perdu par cession de territoire environ 30 milliards de RM, c'est-à-dire environ 10% de sa fortune nationale, dont environ 17 milliards de RM ont passé à la Pologne, environ 10 milliards de RM à la France et le reste au Danemark, à la Tchécoslovaquie, à la Belgique, à la Lithuanie et à la Ville libre de Danzig. D'autres changements, comme par exemple ceux survenus dans la Péninsule Balkanique, peuvent être considérés comme relativement peu importants par comparaison avec ces grands bouleversements.

On peut constater depuis la guerre une amélioration générale de la fortune nationale dans les pays belligérants. Le chiffre d'avant-guerre de la fortune par tête de la population n'a, cependant, pas encore été atteint partout, surtout si l'on tient compte de la diminution de la puissance d'achat de l'or. Dans les pays neutres et les pays d'outre-mer qui, pendant la guerre, ont vu leur fortune nationale augmenter dans des proportions considérables on constate actuellement une certaine stagnation, — stagnation provoquée sans doute par les difficultés de l'adaption à des conditions économiques normales — à l'expiration de la conjoncture de guerre. Seuls les pays industriels exportateurs de capitaux tels que les Etats-Unis, la Hollande et la Suisse, constituent une exception, étant donné que leur fortune nationale — tant comme chiffre absolu que par tête de la population — accuse une augmentation assez rapide au cours des dernières années.

Pour conclure on peut citer les pays suivants avec les chiffres les plus élevés de la fortune par habitant (plus de RM 10 000): les Etats-Unis, le Canada, l'Australie, la Nouvelle-Zélande, la Grande-Bretagne et la Suisse. Les pays avec les plus bas chiffres sont les suivants: les Indes britanniques, la Chine, la Colombie, le Pérou, la plupart des petits Etats de l'Amérique du Sud et de l'Amérique Centrale, ainsi que presque toutes les colonies africaines en tant que leur population consiste en majeure partie d'indigènes.

1) Voir tableaux annexés.

On sait que les riches pays capitalistes placent à l'étranger une portion considérable de leur fortune nationale (solde actif d'investitions). Par contre un pourcentage assez considérable de la fortune totale des pays pauvres en capitaux se trouve aux mains de l'étranger (solde passif d'investitions). Le tableau suivant illustre ces rapports réciproques:

Pays dont les créances extérieures excèdent les dettes extérieures (en milliards de RM)

Pays	Fortune nationale (totale)	Fortune nationale (à l'intérieur du pays)	Solde actif	
			absolu	en % de la fortune totale
Grande-Bretagne	450— 455	370— 375	80—85	18
Etas-Unis	1760—1765	1700—1705	60—65	4
France	295— 300	255— 260	40—50	15
Hollande	env. 75	env. 60	env. 15	env. 20
Suisse	50— 55	45— 50	6— 7	12
Belgique	45— 50	40— 45	5— 6	12

La Suède et l'Autriche accusent des soldes actifs peu importants

Pays dont les dettes extérieures excèdent les créances extérieures (en milliards de RM)

Pays	Fortune totale	Fortune propre	Solde passif	
			absolu	en % de la fortune totale
Allemagne	390	350	40*)	10
Canada	135	115	20	15
Conféd. Australienne ...	85	70	15	18
Argentine	103	90	13	12
Brésil	77	66	11	14
Inde britannique	155	145	10	6
Union Sud-Africaine ...	30	23	7	23
Chili	25	20	5	20
Nouvelle-Zélande	19	15	4	21
Roumaine	57	53	4	7
Italie	104	101	3	3

*) Dont:

Valeur actuelle des paiements au titre des réparations d'après le plan Young (selon les calculs des experts à la Haye)............ environ 35 milliards de RM

Autres dettes extérieures (selon le Bureau Statistique du Reich) .... environ 15 milliards de RM

Total environ 50 milliards de RM

Par contre les créances extérieures — selon le Bureau Statistique du Reich — s'élèvent à .... environ 10 milliards de RM

LES REVENUS NATIONAUX[1)]

De même que pour la fortune nationale, quoique dans une mesure moindre, il est assez difficile de déterminer exactement le revenu national par suite du manque de statistiques précises. Ceci reste vrai malgré l'extension donnée récemment aux statistiques sur la production et le revenu. En étudiant les résultats consignés dans le tableau ci-dessous une certaine prudence est donc de rigueur bien qu'on ait eu soin de n'utiliser que des chiffres ne pouvant donner lieu à des objections ou à des doutes sérieux.

Le revenu national des divers pays présente en général un développement analogue à celui de la fortune nationale, mais avec des fluctuations plus marquées. En comparant les chiffres du revenu à ceux de la fortune, on constate que le revenu national représente presque toujours de 10% à 20% de la fortune nationale; on remarque également que la proportion du revenu par rapport à la fortune nationale est d'autant plus élevé que la fortune par tête de la population est plus grande. En effet, le pourcentage du revenu national s'élève dans la règle à 17—20% pour les pays avec le plus fort coefficient de fortune par tête; à 13—17% pour les pays avec coefficient moyen, et à 10—13% pour les pays avec le plus bas coefficient. Les Indes Britanniques font exception à cette règle, leur revenu étant relativement très élevé et disproportionné par rapport à la fortune. Il y a lieu, cependant, d'observer qu'ici justement les calculs paraissent basés largement sur des évaluations très grossières comportant surévaluation du revenu et sous-évaluation de la fortune.

Le revenu national avant la guerre, s'élevait pour toute l'Europe à environ 240 milliards de Marks, soit environ 490 Marks par tête de la population. Après une très forte diminution temporaire pendant la guerre, diminution proportionnellement beaucoup plus forte que la perte sur la fortune nationale, le revenu s'est accru pendant les dernières années plus rapidement que la fortune nationale; même exprimé en Marks-or d'avant-guerre, il dépasse actuellement dans la plupart des pays européens le niveau de 1914. Cette constatation s'applique surtout aux anciens Etats neutres. Les autres continents accusent presque partout des augmentations considérables, qui dans les pays anglo-saxons tels que les Etats-Unis et le Canada s'élèvent à non moins de 50% à 100% par tête de la population, même en tenant compte de la dépréciation de l'or. Le revenu national des Etats-Unis qui, avant la guerre s'élevait à environ 150 milliards de Marks c'est-à-dire à peu près les $^2/_3$ du revenu national de l'Europe, dépasse probablement ce dernier à l'heure actuelle. Si l'on évalue actuellement le revenu national du monde entier à environ 900 milliards de RM, chiffre qui ressort des tableaux, la quote-part des Etats-Unis s'élève à plus de 40%, celle de l'Europe à un peu moins de 40%, et celle des autres pays réunis à un peu plus de 20%. Ces quote-parts respectives étaient avant la guerre environ 50% pour l'Europe, un peu plus de 30% pour les Etats-Unis, et environ 20% pour les autres pays réunis.

Ces changements montrent clairement d'une part que l'Europe souffre toujours des suites de la guerre, et d'autre part que le rôle des Etats-Unis dans le monde prend une importance croissante.

En ce qui concerne la composition du revenu national, son rapport avec l'ensemble des besoins de l'économie nationale et l'établissement de l'équilibre entre ces deux éléments, on peut distinguer les deux groupes de pays suivants:

1) Voir tableaux annexés.

1. Les pays dans lesquels la création de nouveau capital excède les besoins en amortissements et capital, et qui sont, par conséquent, à même de placer à l'étranger une partie du nouveau capital ou de l'appliquer au remboursement de leurs dettes étrangères.

Pays	Exportation de capital en % du revenu national (Excédent de l'exportation de capital)
Grande-Bretagne	4
Suisse	4
Canada[1])	4
France	3
Belgique	3
Hollande	3
Etats-Unis	2
Tchécoslovaquie	2
Suède	1

1) Sert au remboursement de dettes étrangères.

2. Les pays dans lesquels la création de nouveau capital est inférieure aux besoins en amortissements et capital et qui sont, par conséquent, forcés de couvrir le déficit par des importations de capital ou par la réalisation de leurs placements à l'étranger.

Pays	Importation de capital en % du revenu national (Excédent de l'importation du capital)
Autriche	12
Hongrie	10
Confédération Australienne	7
Allemagne	6
Brésil	6
Pologne	5
Norvège	4
Lettonie	4
Union Sud-Africaine	3
Italie	3
Roumanie	3
Bulgarie	3
Yougoslavie	2
Danemark	2
Esthonie	2
Inde britannique	2
Japon	1
Finlande	1
Lithuanie	½

Il est évident que dans tous les pays c'est la production nationale qui constitue la majeure partie du revenu national; en Angleterre seulement, elle représente moins de 90% du revenu national du fait que ce pays reçoit des sommes considérables de l'étranger sous forme d'intérêts et de dividendes. En Hollande le pourcentage y relatif atteint déjà 98%, en Suisse 95%, et encore plus dans les autres pays. Le fait que la consommation nationale ne correspond en général pas exactement à la production nationale est dû à l'influence de la balance des intérêts et dividendes et du transfert des capitaux. Le tableau suivant exprime la consommation nationale en % de la production.

Pays	%	
Autriche	112%	L'excédent de la consommation, malgré la balance passive des intérêts et des dividendes et les paiements au titre des réparations est rendu possible par l'importation de capital.
Hongrie	108%	
Pologne	104%	
Allemagne	103%	
Italie	103%	
Lettonie	103%	
Norvège	102%	
Indes britanniques	101%	
Japon	101%	
Grande-Bretagne	107%	L'excédent de la consommation, malgré l'exportation simultanée de capital, est rendu possible par les rentrées considérables venant de l'étranger sous forme d'intérêts et de dividendes.
Hollande	104%	
Suisse	102%	
Conf. Australienne	100%	La balance passive des intérêts et dividendes est compensée par l'importation de capital.
Bulgarie	100%	
Russie	100%	
Esthonie	100%	
Lithuanie	100%	
France	100%	La balance active des intérêts et dividendes est absorbée intégralement par l'exportation de capital.
Suède	100%	
Etats-Unis	99%	La moins-value de la consommation provient du fait que l'exportation de capital excède le montant des revenus dérivés de l'étranger sous forme d'intérêts et de dividendes.
Belgique	99%	
Finlande	99%	La moins-value de la consommation provient du fait que le montant des intérêts et des dividendes à payer à l'étranger excède celui de l'importation de capital.
Danemark	99%	
Roumanie	98%	
Brésil	98%	
Union Sud-Africaine	92%	
Tchécoslovaquie	97%	La moins-value de la consommation provient de la passivité de la balance des intérêts et des dividendes et de l'exportation simultanée de capital en remboursement des dettes étrangères.
Canada	93%	

L'étude de la mesure dans laquelle la production et la consommation des diverses nations dépendent de l'étranger, amène à des constatations non moins intéressantes:

Pays	Exportation en % de la production nationale (y compris les prestations de service)	Importation en % de la consommation nationale (y compris les prestations de service)
Union Sud-Africaine	59	56
Belgique	51	51
Danemark	51	50
Finlande	46	46
Suisse	39	40
Norvège	38	39
Autriche	37	43
Esthonie	36	36
Hollande	34	37
Brésil	32	31
Tchécoslovaquie	30	28
Suède	29	29
Canada	29	23
Lettonie	26	29
Conféderation Australienne	25	25
Grande-Bretagne	25	32
France	24	24
Allemagne	23	25
Italie	21	23
Japon	21	22
Hongrie	17	23
Yougoslavie	16	17
Lithuanie	16	16
Pologne	14	18
Roumanie	14	13
Inde britannique	12	13

Il est intéressant de constater que c'est en Russie (4% et 5% respectivement) et aux Etats-Unis (7% et 6% respectivement) que la proportion est la plus minime.

Bilan des intérêts et dividendes ainsi que des réparations en % du revenu national

Pays avec un excédent des revenus	Revenu provenant d'intérêts et dividendes de l'étranger (déduction faite des charges y relatives)	Revenu provenant des créances de guerre et des réparations (déduction faite des charges y relatives)	Total
Grande-Bretagne	10	0[1])	10
Hollande	7	—	7
Suisse	6	—	6
France	1	2	3
Belgique	2	1	3
Etats-Unis	1	0[1])	1
Suède	0[1])	—	0[1])

1) Moins de ½%.

Bilan des intérêts et dividendes ainsi que des réparations en % du revenu national			
Pays avec excédent de dépenses	Payements d'intérêts et de dividendes à l'étranger (déduction faite des revenus correspondants)	Dépenses pour dettes de guerre et réparations (déduction faite des revenus correspondants)	Total
Union Sud-Africaine	10	0[1])	10
Brésil	7	—	7
Confédération Australienne	5	1	6
Roumanie	5	– 0[1])[2])	5
Canada	4	—	4
Allemagne	1	3	4
Norvège	3	—	3
Danemark	3	—	3
Bulgarie	3	0[1])	3
Hongrie	2	0[1])	2
Finlande	2	0[1])	2
Esthonie	2	0[1])	2
Italie	1	0[1])	1
Yougoslavie	2	–1[2])	1
Inde britannique	1	—	1
Tchécoslovaquie	1	0[1])	1
Pologne	1	0[1])	1
Lithuanie	0[1])	0[1])	0[1])

1) Moins de ½%. 2) Excédent du revenu.

Les chiffres du tableau ci-dessous expriment en % du revenu et des dépenses nationales la mesure dans laquelle l'ensemble des sources de revenus ou des dépenses des différentes nations dépend de l'étranger:

Pays	Sources de revenus dépendant de l'étranger (Exportation + revenus dérivés d'intérêts, dividendes, créances de guerre et réparations)	Dépenses dépendant de l'étranger (Importation + paiements d'intérêts, dividendes, dettes de guerre et réparations)
Union Sud-Africaine	59	60
Belgique	52	50
Danemark	51	51
Finlande	46	47
Autriche	43	43
Suisse	43	40
Hollande	41	37
Norvège	38	41
Esthonie	36	37
Grande-Bretagne	35	32
Brésil	32	35
Tchécoslovaquie	30	29
Suède	29	29
France	27	24
Lettonie	26	29
Confédération Australienne	25	29
Italie	23	24
Canada	22	26
Hongrie	22	25
Japon	22	22
Allemagne	20	25
Pologne	18	19
Yougoslavie	18	18
Lithuanie	16	17
Roumanie	14	17
Bulgarie	12	15
Inde britannique	12	13
Etats-Unis	8	6
Russie	4	4

SOURCES CONSULTEES

American Petroleum Institute: Petroleum Facts and Figures.

Ausschuß zur Untersuchung der Erzeugungs- und Absatzbedingungen der deutschen Wirtschaft: Die Deutsche Kali-Industrie, Berlin 1929.

Banca Commerciale Italiana: Movimento Economico dell'Italia — Raccolta di Notizie Statistiche per l'anno 1928 —, Milan 1929.

Bericht des Verbandes Deutscher Jute-Industrieller G.m.b.H. über das Geschäftsjahr 1928.

Department of Commerce, Washington:
Commerce Yearbook 1925—1928.
Commerce Reports.
Trade Promotion Series: The American Chemical Industry, No. 78.
International Trade in Petroleum and its Products, No. 80.
Trade Information Bulletin: German Chemical Developments in 1928, No. 605.
British Chemical Trade in 1928, No. 621.

Department of Overseas Trade, London:
Report on Economic Conditions in France in 1928, London 1928.
Report on the Economic Situation in Belgium in 1926, London 1927.

Deutsches Baumwollhandbuch 1928/1929.

Dunlop, D. N.: Power Resources of the World, London 1929.

Gini, Corrado: La ricchezza comparata delle nazioni, Milan 1926.

Gourjou, P. E. and Parkinson, H.: Home, Colonial and Foreign Borrowing, London 1927.

Hübners Geographisch-Statistische Tabellen, Vienne 1927—1929.

Institut International d'Agriculture, Rome: Annuaire International de Statistique Agricole 1928/1929, Rome 1929.

Instituut voor Economische Geschriften, Rotterdam: Economisch-Statistische Berichten.

Jahresbericht der Aktiengesellschaft Reichskohlenverband für das Geschäftsjahr 1928/29.

Kühn, Günther: Die Zementindustrie, Jena 1927.

Lloyds Register of Shipping.

Maandschrift van het Centraal Bureau voor de Statistiek, s'Gravenhage.

Manchester Chamber of Commerce: Monthly Record.

Marcus, Alfred: Die großen Chemiekonzerne, Leipzig 1929.

Mercuriales Agricoles.

Metallgesellschaft Metallbank und Metallurgische Gesellschaft A.-G., Frankfurt a. M.: Statistische Zusammenstellungen.

Mitsubishi Goshi Kaisha Economic Research Department, Tokyo: Monthly Circular.

Mitteilungen der Vereinigung des Wollhandels, Leipzig.

Mortara, Giorgio: Prospettive Economiche, Milan 1929.

National Automobile Chamber of Commerce, U. S. A.: Facts and Figures of the Automobile Industry, 1926—1929.

New Zealand Official Year Book, 1926—1929.

Official Yearbook of the Commonwealth of Australia 1927/28.

Raemisch, E.: Die Seidenwirtschaft der Welt, Berlin 1929.

Redmond: World Economic Chart, New York 1926.

Reichsverband der Automobilindustrie E. V. Berlin: Tatsachen und Zahlen aus der Kraftfahrzeugindustrie 1927, 1928.

Sering, Max: Internationale Preisbewegung und Lage der Landwirtschaft in den außertropischen Ländern, Berlin 1929.

Stamp, Josiah: The Wealth and Income of the Chief Powers, Journal of the Royal Stat. Society, Juillet 1919.

Statistisches Reichsamt, Berlin:
Statistisches Jahrbuch für das Deutsche Reich.
Die Wirtschaft des Auslandes.
Wirtschaft und Statistik.

Sveriges Officiella Statistik:
Industri, Berättelse för År 1926 (1927) av Kommerskollegium, Stockholm 1928, 1929.

The Canada Year Book 1927/1928.

The Department of Finance, Tokyo: Financial and Economic Annual of Japan 1925—1928.

The Times: Artificial Silk World Number 1929.

Verein Deutscher Maschinenbau-Anstalten (VDMA):
Statistisches Handbuch für die Deutsche Maschinenindustrie.
Der deutsche Maschinenbau nach der Gesundungskrise.
Die deutsche Maschinenindustrie (Jahresberichte).

Verein für die Interessen der Rheinischen Braunkohlenindustrie (E. V.):
Bericht über die Vereinstätigkeit in dem Geschäftsjahr 1928.

Verein Schweizerischer Maschinenindustrieller: Jahresberichte des Vorstandes an die Mitglieder.

Publications de la Société des Nations:
Annuaire Statistique International 1926, 1928.
Mémorandum sur la production et le commerce 1928.
Mémorandum sur les balances des paiements et sur les balances du commerce extérieur 1913-28.
Sucre, Mémoranda préparés pour le courté économique.

Waller, Peter: Probleme der Deutschen Chemischen Industrie, Halberstadt 1928.

Zentralverband der elektrotechnischen Industrie e. V., Berlin: Statistischer Bericht 1929.

Publications périodiques:
Der Deutsche Leinenindustrielle, Der Deutsche Oekonomist, Der Deutsche Volkswirt, Der Tropenpflanzer, Deutsche Wirtschaftszeitung, Die Chemische Industrie, Die Metallbörse, Die Volkswirtschaft der U. d. S. S. R., Die Wirtschaftskurve, Jahrb. f. Nationalökonomie und Statistik, La Vie Economique des Sovjets, L'Economiste Français, Magazin der Wirtschaft, Ostasiatische Rundschau, Stahl und Eisen, Technik und Wirtschaft, The Economist, The Statist, Weltwirtschaft, Weltwirtschaftliches Archiv, Wirtschaftsdienst.

DENTER & NICOLAS, BERLIN C

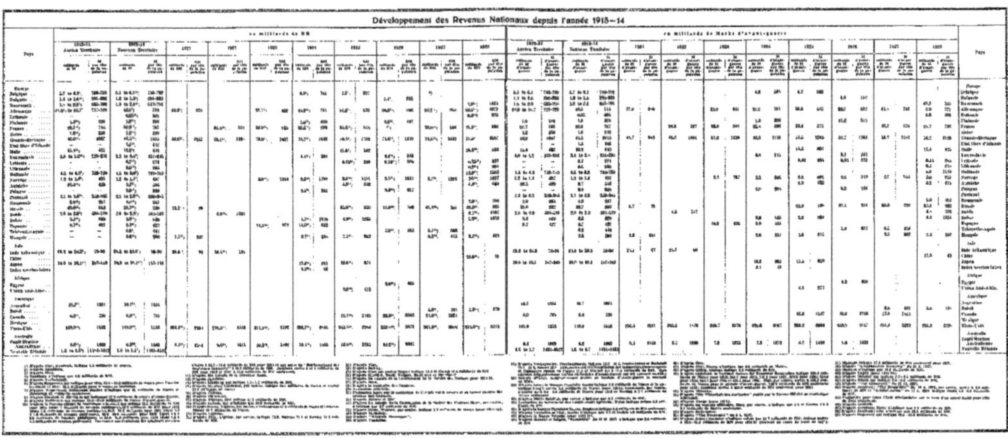

Développement des Revenus Nationaux depuis l'année 1913–14

en milliards de RM — en milliards de Marks d'avant-guerre

Je dois reprendre les couver couleurs ainsi que les pages Hors format et couleurs des gros livres Jaunes : reprendre aussi le code 9893.

- Problème des jours non fait.
- Problème du lieu de travail.
- Des documents nib etc...
- Demande

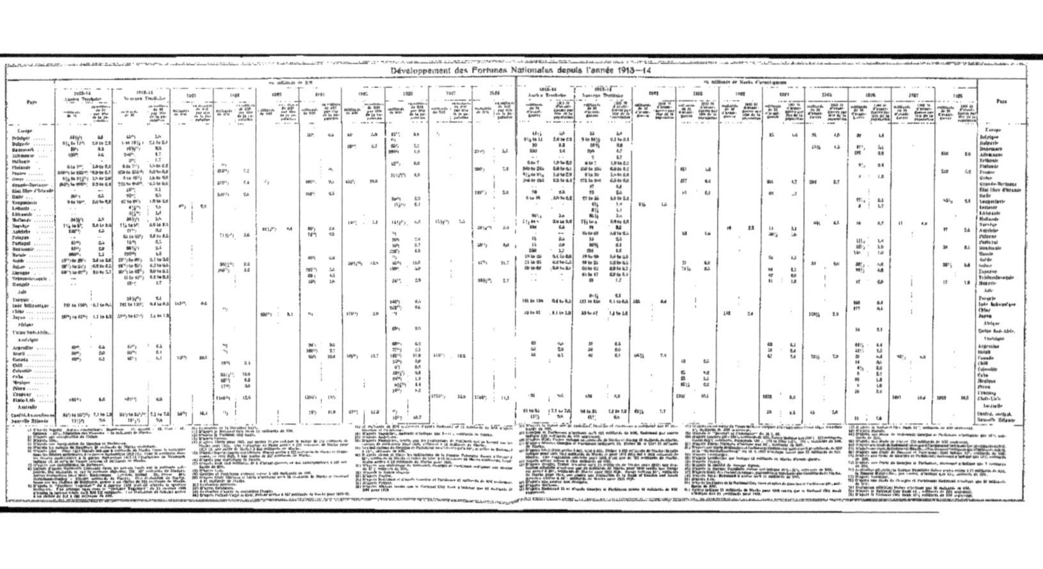

Développement des Fortunes Nationales depuis l'année 1913—14

Je dois reprendre les couvertures couleurs ainsi que les pages Hors format et couleur des gros livres jaunes : reprendre aussi le code 9893.

- Problème des jours non fait.
- Problème du lieu de travail.
- Des documents rit etc...
- Demande.

Le Revenu National et son Emploi

Revenu provenant de l'Economie Nationale

Pays	Année	Valeur de la production nationale (y compris prestations de services) — total: millions de RM	total: RM par tête de la population	total: en % du revenu total	Répartition — Ventes à l'intérieur du pays: millions de RM	RM par tête de la population	en % de la production	Ventes à l'étranger: millions de RM	RM par tête de la population	en % de la production	Excédent des revenus en intérêts et dividendes d'origine étrangère sur les paiements correspondants à l'étranger: millions de RM	RM par tête de la population	en % du revenu total	Excédent des revenus provenant des réparations ou d'autres créances de guerre sur les dépenses correspondantes: millions de RM	RM par tête de la population	en % du revenu total	Revenu total de l'Economie Nationale (Revenu national): millions de RM	RM par tête de la population
Europe																		
Belgique	1927	6 619	862	97	3 267	426	49	3 448	436	51	128	16	2	66	8	1	6 958	885
Bulgarie	1926	1 403	258	100	1 226	225	87	177	33	13	—	—	—	—	—	—	1 405	258
Danemark	1926	4 000	1 144	100	1 978	580	49	2 098	579	51	—	—	..	—	—	—	4 000	1 144
Allemagne	1928	65 600	1 077	100	54 011	864	80	13 580	213	20	—	—	—	—	—	—	68 500	1 077
Esthonie	1928	450	404	100	287	257	64	163	147	36	—	—	—	—	—	—	450	404
Finlande	1927	1 586	441	100	849	236	54	737	205	46	—	—	—	—	—	—	1 586	441
France	1928	38 232	889	97	28 914	706	76	9 809	224	24	576	14	1	678	16	2	38 472	960
Grande-Bretagne	1928	64 158	1 407	90	48 468	1062	75	17 730	388	25	7 150	157	10	187	4	0	71 505	1 567
Hollande	1927	11 214	1 490	93	7 367	979	66	3 847	508	34	786	104	7	—	—	—	12 000	1 584
Italie	1927	19 777	468	100	14 707	361	79	5 080	97	21	—	—	—	—	—	—	19 777	468
Yougoslavie	1926	4 407	340	99	3 707	286	84	700	54	16	—	—	—	39	3	1	4 446	343
Lettonie	1930	688	296	100	544	222	74	134	104	26	—	—	—	—	—	—	688	296
Lithuanie	1934	700	304	100	587	255	84	113	49	16	—	—	—	—	—	—	700	304
Norvège	1928	3 543	1 337	100	2 190	815	62	1 353	519	38	—	—	—	—	—	—	3 543	1 337
Autriche	1928	3 949	592	100	2 542	381	64	1 416	211	36	—	—	—	—	—	..	3 958	593
Pologne	1927	9 401	317	100	8 050	270	86	1 351	44	14	—	—	—	..	..	..	9 401	317
Roumanie	1927	6 990	392	100	5 990	338	86	1 000	56	14	—	—	—	10	1	0	7 000	393
Russie	1928	49 690	335	100	47 583	311	96	2 117	14	4	—	—	—	—	—	—	49 585	325
Suède	1928	6 722	1 102	100	4 744	777	71	1 978	325	29	28	5	0	—	—	—	6 750	1 107
Suisse	1927	5 389	1 360	94	2 999	846	61	2 171	540	38	344	87	6	—	—	—	5 913	1 492
Tchécoslovaquie	1927	9 078	680	100	6 366	449	70	2 712	188	30	—	—	—	—	—	—	9 078	680
Hongrie	1927	3 671	429	100	3 049	356	83	622	73	17	—	—	—	—	—	—	3 671	429
Asie																		
Inde britannique	1925	34 580	108	100	30 449	95	88	4 131	13	12	—	—	—	—	—	—	34 580	108
Japon	1925	23 044	374	100	18 283	297	79	4 761	77	21	—	—	—	6	0	0	23 047	374
Afrique																		
Union Sud-Afric.	1925	3 167	432	100	1 301	189	41	1 866	243	59	—	—	—	—	—	—	3 167	412
Amérique																		
Brésil	1928	7 081	180	100	4 799	134	68	2 282	46	32	—	—	—	—	—	—	7 081	180
Canada	1927	24 000	2 621	100	17 102	1 792	71	6 908	729	29	—	—	—	—	—	—	24 000	2 524
Etats-Unis	1928	370 485	3 097	99	343 901	2 865	93	26 584	222	7	2 194	18	1	964	8	0	373 613	3 116
Australie																		
Confédération Australienne	1926	12 154	2 037	100	6 188	1 980	75	8 066	607	85	—	—	—	..	—	—	12 154	2 031

Dépenses de l'Economie Nationale

Pays	Valeur de la consommation nationale (y compris prestations de services) — total: millions de RM	total: RM par tête de la population	total: en % des dépenses totales	Répartition — Production nationale: millions de RM	RM par tête de la population	en % de la consommation	Production étrangère: millions de RM	RM par tête de la population	en % de la consommation	Excédent des paiements à l'étranger en intérêts et dividendes sur les revenus correspondants de l'étranger: millions de RM	RM par tête de la population	en % des dépenses totales	Excédent des dépenses pour réparations et dettes de guerre sur les revenus correspondants: millions de RM	RM par tête de la population	en % des dépenses totales	Dépenses totales de l'Economie Nationale: millions de RM	RM par tête de la population	en % du revenu national	Balance des transferts de capitaux (— exportation de capital + importation de capital): millions de RM	RM par tête de la population	en % du revenu national	Pays
Europe																						**Europe**
Belgique	6 757	550	100	3 267	428	49	3 490	400	51	—	—	—	—	—	—	6 787	889	97	— 206	— 26	3	Belgique
Bulgarie	1 407	258	97	1 225	225	87	176	33	13	36	7	3	—	—	—	1 443	265	103	+ 38	+ 7	3	Bulgarie
Danemark	3 949	1 107	97	1 978	566	50	1 971	541	50	129	37	3	—	—	—	4 078	1 166	102	+ 78	+ 22	2	Danemark
Allemagne	70 206	1 104	96	54 911	864	78	15 294	240	22	785	12	1	1 088	86	6	72 676	1 140	106	+ 4 076	+ 69	6	Allemagne
Esthonie	440	393	98	287	257	64	153	146	36	7	6	2	2	2	0	456	411	102	+ 6	+ 7	2	Esthonie
Finlande	1 565	435	98	849	236	54	716	199	46	34	10	2	1	0	0	1 600	445	101	+ 14	+ 4	1	Finlande
France	38 184	989	100	28 914	706	76	9 270	283	24	—	—	—	—	—	—	38 184	989	97	— 1 288	— 31	3	France
Grande-Bretagne	66 560	1 508	100	48 468	1 062	68	22 092	440	32	—	—	—	—	—	—	66 560	1 502	96	— 2 945	— 65	4	Grande-Bretagne
Hollande	11 685	1 542	100	7 367	972	58	4 318	570	37	—	—	—	—	—	—	11 685	1 542	97	— 315	— 42	3	Hollande
Italie	19 289	469	99	14 707	361	77	4 582	108	23	119	3	1	3	0	—	19 845	478	103	+ 568	+ 14	3	Italie
Yougoslavie	4 464	345	98	3 707	290	83	757	60	17	67	5	2	—	—	—	4 531	350	100	+ 85	+ 7	2	Yougoslavie
Lettonie	762	408	100	544	292	71	218	116	29	2	1	0	1	1	0	765	410	104	+ 27	+ 14	4	Lettonie
Lithuanie	701	304	100	587	255	84	114	49	16	1	0	0	1	0	0	703	305	100	+ 3	+ 1	0	Lithuanie
Norvège	3 611	1 361	97	2 190	818	61	1 421	543	39	79	28	2	—	—	—	3 690	1 380	104	+ 147	+ 52	4	Norvège
Autriche	4 484	663	100	2 542	381	57	1 942	282	43	..	—	—	—	—	—	4 494	668	112	+ 466	+ 76	12	Autriche
Pologne	9 700	329	98	8 050	278	82	1 710	55	18	107	4	1	97	1	0	9 904	333	105	+ 493	+ 16	5	Pologne
Roumanie	6 870	396	95	5 988	338	87	882	50	13	346	19	5	—	—	—	7 216	405	103	+ 216	+ 12	3	Roumanie
Russie	49 587	324	100	47 383	311	95	2 204	11	5	130	1	0	—	—	—	49 717	323	100	+ 217	+ 1	0	Russie
Suède	6 718	1 101	100	4 744	777	71	1 967	323	29	—	—	—	—	—	—	6 718	1 101	99	— 37	— 6	1	Suède
Suisse	5 672	1 412	100	3 398	850	60	2 274	572	40	—	—	—	—	—	—	5 672	1 412	96	— 241	— 51	4	Suisse
Tchécoslovaquie	8 805	611	99	6 366	442	72	2 439	169	28	80	6	1	13	1	0	8 908	618	98	— 170	— 12	2	Tchécoslovaquie
Hongrie	3 946	465	98	3 049	358	77	899	106	23	86	10	2	8	0	0	4 040	472	110	+ 369	+ 43	10	Hongrie
Asie																						**Asie**
Inde britannique	34 843	109	99	30 449	95	87	4 394	14	13	317	1	1	—	—	—	35 160	110	102	+ 580	+ 2	2	Inde britannique
Japon	23 837	379	100	15 853	287	76	6 044	92	22	18	0	0	—	—	—	23 845	379	101	+ 298	+ 5	1	Japon
Afrique																						**Afrique**
Union Sud-Afric.	2 922	380	90	1 301	189	44	1 621	211	56	314	41	10	10	1	0	3 246	422	103	+ 79	+ 10	3	Union Sud-Afric.
Amérique																						**Amérique**
Brésil	6 931	177	93	4 799	131	69	2 132	43	31	490	13	7	—	—	—	7 421	190	106	+ 390	+ 10	6	Brésil
Canada	22 259	2 333	95	17 132	1 796	77	5 127	539	23	898	94	4	—	—	—	23 157	2 428	96	— 843	— 89	4	Canada
Etats-Unis	367 541	3 062	100	340 391	2 863	94	28 650	197	6	—	—	—	—	—	—	367 541	3 062	98	— 6 074	— 51	2	Etats-Unis
Australie																						**Australie**
Confédération Australienne	12 177	2 050	94	9 188	1 530	75	3 089	510	25	694	115	6	110	19	1	12 994	2 164	107	+ 890	+187	7	Confédération Australienne

www.ingramcontent.com/pod-product-compliance
Ingram Content Group UK Ltd.
Pitfield, Milton Keynes, MK11 3LW, UK
UKHW022022170726
13837UKWH00001B/339